RHEDEG I PARYS

I Nia

LLWYD OWEN
RHEDEG I PARYS

Argraffiad cyntaf: 2020
© Hawlfraint Llwyd Owen a'r Lolfa Cyf., 2020

*Mae hawlfraint ar gynnwys y llyfr hwn ac mae'n
anghyfreithlon llungopïo neu atgynhyrchu unrhyw ran ohono
trwy unrhyw ddull ac at unrhyw bwrpas (ar wahân i adolygu) heb
gytundeb ysgrifenedig y cyhoeddwyr ymlaen llaw*

Llun y clawr: Llwyd Owen
Cynllun y clawr: Sion Ilar
Llun yr awdur: Carys Huws

Rhif Llyfr Rhyngwladol: 978 1 78461 951 0

Dymuna'r cyhoeddwyr gydnabod cymorth ariannol
Cyngor Llyfrau Cymru

Cyhoeddwyd ac argraffwyd yng Nghymru
ar bapur o goedwigoedd cynaliadwy gan
Y Lolfa Cyf., Talybont, Ceredigion SY24 5HE
e-bost ylolfa@ylolfa.com
gwefan www.ylolfa.com
ffôn 01970 832 304
ffacs 01970 832 782

Rhedeg o Parys

O'I GWELY, LLE gorweddai'n mwytho'i bol yn bryderus, gallai Luned weld hen adfail y felin wynt ar gopa'r mynydd copr. Heb ei llafnau, edrychai'n debycach i simne. Roedd Luned wedi gweld amryw o ffotograffau hanesyddol o'r felin a'r gloddfa gysylltiedig yn eu hanterth, er ei bod yn rhy ifanc i gofio gweld y llafnau yn eu lle. Un felin wynt weithredol oedd ar ôl ar yr ynys bellach, a honno'n gaffi a chyrchfan i dwristiaid rhwng Cemaes a Chaergybi, yn gwerthu paninis, jams a phicls uchel eu pris i ymwelwyr. Fodd bynnag, rhwng gwely Luned a'r gorwel safai degau o dyrbinau modern, yn troelli ar gyflymder gwahanol, yn ddibynnol ar gyfeiriad y gwynt. Roedd y tyrbinau'n anferth o gymharu â'r defaid oedd yn pori'r tir oddi tanynt. Llosgai'r awyr i gyfeiriad y gorllewin, wrth i haul ddiwedd haf ffarwelio â'r ynys am ddiwrnod arall. Gwnâi'r golau euraid i Fynydd Parys edrych fel coelcerth i'r cewri, a thorrodd ton o dristwch dros y ferch ddeunaw oed. Byddai'n gweld eisiau'r olygfa hon, er y gwyddai ym mêr ei hesgyrn y byddai'n dychwelyd rhyw ddydd. Pryd? Doedd dim modd gwybod. Roedd hynny'n dibynnu ar sut y byddai ei rhieni'n ymateb i'r 'newyddion mawr'. Mwythodd ei llengig â chefn ei llaw. Roedd ei bol yn ffyrfach ac yn fflat ar y foment, er na fyddai hynny'n para – diolch i'r embryo bach oedd newydd ddechrau ar ei siwrne barasitig trwy'r byd.

★

O'i fan, gwyliai Lee yr un olygfa â'i gariad, a chafodd ei atgoffa o rai o'r darluniau a welodd yn hongian yn oriel Amgueddfa Caerdydd pan aeth e yno ar daith ysgol rhyw bum mlynedd yn ôl. Ni allai gofio enw un o'r artistiaid, ond gallai glywed y tywysydd yn esbonio bod gwead y delweddau a thrwch amrywiol y paent yn anadlu bywyd i mewn i'r lluniau ac yn denu'r llygad i rannau penodol o'r tirluniau. Ac roedd hynny'n gwbl wir am yr hyn oedd o'i flaen e heno. Fel arfer, Mynydd Parys oedd yn mynnu ei sylw. Ar gefnlen gwyrdd a brown yr ardal amaethyddol, roedd aur ac oren y garnedd gopr yn hudolus. Roedd wedi parcio'i gerbyd mas o'r golwg ar ochr arall y sied fawr ar fferm ddefaid rhieni Luned. Roedd yr injan yn dawel am nawr, ond roedd Lee yn barod i fynd ar gyfarwyddyd Luned. Cofiodd y tro cyntaf iddo weld y mynydd, pan symudodd ef a'i fam i Amlwch ryw bedair blynedd ynghynt. Nid oedd yn hapus o gwbl am yr ymfudo ar y pryd, gan nad oedd eisiau ffarwelio â'i ffrindiau a'i fywyd yn y brifddinas, ond ar ôl i'w dad adael yn ddirybudd am gyfandir pell, penderfynodd ei fam symud adref i fro ei mebyd, ac yn y diwedd aeth Lee yn gwmni iddi, ar ôl digon o bwdu a chwyno. Erbyn hyn, wrth gwrs, â'i galon wedi'i chipio gan Luned, a'r baban yn ei bol a'n gwneud iddo dywynnu â balchder, gwyddai y byddai Mynydd Parys yn rhan o'i fywyd am byth. Ar y llethrau caregog y cwympodd y ddau mewn cariad, ac mewn ogof yn ddwfn yng nghrombil y chwarel y cenhedlodd y cariadon.

*

"Luned!" Torrodd llais trwynol ei thad ar draws ei myfyrdodau, wrth iddo weiddi i fyny'r grisiau. Gwyddai'n syth fod rhywun, ei mam mwy na thebyg, wedi dod o hyd i'r prawf beichiogrwydd. Yn unol â'i chynllun. Doedd ganddi ddim syniad sut i godi'r pwnc gyda'i rhieni, felly gadawodd y prawf ar ben y bin sbwriel yn y bathrwm, a gadael i'r dominos ddisgyn.

"Ia, Tada?" atebodd, ei llais yn llawn diniweidrwydd.

"Ty'd i'r gegin i ni gael gair."

Cododd i eistedd ar erchwyn y gwely. Edrychodd o amgylch ei hystafell. Lle llawn atgofion hapus. Ni wyddai pryd y byddai'n gweld y pedair wal yma eto. Ond doedd hi ddim yn drist am y peth. Ddim o gwbl, roedd hi'n llawn cyffro ac yn barod am antur fwyaf ei bywyd. Roedd ei dillad mewn bag yn fan Lee, a'i chariad yn aros amdani gerllaw, yn barod i'w chasglu.

Gobeithiai y byddai ei rhieni a'i brawd yn derbyn y newyddion ac yn cefnogi ei phenderfyniad i gadw'r plentyn, er nad dyna beth roedd hi'n ddisgwyl fyddai'n digwydd ychwaith.

"Luned!" bloeddiodd ei thad unwaith yn rhagor, ei lais yn diferu â diffyg amynedd mwya sydyn.

Gafaelodd Luned yn ei bag bach, a gwneud ei ffordd i'r gegin. Roedd ei rhieni'n aros amdani, yn ogystal â'i brawd, Brychan; llygaid pawb yn syllu arni, gan wyro tua'i bol. Eisteddai ei mam a'i thad wrth y bwrdd cinio, tra sefai Brychan â'i gefn at y Rayburn. Roedd ei brawd ddeg mlynedd yn hŷn na hi ac wedi ymrwymo'n llwyr i dreulio gweddill ei oes yn gweithio tir y tyddyn teuluol. Safai llu o dlysau saethu ar silffoedd y dreser gyferbyn yn atsain o'i arddegau, pan ddisgleiriodd Brychan fel saethwr cystadleuol gan ddod yn agos iawn at gynrychioli Cymru yng Ngemau'r Gymanwlad pan oedd bron yr un oed â Luned nawr. Hyd heddiw, byddai'n dal i saethu fel rhan o arddangosfeydd mewn sioeau amaethyddol, tra mai un o'i brif ddifyrion oedd hela. Ffesantod yn bennaf, ond nid yn ecsgliwsif ychwaith. Byddai'n lladd unrhyw beth a grwydrai i dir y fferm, boed yn greadur dwy goes neu bedair. A phan nad oedd yn amaethu neu'n saethu, byddai'n barddoni, gan gipio coron a chadair yr Eisteddfod leol droeon dros y blynyddoedd, fel rhyw wannabe Dic Jones, namyn y llwyddiant cenedlaethol. Tan iddi gwrdd â Lee, roedd ei brawd yn dipyn o arwr i Luned. Neu falle nid arwr, ond ysbrydoliaeth. Roedd Brychan yn brawf bod modd rhagori mewn nifer o feysydd gwahanol, ac roedd hynny'n rhywbeth y byddai Luned yn anelu ato'n ddyfal, heddiw ac yn y dyfodol. Bellach, fodd bynnag, roedd Lee wedi disodli ei brawd, a thybiai Luned mai cenfigen oedd wrth wraidd agwedd annymunol Brychan tuag at ei chariad. Tonnai gwallt ei brawd yn gyrls tywyll o'i ben, ac ymwthiai gwythiennau glasddu trwy groen cochfrown ei freichiau, fel cyfuchlinau ar fap tri dimensiwn. Yn wahanol iddo fe, doedd gan Luned dim diddordeb mewn aros ar y fferm. Roedd ei gorwelion hi tipyn yn ehangach na rhai Brychan.

Roedd ei thad wedi tynnu ei gap fflat, felly gwyddai Luned ei bod hi mewn trwbl, tra oedd dagrau'n disgleirio ar fochau rhuddgoch ei mam.

Ar y bwrdd o'u blaenau, gorweddai'r prawf beichiogrwydd.

*

Edrychodd Lee ar gloc y fan. Roedd hi'n tynnu am chwarter wedi naw. Dechreuodd aflonyddu. Roedd Luned wedi dweud y byddai hi'n barod cyn naw, ond pwy a ŵyr beth oedd yn digwydd yn y ffermdy. Cododd ei ffôn i weld a oedd neges. Dim. Ond nid oedd hynny'n annisgwyl. Ystyriodd adael y fan i fynd am bip ond penderfynodd beidio, rhag ofn y byddai darogan Luned yn dod yn wir, ac y byddai Brychan a'i thad yn ei ymlid. Ei hela, hynny yw. Mewn dwy flynedd o gydweithio gyda nhw, nid oedd yr un ohonynt wedi cymryd ato. 'Y peth 'na o'r sowth' oedd e hyd heddiw, ac anaml iawn y byddent yn yngan ei enw bedydd. 'Hwntw' oedd y cyfarchiad mwyaf cyffredin. Hynny, neu 'Meic', gan mai mecanig oedd prif waith Lee. Er mai fferm ddefaid oedd Troed yr Aur, roedd Brychan a'i dad hefyd yn rhedeg busnes trwsio peiriannau amaethyddol ar y buarth. Dim byd mawr, ond gwyddai amaethwyr yr ardal ble i ddod os oedd angen sylw ar feic cwad neu fower. Roedd Lee wedi clywed straeon ar lawr gwlad – sibrydion ymysg mynychwyr y dafarn yn Amlwch lle gweithiai ei fam – am ddigwyddiadau treisgar a milain o'u gorffennol. Ac er nad oedd Lee wedi gweld unrhyw beth fel 'na yn ystod ei amser yn gweithio ar y fferm, dyfalai fod o leiaf fymryn o wirionedd yn y chwedlau. Y gwir oedd ei fod yn eu hofni. Heno'n fwy nag erioed o'r blaen.

Byth ers iddynt symud i Amlwch, roedd Lee a'i fam wedi byw mewn fflat dwy ystafell wely uwchben siop elusen yng nghanol y dref. Er hynny, nid oedd yn gweld llawer ar ei fam gan ei bod hi'n gweithio fel glanhawraig yn ystod y dydd ac mewn tafarn gyda'r nos. Ond roedd y ddau'n go agos o hyd, ac roedd hi'n gwybod holl hanes carwriaeth ei mab a Luned. Roedd hi hefyd yn gwybod am eu cynlluniau.

Roedd Lee yn ugain oed bellach, ac oherwydd iddo symud i Fôn yn syth ar ôl cwblhau, a methu, ei arholiadau TGAU, nid oedd wedi cael llawer o gyfle i wneud ffrindiau newydd. Yn wir, Luned oedd yr unig ffrind oedd ganddo yn y gogledd. Oherwydd sefyllfa ariannol fregus ei fam daeth o hyd i swydd bron yn syth, diolch i'w sgiliau'n trin peiriannau ac injans.

Cofiodd yr olwg syn ar wynebau Brychan a'i dad pan lwyddodd i atgyfodi hen dractor oedd wedi bod yn rhydu mewn sied ers blynyddoedd. Gwyddai wrth i Brychan osod yr her, ar y diwrnod y galwodd Lee yn chwilio am waith, nad oeddent yn credu am eiliad y byddai'n llwyddo. Ond nid oedd yr olwg ar eu hwynebau'n ddim o'i gymharu â'r un ar ei wyneb ef pan welodd Luned am y tro cyntaf – ar yr un diwrnod fel oedd hi'n digwydd.

*

Roedd y gegin yn reit llonydd i gychwyn, yn syth ar ôl i Luned eistedd gyferbyn â'i rhieni; gorweddai'r prawf ar y bwrdd rhyngddynt, yn datgan y gwir heb i Luned yngan 'run gair.

"Ti bia hwn?" gofynnodd ei mam, gan gyfeirio at y teclyn plastig ar y bwrdd.

"Ia," atebodd Luned, a dyna'r oll a ddywedwyd am funud neu ddwy.

Syllodd pawb ar y prawf beichiogrwydd, wrth i'r cloc mawr yn y cyntedd gadw rhythm yn y cefndir.

"Wyt ti isho i mi alw Doctor Bansaal?" gofynnodd ei mam, ei llygaid yn llamu i bob cyfeiriad, gan osgoi rhai ei merch yn llwyr.

"I be?"

"I ga'l gwarad arno fo, siŵr – be ti'n feddwl, hogan?"

Syllodd Luned ar ei thad, ei llygaid yn llosgi. Gwridodd ei fochau'n fwy fyth wrth weld y diffuantrwydd yn nhrem ei unig ferch.

"Dwi'n cadw'r babi, Tada," atebodd yn dawel.

Roedd ei thad ar fin ffrwydro, ond nid oedd Luned yn mynd i newid ei meddwl, a gallai ei mam weld hynny. Gafaelodd yn llaw ei gŵr ac ystumio arno i dawelu.

Trodd at ei merch.

"Be am y brifysgol?"

Wythnos ynghynt, derbyniodd Luned ei chanlyniadau Lefel A. Tair B, a lle ym Mhrifysgol Bangor i astudio Addysg.

"Bydd raid i'r brifysgol aros," atebodd yn ddigyffro.

"Be am dy ddyfodol di?"

Rhoddodd Luned law ar ei bol a gwenu.

"Dyma fy nyfodol," meddai.

Ysgydwodd ei mam ei phen yn drist, tra anadlodd ei thad yn ddwfn mewn ymgais i dawelu'r bwystfil oedd yn llechu ynddo. Edrychodd Luned i gyfeiriad ei brawd a gweld ei fod yntau hefyd yn mudferwi.

"Cael babi ydw i." Tro Luned oedd hi i ysgwyd ei phen. "Dim marw o ganser!"

"'Sa hynny'n well," oedd ateb swta Brychan.

Trodd Luned i'w wynebu.

"Ffwcia dy hun, Brychan!"

"Pwy 'di'r tad?" gofynnodd ei brawd.

Oedodd Luned cyn dweud gair. Gwyddai nad oedd ateb cywir i'r cwestiwn. Byddai pwy bynnag oedd yn gyfrifol yn siŵr o gael cweir. Ystyriodd ddweud celwydd. Cynnig enw a gadael iddynt gwrso rhith o amgylch y dref. Ond, yn y pen draw, penderfynodd beidio. Trwy'r cyfan, gwyliodd ei mam hi â llygaid barcud.

"Oes ots?" atebodd Luned o'r diwedd, ac fe wnaeth hynny i'w thad godi ar ei draed a dyrnu'r derw fel dyn o'i gof. Synnwyd Luned gan ei ymateb, ond llwyddodd i reoli ei hemosiynau. Plygodd ar draws y bwrdd, gan ddod i stop rhyw droedfedd oddi wrth wyneb ei ferch. Aroglai Luned ei fwsg; cyfuniad cryf o chwys a phridd, mawn a llaca.

"PWY?!" Poerodd yn ei hwyneb.

Camodd Brychan at ei dad a'i helpu i eistedd i lawr unwaith yn rhagor. Gafaelodd ei wraig yn ei law, a'i fwytho fel tasai'n blentyn.

"Wel, dwi'm yn mynd i ddeud wrtha chi rŵan, ydw i," meddai Luned yn ddiffuant, gan wylio gwthïen yn ymdorri trwy groen talcen ei thad.

Roedd ei mam yn dal i syllu arni, a'r olwg ar ei hwyneb yn awgrymu i Luned ei bod yn cloriannu ei hopsiynau. Roedd y ddwy yn agos, ond gwyddai Luned mai ei thad oedd yn cael blaenoriaeth, a dyna lle roedd teyrngarwch ei mam mewn gwirionedd.

Canodd y cloc yn y cyntedd. Un '*dong*' i ddatgan ei bod yn chwarter wedi'r awr. Fel arfer, ni fyddai unrhyw un yn y tŷ'n cymryd sylw ohono, ond gyda'r awyrgylch yn rhewllyd a thawedog, roedd y sŵn yn fyddarol.

"Pwy. Ydy. Y. Bly-di. Tad?" Ailadroddodd ei thad y cwestiwn, gan bwysleisio pob sill.

Eisteddodd Luned a syllu ar ei theulu heb ddweud gair. Doedd hi ddim yn mynd i ddatgelu enw'r tad, dim nawr, ar ôl gweld eu hymateb.

"Lee," meddai ei mam, ac fe drodd pawb i edrych arni.

"Lee?!" ebychodd ei thad a Brychan gyda'i gilydd, cyn troi eu golygon at Luned unwaith eto.

"Mam!" sgrechiodd Luned.

"Y peth 'na o'r sowth!" gwaeddodd Brychan.

Syllodd Luned ar ei mam, y dicter yn brathu diolch i'w brad. Yna, gwyliodd yn gegagored wrth i'w brawd a'i thad adael y gegin a rhuthro i'r parlwr – cartref y cwpwrdd gynnau. Gwyddai fod hynny'n bosibilrwydd, a dyna pam roedd hi a Lee wedi paratoi.

Ymhen dim, dychwelodd y ddau wedi'u harfogi, cyn gadael

y ffermdy heb air arall. Sgrialodd y pic-yp drwy'r llidiart, gan anelu am Amlwch ar drywydd oer.

Ysgydwodd Luned ei phen ar ei mam, cyn codi a cherdded at y drws.

"Ble ti'n mynd?" gofynnodd.

Trodd Luned i edrych arni.

"O 'ma," atebodd.

*

Am bum munud ar hugain wedi naw, roedd Lee wedi cael digon o aros. Camodd o'r fan a sleifio at gornel y sied fawr. Roedd ei galon yn ei gorn gwddf, a'r adrenalin yn rhuo trwy'i wythiennau. Anadlodd yn ddwfn er mwyn lleddfu ei nerfau, ac yna mentrodd gymryd cip rownd y cornel. Daeth wyneb-yn-wyneb â'i holl hunllefau: Brychan a'i dad yn rhuthro o'r ffermdy yn cario reiffl yr un. Tynnodd ei ben yn ôl ar unwaith, gan anadlu rhyddhad pur wrth glywed drysau'r pic-yp yn agor a chau, a'r cerbyd yn gwibio o 'na.

Aeth 'nôl i'r fan a thanio'r injan, yn y gobaith y byddai Luned yn ymddangos mewn eiliad. Cyfrodd i gant, wrth i'r gobaith ei adael yn araf. Ystyriodd fynd i gael pip arall, ond cyn diffodd yr injan – gwelodd hi'n dod rownd y cornel. Gwenodd a phlygu ar draws y sedd i agor y drws iddi.

"Iawn?" gofynnodd Lee.

"Dwi 'di bod yn well, 'de," atebodd Luned a'r olwg ar ei gwep yn ddigon i dorri calon ei chariad.

"Ti'n siŵr bo ti moyn neud hyn? So hi'n rhy hwyr i newid dy feddwl."

Torrodd gwên ar wyneb Luned, wrth iddi ysgwyd ei phen mewn ymateb. "Awê!" ebychodd, a phwysodd Lee ei droed ar y sbardun.

'Ello, 'Ello, 'Ello

RHYW DDAU GAN milltir i'r de o Droed yr Aur, ar fatres ddwbl wedi'i gorchuddio â lliain dal dŵr mewn tŷ teras dau-lan-dau-lawr, cododd y ferch groen porslen y fflangell dros ei hysgwydd; oedodd am eiliad er mwyn eithafu'r artaith fwy fyth, cyn ei hanelu'n nerthol i gyfeiriad bochau'r corff noeth a orweddai o'i blaen, ei harddyrnau a'i bigyrnau wedi'u gefynnu'n gadarn i ben a gwaelod y gwely. Tasgodd y gwaed i'r awyr a gwingodd y derbyniwr mewn poen pur, gydag islif bach o bleser. Ond, ar wahân i'r grymial isel anifeilaidd, ni wnaeth sgrechian na gwneud unrhyw sŵn arall, yn bennaf oherwydd y safnglo siâp pêl oedd wedi'i sdwffio i'w geg y tu ôl i sip caeedig y mwgwd lledr a guddiai ei wyneb. Roedd hwn yn gyfarpar hollbwysig wrth ymgymryd â'r fath weithgareddau mewn tŷ ac iddo waliau papur sidan. Claddodd y dyn ei wyneb yn y gobennydd wrth i'r ferch ailadrodd y weithred drosodd a throsodd, y gwaed yn ffrwydro o'r creithiau amrwd – ond gwyddai nad oedd eisiau iddi stopio gan ei fod yn gwthio'i ben-ôl i'r awyr rhwng pob ergyd, yn gwahodd yr artaith ac yn cofleidio'r boen.

Roedd croen y dyn chwe deg oed – o waelod ei gefn hyd at ei bengliniau – yn greithiau i gyd. Hen a newydd. Tystiolaeth o sesiynau'r gorffennol. Roedd e'n briod, wrth gwrs, ond nid oedd hynny'n ddim o fusnes y ferch oedd yn ei golbio. Doedd hi ddim eisiau clywed y manylion. Mewn anwybod y mae hedd, fel byddai ei mam yn dweud yn aml.

Turiai strapiau ei bronglwm lledr i groen gwyngalchlyd ei hysgwyddau. Nid dyma'r wisg fwyaf cyfforddus yn ei wardrob. Ddim o bell ffordd. Ond, er gwaethaf yr anesmwythdra, roedd hi'n eitha mwynhau'r pantomeim. Y perfformiad. Yn wahanol i'r byd y tu hwnt i ddrws ffrynt ei chartref, yn yr ystafell hon hi oedd y meistr. Ei syniad ef oedd yr arteithio. Ac o gofio'n ôl, nid oedd hi'n or-awyddus ar y dechrau. Ond, bellach, ar ôl blynyddoedd o bractis, roedd hi wrth ei bodd yn dogni'r boen, gan wneud hynny er cof am bob bachgen a dyn oedd wedi ei hamharchu dros y blynyddoedd.

Wrth reswm, roedd y llenni ar gau, ond treiddiai haul diwedd haf i'r ystafell trwy'r bylchau. Sythodd, a throi ei chefn ar y llanast gwaedlyd. Gwingodd y dyn mewn ymateb, gan fwmian yn aneglur dros ei ysgwydd; ei lygaid yn pefrio trwy gyllellodau'r mwgwd lledr. Gwyddai ei fod yn erfyn arni i barhau ond, cyn gwneud, gwiriodd yr amser ar ei ffôn. Roedd awr a hanner ganddi. Digon o amser i orffen y job a chyrraedd ei gweithle'n brydlon.

Agorodd y drôr a gafael yn y dirgrynwr deg modfedd. Camodd at y gwely a'i ddangos i'r dyn. Lledaenodd ei lygaid wrth ei weld ac ysgydwodd ei ben yn wyllt. Ond gwenodd y ferch arno'n gathaidd. Roedd ei brotestiadau'n rhan o'r act, yn rhan o'r ddefod. Mewn gwirionedd, roedd e wrth ei fodd yn boddi yn y mwrllwch rhwng poen a phleser. Trodd ei ben a'i gwylio'n clymu'r sarff silicon i'w chanol. Yna, penliniodd y ferch y tu ôl iddo ar y gwely. Unwaith eto, cododd y dyn ei ben-ôl. Gwahoddiad agored. Irodd hithau'r pen a'r paladr, cyn claddu'r cledd rhwng ei fochau a'i fwbechni nes bod dagrau'n llifo i lawr y mwgwd lledr.

*

15

Pwysodd y ferch ei chefn ar deils gwyn y gawod a gadael i'r dŵr crasboeth olchi budredd y diwrnod o geudyllau ei chorff. Caeodd ei llygaid a gadael i'w meddyliau grwydro. Teimlai'r un gymysgedd o emosiynau ag y gwnâi bob tro. Euogrwydd. Gwarth. Cywilydd. Ysai am berthynas 'normal'. Dyheai am gael cwrdd â dyn o'r un genhedlaeth â hi. Rhywun i rannu ei bywyd gyda fe. Y da, y drwg a'r hyll. Yn hytrach na dim ond yr hyll, fel oedd yn digwydd ar hyn o bryd. Dychmygodd ei hun yn cerdded law yn llaw ar draeth yng nghwmni cymar diwyneb. Y tonnau'n torri ar y tywod, a Sproodle siocled-frown yn llamu ac yn sboncio o'u cwmpas, ei gariad diamod yn atgyfnerthu perthynas berffaith ei hisymwybod. Roedd y delweddau mor danbaid a byw fel y gallai arogli mwsg y môr yn ei ffroenau a theimlo'r gronynnau tywodlyd rhwng ei bodiau. Bron.

"Sally!" Torrodd y llais ar draws ei myfyrdodau, a'i thynnu'n ddiseremoni yn ôl i dir y byw.

Agorodd ei llygaid a sychu'r anwedd oddi ar sgrin y gawod â chledr ei llaw.

"Dwi'n gorod mynd," meddai Gareth, gyda gwên ar ei wyneb, ond ni chamodd at y gawod i'w chusanu na dim. Nid dyna'r fath o berthynas oedd ganddynt. Yn hytrach, safodd yno yn ei lifrai heddlu, a gwyn ei grys yn llewyrchol o dan y golau llachar.

"Iawn," atebodd Sally, yn falch ei fod ar fin gadael.

"Wela i di'r tro nesa dwi lawr ffor 'ma," datganodd Comisiynydd Heddlu Gogledd Cymru, ei wallt llwyd wedi'i gribo'n daclus yn ôl oddi ar ei dalcen, cyn diflannu trwy'r drws a gadael iddi ddychwelyd at ei dychymyg.

★

Ar ôl sychu ei chorff a'i gwallt cigfran, gwisgodd bâr o jîns glas a chrys-T gwyn, ac anelu am y gegin i lenwi ei bol cyn mynd i'r gwaith. Sifft nos. Y gyntaf o dair ar ôl pedwar diwrnod o segura. Dyna oedd y patrwm; tair sifft nos, tair sifft prynhawn a thair sifft foreol. Yna pedwar diwrnod rhydd a dechrau eto. Cymerodd gryn amser i Sally ddod i arfer â'r drefn, ond erbyn hyn roedd hi wedi hen ymgyfarwyddo.

Agorodd yr oergell a gafael mewn blwch plastig llawn pasta, ysbigoglys a phesto. Ei ffefryn. Mor syml, ond mor flasus. Byddai'r carbohydradau'n ei llenwi am oriau, achos doedd dim dal pryd y câi gyfle i fwyta eto yn ystod ei sifft. Yn aml, byddai'n bwyta pasta i frecwast, er i'w chydweithwyr dynnu ei choes am fisoedd pan gyfaddefodd hynny wrthynt un tro. Ond hi oedd yn iawn. Doedd dim amheuaeth o hynny.

Wrth i'r pryd droelli yn y popty ping, canodd ei ffôn ar y bwrdd. Gwelodd enw ei mam ar y sgrin. Bu bron iddi ei hanwybyddu, ond ni allai wneud hynny, nid â'i mam yn byw ar ei phen ei hun. Ac er na fyddai Sally'n gallu gwneud llawer i'w helpu petai yna argyfŵng, oherwydd y milltiroedd maith oedd yn gwahanu eu cartrefi, rhaid oedd ateb yr alwad, rhag ofn.

"Iawn, Mam?" atebodd, wrth i'r pasta ddatgan ei fod yn barod i gael ei fwyta.

"Yndw siŵr, cyw. A titha?"

"Ar fin gadael am y gwaith. Sifft nos."

"Wwww, ia. Gest ti frêc neis?"

"Do, diolch."

"Be fuest ti'n neud? Rhwbath diddorol?"

Fflachiodd delwedd o din waedlyd Gareth o flaen ei llygaid.

"Na. Dim fel'ny. Jyst ymlacio, chi'n gwbod."

"Gest ti gyfle i feddwl pryd fyddi di'n dod fyny i 'ngweld i?"

Roedd mam Sally'n rhoi pwysau arni fel hyn o hyd pan, mewn gwirionedd, y byddai'n llawer haws iddi hi ddod i Erddi Hwyan gan ei bod wedi ymddeol. Er hynny, honnai ei mam ei bod hi'n brysurach nag erioed. Merched y Wawr, y capel, gwirfoddoli mewn siop elusen leol – roedd y rhestr o weithgareddau'n tyfu bob mis, a'r cyfleoedd i ymweld â'i hunig blentyn yn brin iawn.

"Dim rili. Fi'n brysur hefyd, Mam. Ond fe ddo i cyn hir, fi'n addo."

"Iawn, cyw."

Aeth y lein yn dawel a gwyddai Sally bod ei mam yn siomedig gyda'i hateb. Ond beth allai hi ei wneud am y peth? Roedd hi *yn* brysur, a gwyliau blynyddol yn werthfawr. Er hynny, addawodd y byddai'n gwneud mwy o ymdrech. Ar ôl i'w thad farw o ganser bum mlynedd yn ôl roedd ei mam yn unig, er gwaethaf yr holl weithgareddau. Yn enwedig gyda'r nos.

"Fi'n gorfod mynd, Mam," torrodd Sally ar y tawelwch.

"Cym' bwyll," meddai ei mam.

Bwytaodd Sally'r pasta, a chodi afal o'r fowlen ar y bar brecwast i'w fwyta ar y daith fer i'r gwaith. Gwisgodd bâr o sbardiau du plaen am ei thraed, cyn brwsio'i gwallt o flaen y drych wrth y drws ffrynt. Yn olaf, tynnodd got ledr dros ei 'sgwyddau, ac yna allan â hi i'r nos.

Gwaed Oer

"TI'N MEDDWL BO nhw 'di stopo chwilio eto?" gofynnodd Lee, wrth droi'r fan oddi ar yr A470 ger Cross Foxes ac anelu am Fachynlleth, Aberystwyth a Bae Ceredigion tu hwnt. Bellach, gyda'r cloc ar y dash yn dangos ei bod wedi troi hanner nos, roedd hi'n ddu bitsh a'r sêr fel blanced o berlau'n sgleinio uwchben copaon garw mynyddoedd Cambria. Gweryrodd yr injan wrth i gerbyd y cwpwl ifanc wibio heibio i Gadair Idris. Gallai Lee gofio troedio llethrau'r mynydd yng nghwmni ei dad. Un o'r atgofion melysaf oedd ganddo. Cofiodd y glaw mân yn glynu at eu dillad dal-dŵr a'r niwl yn cau amdanynt rhyw hanner ffordd lan, cyn gwasgaru eto pan gyrhaeddon nhw'r copa. Fel ynysoedd mewn breuddwyd, pipodd pigau'r mynyddoedd cyfagos trwy'r cymylau candi-fflós, gan lorio Lee. Nid oedd erioed wedi gweld dim byd tebyg. Doedd neb arall ar ben y mynydd, felly mynnodd ei dad osod ei gamera ar dreipod poced er mwyn tynnu llun self-timer. Roedd e wedi hen golli'r ffoto, ond roedd y ddelwedd wedi'i hysgythru ar ei gof. Gwên fawr ar wyneb y ddau a'u gwalltiau wedi gwlitho. Eu hwynebau gwridog yn adlewyrchu ymdrech y dringo. Tad a mab yn erbyn y byd. Dyfodol llawn posibiliadau, gobaith a dyheadau. Hyd yn oed heddiw, gallai Lee deimlo'i fraich am ei ysgwydd. A'r gofod a'r gwacter roedd wedi eu gadael ar ei ôl. Nid oedd ei fam wedi crybwyll ei enw ers iddo ymadael, ond roedd yr hen ddyn yn dal i aflonyddu isymwybod Lee bron yn ddyddiol. Ar un llaw, roedd e'n ei gasáu am ddiflannu, heb air o esboniad; ond ar y llall, roedd yn gweld ei eisiau ac yn dyheu am fod yn ei gwmni eto. Hyd yn oed am hanner awr yn unig. Teimlodd bwl o euogrwydd am ddarbwyllo Luned i redeg i ffwrdd yn ei gwmni, cyn cofio mai ei syniad hi oedd e yn y lle cyntaf.

"Ro'n i'n hannar disgwyl tecst gen dy fam," atebodd Luned, gan wirio'r ffôn ar ei chlun.

"Pam?"

"Achos dyna'r lle cynta byddan nhw'n edrach."

"Falle fod hi wedi treial, ond sdim reception ffor hyn, o's e?"

Edrychodd Luned ar ei ffôn unwaith eto.

"Ti'n iawn. Dim un bar."

"Ma Mam yn gweithio yn y pyb heno anyway." Yn wahanol i rieni ei gariad, roedd mam Lee yn gwybod am gynllun, am gynllwyn, y cariadon. Ac er nad oedd hi'n cytuno gant y cant â'u bwriad, roedd hi *yn* deall eu rhesymeg. Fel brodor o Fôn oedd wedi gweld tipyn o'r byd, gwyddai'n iawn nad oedd pawb ar yr ynys mor oleuedig â hi. A hyd yn oed petai tad a brawd Luned wedi cael gair â'i fam, doedd hi ddim yn gwybod y manylion. Ta beth, roedd y ddau'n oedolion bellach, felly doedd dim byd y gallai unrhyw un ei wneud am y peth. Wel, dim byd adeiladol.

"Gest ti sioc 'da'r ffordd naethon nhw ymateb?" gofynnodd Lee.

"Dim rili," atebodd Luned. "Ti'n gwbod cystal â fi sut rai ydan nhw."

"A beth am dy fam?"

"Be amdani?"

"Sa i'n gwbod. Ti'n teimlo'n euog neu rwbeth?"

"*Hi* ddudodd wrthyn nhw mai ti 'di'r tad," poerodd Luned.

"Ond o'dd angen iddyn nhw wbod."

"Dim dyna'r pwynt, Lee," gwgodd Luned, gan ddod â'r sgwrs i ben.

Teimlai fod ei mam wedi ei bradychu. Ac roedd hynny'n rhywbeth na fyddai wedi dychmygu gallai ddigwydd, hyd yn oed chwe mis ynghynt. Roedd y ddwy yn arfer bod mor agos, ond roedd llwybrau bywyd pawb wedi troi i gyfeiriadau gwahanol, a Lee oedd popeth iddi bellach. Lee a'r babi yn ei chroth. Heb feddwl, gososodd ei llaw ar ei bol. Gwyddai mai maint cneuen yn unig oedd yr embryo ar hyn o bryd, ond roedd gwybod bod calon arall yn curo y tu fewn iddi yn ei llenwi â chyffro cyntefig. Wrth gwrs, roedd hi'n poeni am y dyfodol, ond gwyddai hefyd fod hwn yn gyfle iddynt, cyn belled â bod Lee wrth ei hochr. Byddai ei mam, mae'n siŵr, wedi bychanu eu cariad, wedi dweud eu bod nhw'n rhy ifanc, yn rhy ddibrofiad, i wybod beth oedd orau, ond nid ei phenderfyniad hi oedd hwn. Efallai fod Luned yn ifanc ac yn ddibrofiad, ond gwyddai'n iawn na allai hi aros adref i gael y babi, neu yno fyddai hi am weddill ei hoes.

*

"A ti'n siŵr y bydd o'n falch i'n gweld ni, hyd yn oed am hannar awr 'di un y bora?" Dylyfodd Luned ei gên wrth i'r fan basio arwydd yn eu croesawu i Aberaeron.

"Bydd e wrth ei fodd!" ebychodd Lee gyda gwên, er nad oedd e mor hyderus ag yr oedd ei eiriau'n awgrymu.

Wrth reswm, roedd strydoedd y dref glan-môr brydferth yn wag, ond taniwyd atgofion Lee gan y cyffiniau cyfarwydd. Roedd wedi treulio hafau lu yn yr ardal, yn aros gyda'i dad mewn pabell ar faes carafannau Maes yr Wylan, eu cyrchfan heno. Gwrthodai ei fam ddod gyda nhw, gan nad oedd yn hoffi campio, ond roedd ei dad yn dod o'r ardal ac, er nad oedd ganddo berthnasau ar ôl yma, dyma ble byddent yn dod ar eu gwyliau haf bob blwyddyn. Dros y blynyddoedd daeth i adnabod Efan, mab y maes, yn dda. Yn wir, ar un adeg, roeddent fel brodyr. Neu gefndryd, o leiaf. Roedd y lle'n cynrychioli rhyddid iddo. Cofiodd grwydro'r traethau a nofio yn yr afon gydag Efs. Reidio'u beics i'r siop hufen iâ. Ac yfed seidr a chwrso merched yn ddiweddarach. Er nad oedd wedi ei weld ers peth amser, gwyddai Lee y byddai croeso cynnes yn aros amdanynt.

"Ti 'di ffonio fo? I'w rybuddio ein bod ni ar y ffor?"

Ystyriodd Lee ddweud celwydd, cyn penderfynu peidio, gan y byddai'r gwir yn cael ei ddatgelu maes o law.

"Naddo. Ond bydd Efs yn chuffed, gei di weld nawr."

Ond wrth gyrraedd mynedfa'r safle, siom oedd yn eu disgwyl am fod clwyd ddiogelwch yn cau'r ffordd. Cododd Luned ei haeliau ar ei chariad, er na ddywedodd yr un gair.

"Shit! Do'dd dim iet y tro dwetha o'n i 'ma."

Parciodd y car wrth y glwyd a chamu i'r nos. Llenwyd ei ffroenau ag arogleuon cyfarwydd. Haint hallt y môr ar yr awel, a gwair newydd ei dorri o dan draed.

Gwyliodd Luned ei chariad yn gwasgu'r gloch ar yr intercom, cyn sythu'i gefn ac aros am ateb.

Ac aros.

O'r diwedd, dychwelodd Lee at y car, y siom yn dangos ar ei wyneb.

"Af i draw i gael pip yn reception. Falle fod e wedi paso mas – dim y tro cynta..."

Nodiodd Luned ei phen, er nad oedd y gwaethafwr oedd yn llechu ynddi'n disgwyl i'r cynllun lwyddo. Roedd eu hantur ar fin gwrthdaro â realiti, ac roedd diffyg cynllunio Lee yn ei llenwi ag amheuon. Ond o leiaf roedd matres yng nghefn y fan a digon o lefydd tawel gerllaw iddynt gysgodi am y nos.

"Ti'n aros fan hyn?" gofynnodd Lee.

"Yndw," atebodd Luned yn swrth. Edrychodd tua'r glwyd unwaith eto, a gweld ffigur yn cerdded tuag atynt mewn siorts a fest; dyfalodd ei fod newydd godi o'r gwely. Cododd Lee ei ben ac edrych i'r un cyfeiriad, cyn codi ei ddwylo mewn gorfoledd.

"Efan!" ebychodd, a sboncio tuag ato, a rhyddhad a chyffro yn brwydro am oruchafiaeth.

Gwyliodd Luned wrth i'r hen ffrindiau gofleidio. Er ei flinder amlwg, doedd dim gwadu bod Efan yn falch o weld Lee. Camodd Luned o'r fan ac ymuno gyda nhw ar ochr arall y glwyd.

"Luned, Efan; Efan, Luned," meddai Lee.

"Shwdi, Luned?" Gwenodd Efan wrth estyn ei law i'w chyfarch.

"Sori am lando fel hyn," meddai Lee.

"Dim chwys, dim chwys, fi 'di hen arfer." Wfftiodd yr ymddiheuriad. "Ma pobl wastad yn troi lan ganol nos. 'Na i agor yr iet i chi nawr."

Ar ôl parcio'r fan o flaen carafán Efan, drws nesaf i'r dderbynfa, ymunodd y cariadon â rheolwr y maes yn lolfa foethus ei gartref.

"O'n i'n meddwl mai carafán dy rieni oedd hon?" meddai Lee.

"Ma'n nhw 'di symud i fyw mewn bwthyn bach yn Ffos-y-ffin. Fi sydd in charj nawr, er bod Dad yn dal i helpu pan bo angen, t'mod."

Synnwyd Luned gan ba mor gyfforddus oedd y garafán.

Roedd carped trwchus ar lawr y lolfa a chegin fach chwaethus yn rhan o'r gosodiad agored. Ar ôl gwneud paned o de mintys i Luned ac estyn poteli cwrw o'r oergell, eisteddodd y tri ar y soffa yn y ffenest fae, i fân siarad a dal i fyny. Wrth i'r sgwrs droi at atgofion melys o blentyndod y bois, teimlai Luned ei llygaid yn trymhau, ond cyn iddi gwympo i gysgu ysgydwodd Lee ei braich hi'n ysgafn.

"Dere, ma carafán wag 'da Efs i ni."

Ymhen deg munud, roedd Luned yn glyd mewn gwely, a Lee yn gorwedd wrth ei hochr, ei law ar ei bola a cham cyntaf eu taith ar ben.

*

Dihunodd Luned i gyfeiliant cecran y gwylanod a lleisiau plant tu allan i'r garafán. Tywynnai'r haul trwy'r llenni tenau, ond doedd dim sôn am Lee yn unman. Cododd Luned o'r gwely yn gwisgo dillad y diwrnod blaenorol. Golchodd ei hwyneb gyda dŵr oer a chlymu ei gwallt hir yn gynffon. Cododd ei ffôn gyda'r bwriad o alw Lee, ond roedd y batri'n fflat, felly gadawodd y garafán ac anelu am y dderbynfa. Daeth o hyd i Efan y tu ôl i'r ddesg, yn croesawu teulu newydd i Faes yr Wylan. Yn ôl y cloc ar y wal, roedd hi'n tynnu am un ar ddeg. Arhosodd tan i'r teulu adael, cyn gofyn i Efan a oedd wedi gweld Lee.

"Der 'da fi," atebodd, yn ei harwain allan trwy ddrws cefn y swyddfa i garej gyfagos. Yno, roedd Lee ar ei bengliniau yn trwsio peiriant torri gwair – yn ei elfen yng nghanol yr olew.

"Fel newydd," datganodd yn llawn balchder, gan danio'r peiriant a chlywed yr injan yn canu grwndi.

"Ti'n genius, Lee. Fi 'di bod yn ca'l trafferth da'r mower 'na ers misoedd."

Trodd Lee ei olygon at ei gariad. "Iawn, Lun. Lie-in neis?"

"Pryd nes di godi?"

"Wyth. Ish. Ti siŵr o fod yn starfo."

Ar ôl bwyta brecwast syml ar y decin o flaen y garafán, gyda thonnau Bae Ceredigion yn torri oddi tanynt dros ymyl y dibyn, aeth y cariadon am dro. I ganol y dref yn gyntaf, yr adeiladau amryliw yn atgoffa Luned o Ballamory ei phlentyndod, ac yna'n fewndirol ar hyd llwybr glannau afon Aeron. Cylchdroai'r bwncathod uwch eu pennau a llifai'r dŵr dros y cerrig mân. Â'r haul yn tywynnu, tynnodd y ddau eu hesgidiau a'u sanau er mwyn trochi eu traed yn y trobyllau bach ar esgyll yr afon.

"Ma Efs wedi cynnig job i fi," medd Lee, a synnodd Luned rhyw fymryn. "I *ni*, actually," ychwanegodd.

"Yn gneud be?" gofynnodd Luned.

"Jyst helpu mas. Odd jobs. Glanhau. Ti'mod."

Syllodd Luned i'r afon a gweld brithyll yn y dŵr bas. Gwyliodd ef am rai eiliadau, wrth ystyried geiriau ei chariad.

"Be ti'n meddwl am hynny?" gofynnodd Luned, o'r diwedd.

"Sa i'n gwbod, really. Wedes i bydde fi'n siarad gyda ti gynta."

Eisteddodd y ddau ar dwmpath glaswelltog ar y lan yn gafael dwylo, heb yngan gair am funud neu ddwy.

"Ni'n iawn am bres, tydan?" medd Luned, gan darfu ar y tawelwch.

"Ydyn. Am nawr."

Diolch i ddiffyg bywyd nos Amlwch, a'i ffocws absoliwt ar Luned, roedd Lee wedi llwyddo i gynilo rhan helaeth o'i gyflog dros y misoedd diwethaf. Ac er y byddai wedi bod yn ddigon hapus i aros yn Aberaeron am sbel, yn ailgysylltu â'i

hen ffrind, gwyddai o gwestiwn Luned mai Caerdydd oedd
eu cyrchfan. Roedd y ddau wedi siarad droeon am y dyfodol,
ac roedd pob llwybr yn arwain at y brifddinas. Roeddent
hefyd yn breuddwydio am weld y byd, er y byddai'r babi'n
cael blaenoriaeth nawr, wrth reswm. Er hynny, nid oedd y
freuddwyd ar ben, jyst yn huno am gyfnod. Teimlai Caerdydd
fel carreg gamu at ddyfodol cyffrous, tra oedd Aberaeron yn
debycach i ddiwedd y daith rywffordd.

★

Y noson honno, aeth Luned i'r gwely'n gynnar gan nad oedd
yn teimlo gant y cant. Feddyliodd Lee ddim mwy amdani am
fod Efs ac yntau wrthi'n palu trwy botel o fodca ar y decin tu
ôl i garafán rheolwr y safle.

"Pryd chi'n gadel, 'te?"

"Fory. Pan godwn ni."

"O's rhwle 'da chi i aros, neu chi'n mynd i lando ar stepen
drws arall yn ganol nos?"

Gwenodd Lee ar ei ffrind. Nid oedd unrhyw gynllun
pendant ganddo mewn gwirionedd.

"Ma digon o lefydd 'da fi i grasho yn Caerdydd. Ti'n cofio
Mo?"

"Wrth gwrs 'mod i. Da'th e lawr 'ma 'da ti un haf, yn do fe."

"Fuckin' hel, do! Un o'r hafau gorau erio'd…"

Gwenodd y ddau wrth gofio. Yr haf ar ôl eu harholiadau
TGAU. Tair wythnos o feddwi, torheulo a snogo Saeson.

"Ma wastad croeso i fi yn nhŷ Mo."

"Wel, os chi byth angen gwaith, neu gwylie bach hyd yn
o'd, ti'n gwbod ble 'yf i."

★

Tra bod yr hen ffrindiau'n meddwi o dan y sêr, roedd Luned yn troi a throsi yn y gwely; y chwys yn diferu a'r delweddau yn ei phen yn ei phoenydio.

Roedd ei bol yn grwgnach ac yn cyffio, a cheisiodd gofio a oedd hi wedi bwyta rhywbeth amheus. Ond nid dyna oedd gwraidd y gofid, gwyddai hynny'n reddfol. Cododd o'r gwely a chropian i'r tŷ bach, y teimlad annifyr yn dwysáu gyda phob cam ci. Cododd i eistedd ar y badell a thynnu ei dillad isaf at ei phigyrnau.

Yng ngolau gwan y garafán, gwelodd y smotiau gwaetgoch.

*

Am ganol dydd ar y diwrnod canlynol, ffarweliodd y cariadon ag Efan gan anelu tua'r dwyrain, ar drywydd eu breuddwydion. Teimlai Luned yn llawer gwell erbyn hyn ac, o ganlyniad, nid oedd wedi rhannu ei gofidiau am yr hyn ddigwyddodd yng nghanol nos. Er y pen tost, roedd Lee yn llawn cyffro ac yn edrych ymlaen at weld ei ffrindiau yn y mwg mawr, a doedd Luned ddim eisiau tynnu'r gwynt o'i hwyliau. Ac wrth iddo yrru'r fan trwy gefn gwlad Ceredigion, gyda'r ffenest ar agor er mwyn ei gadw'n effro, gwenodd Luned arno, a gweddïo nad oedd hi wedi gwneud camgymeriad anferth.

Partneriaid

FEL MATER O drefn, cyrhaeddodd Sally Morris orsaf heddlu
Gerddi Hwyan bymtheg munud cyn cychwyn ei sifft nos.
Roedd hi'n noson braf ar ddiwedd haf ac, wrth basio cwpwl o
dafarndai bywiog ar y ffordd i'r gwaith, gwyddai ym mêr ei
hesgyrn y byddai miri meddwol yn aros amdani maes o law.
Roedd y gwres yn gwneud pethau rhyfedd i bobl. Ar y cyd
ag alcohol, wrth gwrs. Mewn â hi drwy'r drws cefn ac yn
syth i grombil yr adeilad, gan nodio'i chyfarchion ar ambell
gydweithiwr, y rhan fwyaf yn gadael am y nos. Ym maslawr y
twlc moch, roedd ystafelloedd newid y swyddogion. Fel rheol,
yr iwnifforms yn unig a ddefnyddiai'r cyfleusterau. Anaml iawn
y byddai rhengoedd y ditectifs yn disgyn o dan ddaear. Dyheai
Sally am godi trwy'r rhengoedd i fod yn dditectif, ond gwyddai
fod yn rhaid iddi brofi ei gwerth ar y bît yn gyntaf. Dyna oedd y
drefn ym mhobman, ac roedd hi'n hapus â hynny. Am nawr.

Roedd Sally'n naw ar hugain oed ac, ers cyn cof, ei unig
huchelgais oedd bod yn blismones. Dim balerina, actores na
seren bop. Plismon. Heddlu. Ditectif. Dyna fe. Ni allai gofio
tarddle ei dyhead. Doedd dim byd dramatig wedi digwydd.
Doedd dim ysbrydoliaeth ganddi gartref chwaith. Roedd
ei rhieni'n athrawon. Galwedigaeth ddigon derbyniol. Ond
llawer rhy ddiflas a di-fflach i Sally. Roedd hi'n unig blentyn
ac wedi cael pob cyfle gan ei rhieni balch. Roedd hi'n
academaidd alluog, ond nid oedd hynny'n ddigon. Gallai fod

wedi dilyn gyrfa mewn unrhyw faes, ond dim ond un llwybr oedd o ddiddordeb iddi. Ar ôl graddio â dosbarth cyntaf mewn Troseddeg o Brifysgol Caerdydd, aeth ymlaen i ennill gradd meistr o'r un sefydliad mewn Trosedd, Diogelwch a Chyfiawnder, gan ysgrifennu traethawd hir a gyhoeddwyd o dan y pennawd 'Troseddau wedi'u targedu yn erbyn y digartref: ymateb i ansicrwydd cymdeithasol neu greulondeb yn unig?', yn seiliedig ar hanes tri o'i chyd-ddisgyblion yn Ysgol Uwchradd Gerddi Hwyan a ymosododd ar ddyn digartref un noson yn ystod yr haf ar ôl eu harholiadau Lefel A, a'i ladd. Diolch i'w dawn academaidd amlwg yn y pwnc, cafodd Sally gynnig swydd barhaol gyda'r adran yn y brifysgol ond, er iddi ystyried yr opsiwn o ddifrif, roedd tynfa atal troseddau'n uniongyrchol yn anorchfygol ac i ffwrdd â hi, gyda phob dymuniad gorau, i ymuno â Heddlu De Cymru yn ddau ddeg pedwar oed. Cyfarfu â Gareth Winters, Comisiynydd Heddlu Gogledd Cymru, yn ystod y cwrs hyfforddi cychwynnol ym Mhen-y-bont ar Ogwr, ond ni chafodd eu perthynas 'arbennig' lawer o ddylanwad ar ei gyrfa, gan fod Sally wedi gweld nifer o swyddogion gwrywaidd ifancach a llai dawnus na hi yn esgyn trwy'r rhengoedd ar ei thraul. Diolch i'w llwyddiant academaidd, cafodd ei chyhuddo o fod yn benuchel a thrahaus, ond nid oedd hynny'n wir o gwbl. Hen glwb bechgyn oedd hwn, heb os, ond roedd Sally'n benderfynol o brofi ei hun, er y byddai'n rhaid iddi weithio'n galetach na'r un o'i chydweithwyr gwrywaidd er mwyn llwyddo. Roedd y sefyllfa'n ei gwneud hi'n grac, wrth reswm, ond trodd ei dicter yn gryfder. Doedd dim byd yn mynd i'w hatal. Roedd plismona'n llawer mwy na swydd iddi. Yn fwy na galwedigaeth, hyd yn oed. Roedd plismona'n ffordd o fyw, ac yn rhan o'i DNA bellach.

Wedi gwisgo'i lifrai a gwirio'i gwedd yn y drych, gadawodd

yr ystafell newid a dod o hyd i'w phartner, Dafydd Benson, yn yr ystafell reoli, yn gwrando ar orchmynion Inspector Paul Foot, yr Arweinydd Sifft. Eisteddai PC Tanya Harding, y Swyddog Anfon, gerllaw, ar goll yn sgrin ei chyfrifiadur ac yn cyfarth cyfarwyddiadau ar y swyddogion ar y stryd.

"Iawn, Sal?" cyfarchodd Daf hi, ei ddannedd perffaith yn pefrio ar gefnlen ei groen heulfrown, a'i freichiau cyhyrog yn ceisio rhwygo trwy gotwm gwyn ei grys. Roedd e'n foi golygus, heb os, ond perthynas brawd a chwaer oedd ganddynt erbyn hyn, ar ôl dwy flynedd o gydweithio.

"Daf," atebodd Sally, cyn nodio ar yr uwch swyddog. "Syr."

"Noswaith dda, PC Morris. Gobeithio'ch bod chi'n barod am noson brysur."

Ym marn Sally, roedd Inspector Foot yn ddyn rhyfedd a doedd hi byth yn siŵr a oedd e'n bod yn goeglyd pan oedd yn siarad gyda hi.

"Ydw, syr. Barod am unrhyw beth," atebodd yn ddiffuant.

"Falch o glywed."

"Pissheads yn bennaf, syr?"

"Yn wir, PC Benson. Mae'n nos Wener. Mae'n braf. Mae'n mynd i fod yn messy."

"Ble chi moyn i ni ddechre, syr?" gofynnodd Sally, yn awchu i gychwyn y sifft go iawn.

Trodd Inspector Foot yn ei gadair i wynebu PC Harding.

"Ble mae'r action?" gofynnodd, gan wirio'r map ar y sgrin dros ei hysgwydd.

Pwyntiodd Tanya bensil at y monitor.

"Ma ardal Tŷ Coch yn brysur iawn heno, syr. Dim incidents eto, ond mater o amser yn unig."

Trodd Inspector Foot yn ôl at y partneriaid, ei wast yn bolio dros ei wregys lledr.

"Dyna'ch ateb. Cadwch mewn cysylltiad ac aros am gyfarwyddiadau pellach."

"Syr," cydadroddodd Sally a Daf, cyn gadael yr ystafell a'r orsaf, eu lifrai'n glynu at eu cefnau ar unwaith diolch i wres gludiog y noson glòs.

Wrth gerdded, mân-siaradai'r partneriaid am bethau dibwys, gyda Daf yn llywio'r sgwrs, gan nad oedd Sally eisiau datgelu gormod o fanylion am ei hamser i ffwrdd o'r gwaith.

"Ti'n cofio Steven Ellis o'r ysgol?" gofynnodd Daf.

"Ma'r enw'n canu cloch," atebodd Sally, er ei bod yn ei gofio'n iawn, diolch i 'ddigwyddiad' anffodus mewn parti pan oedd hi yn chwech un a fe ym mlwyddyn pump. Efallai mai dyna oedd ffynhonnell ei hoffter o ddynion hŷn, meddyliodd, wrth i Daf barhau i barablu.

"Ma fe'n priodi mis nesa. Rhyw ferch o Kent. Wel, fi'n dweud mis nesa, ond ma fe 'di gorfod gohirio'r nuptuals…"

"Pam?" gofynnodd Sally.

"Apparently, a ma hwn yn second hand, reit, so paid ailadrodd i neb fel y gospel truth, ond glywes i wrth Deano bod e yn yr ysbyty ar ôl tanio rhech ar ei stag do a llosgi ei anal canal a'i rectwm."

Trodd Sally ac edrych ar Daf, gan geisio atal ei hun rhag chwerthin.

Ffaelodd.

"Fi'n gwbod. Fuckin' mental reit. Pwy fydde'n credu'r fath beth. I mean, fi 'di tanio ffarts fi loads dros y blynyddoedd, heb incident. Wel, dim yn ddiweddar, ond pan o'n i'n ifancach…"

"So hynny'n synnu fi o gwbl, Daf."

Cododd PC Benson ei ddwylo o'i flaen i gydnabod twpdra ei orffennol.

"O't ti ddim ar y stag, 'te?"

"Na."

"Shifft?"

Ysgydwodd Daf ei ben yn araf. "Ges i ddim gwahoddiad. Sneb moyn plismon ar stag do, o's e?"

Ymlaen aeth y ddau mewn tawelwch am ychydig, gan agosáu at ardal Tŷ Coch gyda phob cam.

"'Ello, 'ello, 'ello," cyfarchodd Carlos, perchennog y Badell Ffrio, oedd yn smocio ar y palmant tu allan i'r caffi.

"Ar agor yn hwyr heno," meddai Sally.

"Parti preifet," atebodd Carlos.

Edrychodd y partneriaid i mewn i'r bwyty a gweld llond bwrdd o bobl yn sgwrsio. Dynion, bob un. A Pete Gibson, un o ddihirod mwya'r dref, yn eu plith.

"Edrych fel parti shit," medd Daf, gan wneud i Sally wenu'n fewnol.

Chwarddodd Carlos ar hynny a thaflu ei fwgyn i'r gwter.

"Jyst gweini'r bwyd ydw i," atebodd, yn camu'n ôl i'r caffi a gadael yr heddweision yn syllu ar y cynulliad amheus.

O fewn yr awr nesaf, cerddodd Sally a Daf heibio i bum tafarn yn ardal Tŷ Coch, heb orfod delio ag unrhyw beth gwaeth na ffôn symudol colledig, ambell unigolyn meddw ac emosiynol, a thri dyn ifanc â llygaid gwaetgoch yn mwynhau smôc fach ddrewllyd i lawr ali gefn. Yn groes i ddarogan Inspector Foot, roedd trigolion y dref mewn hwyliau da, a'r holl groen noeth oedd i'w weld yn dyst o gynhesrwydd hirhoedlog yr haf.

Ond, wrth agosáu at dafarn y Felin, gyda'r amser yn tynnu at un ar ddeg, cododd sŵn aruthrol o'r ardd gwrw goncrit ar ochr yr adeilad, gan ysgogi Sally a Daf i gyflymu er mwyn delio â'r cythrwfwl. Erbyn iddynt gyrraedd, roedd dau ddyn bronnoeth a blonegog, eu crwyn pinc wedi'u gorchuddio â thatŵs, yn dyrnu ei gilydd ar y slabiau llychlyd o dan draed, tra bod cylch iard ysgol wedi ffurfio o'u cwmpas. Heb oedi, neidiodd yr heddweision dros y wal isel, gan achosi i ambell wydr gwympo a chwalu ar lawr wrth gamu i ffau'r llewod â'r bwriad o dawelu'r dorf a gwahanu'r gladiatoriaid. I gyfeiliant corws o floeddiadau, gafaelodd Sally ym mreichiau'r horwth oedd yn penlinio ar ben ei wrthwynebydd, a cheisio'i dynnu oddi arno, ond yng nghanol yr holl anhrefn, cysylltodd un o'i ddyrnau ef â'i thrwyn hi, gan wneud i'r sgarlad dasgu. Er mai damwain, yn ddi-os, oedd yr ergyd, clywodd Sally asgwrn yn torri a llenwodd ei llygaid â dŵr hallt. Cwympodd am 'nôl ond, diolch i'r dorf gyfagos, ni tharodd ei phen ar lawr nac ar ochr mainc. Yn hytrach, codwyd Sally ar ei thraed gan freichiau a dwylo diwyneb. Cododd ei llaw at ei thrwyn a gwingo mewn ymateb i'r llanast amrwd. Sychodd ei llygaid yn ofalus a gwasgarodd y niwl. O'i blaen, gwelodd Daf yn dawnsio walts wallgof gydag un o'r ymgodymwyr bronnoeth. Roedd hwnnw'n arth o foi, a'r alcohol wedi'i atgyfnerthu. Gorweddai'r llall yn ddiymadferth ar lawr, diolch byth. Byrlymodd yr adrenalin wrth lifo trwy wythiennau Sally. Estynnodd am y baton ar ei gwregys, ei agor ac, mewn un symudiad llyfn, trywanodd y troseddwr ar gefn ei ben-glin chwith, gan wneud iddo gwympo ar unwaith, a gollwng Daf ar yr un pryd. Mewn un symudiad, gafaelodd yn ei gefynnau a'u llithro ar ei arddyrnau, cyn eistedd i lawr a chodi'i llaw at ei thrwyn unwaith eto. Gwingodd mewn poen aruthrol ar y cyffyrddiad lleiaf, ac aeth Daf ati i ddelio â'r dyn ar y llawr.

Ar ôl i'r horwth gael ei gludo i'r orsaf heddlu am noson mewn cell, ac wrth aros i gael sylw'r parafeddyg oedd wrthi'n delio ag anafiadau'r ymladdwr arall, ceisiodd Daf godi calon Sally a chipio'i sylw oddi ar ei thrwyn teilchion.

"O'dd Jac yn gofyn amdano ti 'to," dechreuodd.

Edrychodd Sally i fyny arno, a hithau'n eistedd ar wal y dafarn, ond ni ddwedodd yr un gair. Roedd y dorf wedi gwasgaru bellach, a'r sefydliad wedi cau ei ddrysau am y nos.

"Yn y gym y diwrnod o'r blaen. Jac Edwards, ti'n gwbod, y DC newydd."

"O ie. Beth o'dd e moyn gwbod?"

"Dim byd penodol. Ond ma'n amlwg bod e'n…"

"Paid hyd yn oed dweud y gair, Daf."

Ond roedd hi'n rhy hwyr.

"…ffansïo ti."

Gwingodd Sally trwy'r gwaed. "Faint yw dy oed di, dwêd?"

"Sori, Sal. Jyst dweud, yndyfe. Ma fe'n foi da. Gwd laff, ti'n gwbod."

Nid oedd Sally'n amau hynny. Roedd hi wedi gweld Jac o gwmpas y lle. Boi golygus, er braidd yn ifanc o gofio'i chwaeth bersonol. Rhynnodd Sally wrth gael ôl-fflach o'i snog gyda DI Rolant Price rhyw ddwy flynedd yn ôl, wedi sesiwn meddwol yn y Butchers ar ddiwedd sifft. Nid oedd yn atgof melys iawn, oherwydd ymateb anaeddfed Rol. Ac yn sicr, nid oedd yn brofiad roedd yn awyddus i'w ailadrodd. Er hynny, roedd yn neis gwybod bod rhywun yn talu sylw iddi. Rhywun o'r un genhedlaeth, hynny yw.

"Ti'n meddwl bydd e'n dal i ffansïo fi'n edrych fel hyn?"

Pwyntiodd at ei thrwyn a'i llygaid cleisiog.

"Ti'n edrych yn iawn," atebodd DC Benson, gan syllu ar wyneb ei bartner a cheisio, ond methu cuddio'i ffieidd-dod.

"Fuck off, Daf!" ebychodd Sally ac ysgwyd ei phen. "Fi'n edrych fel blydi panda."

"Ti ddim, actually," ychwanegodd Daf. "Ti'n edrych fel bocswr shit."

Mo Arian, Mo Problemau

"D<small>O'N I DDIM</small> yn disgwyl cymaint o draffig â hyn ar ddydd Sul," meddai Luned, gan ddylyfu gên ac ymestyn ei chorff orau gallai yn sedd flaen y fan. Roedd y cariadon wedi bod mewn tagfa ers Cyffordd 33 yr M4, ac er bod Cyffordd 32, eu hallanfa, i'w gweld ar y gorwel o'r diwedd, roedd taith bum munud wedi cymryd dros awr i'w chwblhau.

"Rhaid bod damwain, I reckon," atebodd Lee, gan rolio'i 'sgwyddau clymog. "So hi usually fel hyn. Unless bod gêm fawr mlân yn y stadiwm."

"Neu gyngerdd."

"Gwir. Ro'dd ciws 'nôl dros Bont Hafren pan chwaraeodd Ed Sheeran 'ma."

"A Beyoncé."

Dyna'r tro diwethaf i Luned ymweld â'r brifddinas. Anrheg pen-blwydd yn ddwy ar bymtheg gan ei rhieni. Teithiodd i lawr mewn bws mini gyda chriw o ferched o'r chweched. Dechrau am saith y bore o Amlwch. Cyrraedd ganol dydd. Ciwio am oriau yn yr haul cyn cael mynd mewn i'r stadiwm. Roedd hi wedi blino cymaint erbyn i Mr a Mrs Carter ddod i'r llwyfan nes iddi eistedd i wylio'r sioe yn lle closio mor agos at y llwyfan ag y gallai, yn unol â'i chynllun gwreiddiol. Cysgodd yr holl ffordd adref ar y bws, a doedd hi prin yn gallu cofio'r perfformiad o gwbl erbyn hyn.

Cripiodd y fan yn ei blaen, a mygdarth anweledig y cerbydau cyfagos yn treiddio i'w ffroenau a'u hysgyfeintiau trwy'r ffenestri agored. Roedd y gwres diwedd prynhawn yn llethol. Er hynny, nid oedd Luned wedi teimlo unrhyw anghyfforddusrwydd ers y noson cynt. Ceisiodd beidio â meddwl am y peth, a diolch i draethu parhaus ei chymar roedd hynny'n ddigon hawdd ar hyn o bryd. Roedd Lee yn edrych ymlaen yn arw at ddychwelyd i'w filltir sgwâr, ac yn llawn straeon am hen ffrindiau a'i helyntion yn tyfu fyny ar strydoedd gwyllt Caerdydd. Os oedd yr hanesion i'w credu – a doedd dim rheswm gan Luned i beidio â gwneud hynny – roedd Lee yn fachgen direidus. Yn ffinio ar fod yn ddrwg, hyd yn oed. Roedd wedi dwyn ceir di-rif a nwyddau bach a mawr o siopau'r stryd fawr, er nad oedd erioed wedi cael copsan. Ond roedd hynny'n hen hanes bellach, diolch i ddylanwad lleddfol Luned. Wel, dyna beth roedd hi'n ei ddweud wrthi ei hun, ta beth.

"Edrych draw ffor 'na," mynnodd Lee, gan bwyntio i'r chwith i gyfeiriad Tongwynlais. "Un o'r golygfeydd gorau yng Nghymru."

Trodd Luned ei golygon tua'r gogledd wrth i'r fan groesi afon Taf yn araf.

"'Drych," medd Lee, gan bwyntio at y coed uwchben y pentref.

"Castell Coch," medd Luned, yn gwerthfawrogi hud tylwyth teg yr adeilad.

"Neu Castle Cock, fel ma'r locals yn dweud," cywirodd Lee, gan wneud i Luned chwerthin.

Ar ôl gadael tagfeydd yr M4 ac ymuno â rhai tebyg yr A470, trodd Lee i'r chwith ger Clwb Golff yr Eglwys Newydd, ac anelu am faestref Rhiwbeina.

"Local knowledge," meddai gan wincio ar ei gariad. "Byddwn ni 'na mewn munud nawr."

Llwyn Bedw oedd eu cyrchfan er, yn ôl Lee, nid oedd unrhyw un yn defnyddio'r enw Cymraeg.

"Birchgrove, bro fy mebyd," meddai Lee mewn acen ogleddol dros-ben-llestri, wrth wibio heibio i archfarchnadoedd Lidl ac Aldi, yn sefyll gyferbyn â'i gilydd, bob ochr i Heol Caerffili. Chwarddodd Luned ar ei firi a gwylio'r ddinas yn gwibio heibio. Tai teras i bob cyfeiriad. Sbwriel. Garejys. Gwaith adeiladu. Têc-awês. Ceir. Bysys. Beics. Roedd hi mor brysur fel ei bod yn ei chael hi'n anodd credu mai dydd Sul oedd hi.

Nid oedd Luned wedi ymweld â Chaerdydd rhyw lawer, yn bennaf oherwydd galwedigaeth gyfyngus ei rhieni. Llond llaw o weithiau y bu hi yma ar hyd ei hoes. Ambell Eisteddfod, cyngerdd Beyoncé a phenwythnos yng Ngwersyll yr Urdd yn y Bae pan oedd hi'n bymtheg oed. Cofiai gragen hynod Canolfan y Mileniwm a'r geiriau dryslyd yn goleuo yn y nos. Cofiai Ivor Novello yn eistedd ar gadair yng nghysgod adeilad briciau coch y Pierhead, er bod y twr-dŵr gerllaw wedi gwneud mwy o argraff ar y plant na cherflun y cyfansoddwr byd-enwog. Cofiodd daith dywysedig ddiflas o amgylch y Cynulliad, hufen iâ blasus Cadwaladers a gwibdaith gyffrous ar gwch o gwmpas y Bae. Ond, o edrych o'i chwmpas, roedd Birchgrove yn teimlo'n wahanol iawn i olygfeydd carden post y Bae a chanol y ddinas.

Trodd Lee'r fan tua Pedair Erw Road a pharcio yn y bwlch cyntaf a welodd, dafliad carreg o lain bowlio Gerddi Llwynfedw. Roedd hwnnw dan ei sang â phensiynwyr ar hyn o bryd – eu dillad gwyn yn adlewyrchu'r haul a'u hetiau bwced yn amddiffyn eu pennau moel rhag y pelydrau peryglus.

"Ma tŷ Mo 'nôl fyna," pwyntiodd Lee â'i fawd dros ei ysgwydd, cyn camu o'r fan.

"Byr am 'mohican'," esboniodd Lee wrth Luned, rhywle rhwng Caerfyrddin ac Abertawe. "Achos gath e fohican pan oedd e tua un deg pedwar ac mae'r enw wedi stico, although sdim mohican 'da fe nawr."

Agorwyd y drws gan fenyw ganol oed â gwallt blond potel a gormod o golur o gwmpas ei llygaid. Syllodd ar y cwpwl ifanc ar stepen y drws, heb adnabod yr un ohonynt.

"Hia Mrs Price, ydy Aled adre?" gofynnodd Lee, gan ddefnyddio enw bedydd ei ffrind.

"Lee?!" ebychodd Mrs Price o'r diwedd. "Wel jiw-jiw, 'nes i ddim dy nabod di fyna am eiliad..."

Wrth fwrdd y gegin yn yfed te, ac ar ôl cyflwyno Luned i wraig y tŷ, esboniodd Mrs Price fod Mo wedi symud mas.

"Gath e job, o'r diwedd. Gyda'r Cyngor. Call centre. Llinell gymorth. Ymholiadau cyfrwng Cymraeg, ti'n gwbod. Cyflog teidi. Digon da iddo fforddio fflat. Yn enwedig gyda help Stacey..."

"Stacey?" gofynnodd Lee, mewn ymateb i'r enw anghyfarwydd.

"Ie," atebodd Mrs Price, yr arswyd yn hollol amlwg ar ei hwyneb. "*Cariad* Aled."

"Ers pryd?"

"Rhyw flwyddyn, erbyn hyn. Ma hi'n hairdresser. O *Ely.*" Ynganodd enw'r faestref ddrwg-enwog gyda'r dirmyg snobyddlyd roedd Lee wedi'i glywed droeon yn ystod ei oes.

"Cŵl," meddai Luned, heb ddarllen rhwng y llinellau.

Rhythodd Mrs Price arni am hanner eiliad, ei haeliau peintiedig yn gwyro tua'r nenfwd fel gwylanod mewn morlun plentynnaidd, ond bachodd Lee ei sylw cyn iddi gael cyfle i ddweud gair.

"Ble ma'n nhw'n byw?" gofynnodd.

"Riverside," oedd yr ateb, ac roedd tôn llais Mrs Price yn awgrymu nad oedd hi'n meddwl rhyw lawer o'r ardal honno chwaith.

*

Cyn teithio i ganol y ddinas ar drywydd ei ffrind, roedd Lee'n awyddus i ddangos ei hen gartref i Luned, rownd y cornel o gartref Mrs Price. Ond wrth gyrraedd a pharcio gerllaw, dim ond syllu ar yr eiddo a wnaeth Lee, â golwg bell ar ei wyneb. Gwyddai Luned ei fod yn cofio dyddiau gwell, pan oedd ei rieni gyda'i gilydd, a'i dad yn dal i fod yn rhan o'i fywyd. Diflannodd holl firi'r dydd am orig fer a gafaelodd Luned yn llaw ei chariad a'i gwasgu, gan ddweud cyfrolau heb yngan yr un gair.

*

Daeth Lee o hyd i le parcio ar Stryd Despenser, nid nepell o hostel Nos Da. Roedd fflat Mo ar Stryd Mark, rownd y cornel, ond roedd Luned yn ddigon hapus i gerdded, oherwydd roedd hynny'n rhoi cyfle iddi weld y stadiwm cenedlaethol yn ei lawn ogoniant ar ochr arall afon Taf. Er iddi fod y tu fewn i'r stadiwm ar gyfer cyngerdd Beyoncé, nid oedd erioed wedi'i weld o'r man hwn. Pwysodd y pâr ar y wal tu allan i Nos Da a gwylio'r dŵr budr yn llifo heibio i gyfeiriad y morglawdd. Anwybyddodd Luned y sbwriel oedd yn britho'r glannau a gwylio bilidowcar yn pysgota, gan geisio dyfalu ble byddai'r aderyn yn ailymddangos bob tro y plymiai o dan y dŵr. Yn sydyn, llenwyd ei ffroenau ag arogl sur-felys anghyfarwydd, a throdd yn yr unfan i wylio dau Rasta'n cerdded heibio, y mwg yn glynu at y cydynnau trwchus ar eu pennau fel niwl ar doriad gwawr ar gopa Mynydd Parys.

"Beth sy'n bod?" gofynnodd Lee yn chwareus – a gwên yn goglais corneli ei geg.

"Dim," atebodd Luned braidd yn amddiffynnol. "Sa i 'rioed wedi arogli dim byd fel 'na o'r blaen, 'na'i gyd."

"Beth? Sdim Rastas ar Ynys Môn then?"

Peneliniodd Luned ei chariad yn ei fol, cyn i Lee afael yn dyner yn ei 'sgwyddau ac arwain y ffordd i gartref ei ffrind.

Yn ôl y disgwyl, cafodd Lee a Luned groeso cynnes iawn gan Mo, er na ellid dweud yr un peth am Stacey. Roedd hi fel rhewlif dynol, yn lled-orwedd yn fud ar y soffa yn y lolfa gyfyng, gydag un llygad ar yr ymwelwyr estron a'r llall ar y teledu hanner can modfedd oedd yn dominyddu'r stafell gyfan. Er gwaethaf y botocs oedd wedi barugo rhan helaeth o'i hwyneb, roedd yn gwbl amlwg nad oedd croeso i Lee a Luned aros yn y fan hyn heno.

Roedd Luned a Lee yn falch iawn o gael gadael y fflat bron ar unwaith, ond ddim hanner mor falch â Mo.

"Helpwch fi," plediodd, cyn codi'r peint o seidr at ei geg a gwagio hanner cynnwys y gwydryn mewn un go. "Plis," ychwanegodd â gwên.

"Ti'n serious?" gofynnodd Lee.

"Sort of," atebodd Mo, gyda golwg drist ar ei wyneb. "Ond dim rili. Ma hi'n gallu bod bach yn possessive, 'na'i gyd. Poeni bod fi'n mynd i chetan arni."

"As if!" ebychodd Lee.

"Yn gwmws," atebodd Mo.

Eisteddai'r tri ym mar Nos Da, y bechgyn yn yfed seidr a Luned yn mwynhau paned. Mynnodd Mo dalu am bob rownd, gan frolio ei fod wedi cael codiad cyflog yn ddiweddar. Roedd hi wedi nosi bellach ac yn rhy oer i eistedd ar y teras, yn edrych dros y Taf a'r stadiwm gyferbyn. Roedd y bechgyn wedi siarad yn ddi-baid ers cyrraedd, a Luned yn gallu gweld y parch a'r cariad oedd mor amlwg rhyngddynt. Rhywbeth a welsai rhwng Lee ac Efan yn Aberaeron hefyd. Ond ar ôl diwrnod hir yn teithio ar draws Cymru ac yn toddi yn y gwres, roedd Luned yn barod am ei gwely nawr, er mai cefn y fan oedd y gorffwysle mwyaf tebygol bellach. Roedd fflat Mo yn llawer rhy fach, hyd yn oed heb ystyried ymateb Stacey i'w presenoldeb.

"Ma Mam yn casáu hi," esboniodd Mo.

"Ni'n gwbod," atebodd Lee. "Roedd hynny'n hollol amlwg."

"Pam, beth wedodd hi?"

"Dim *beth* wedodd hi," esboniodd Lee. "Ond y *ffordd* wedodd hi..."

Ysgydwodd Mo ei ben yn araf, a gallai Lee weld bod y rhwyg rhyngddo fe a'i fam yn peri loes mawr iddo.

"Ma'n grêt gweld ti," meddai Lee, er mwyn torri ar y tawelwch lletchwith.

Clonciodd y bechgyn eu gwydrau a'u gwagio ar eu pennau, tra caeodd Luned ei llygaid a gorffwyso'i phen ar glustog y soffa ledr dreuliedig.

"Un arall?" Cododd Lee ar ei draed.

"Shit!" meddai Mo, gan synnu Lee a gwneud i Luned agor ei llygaid unwaith eto.

"Beth?" gofynnodd Lee a dilyn trem llygaid ei ffrind at ffenest ffrynt y dafarn. Yno, yn syllu trwy'r gwydr, roedd Stacey.

"Fi'n gorod mynd," medd Mo, gan godi a gafael yn ei ffôn.

Gwyliodd Lee ei ffrind yn diflannu trwy'r drws, cyn troi at Luned. Ysgydwodd ei ben yn araf, mewn anghrediniaeth lwyr.

"Ma hi'n lyfli, yn tydy," medd Luned, gan wneud i'w chariad chwerthin.

Eisteddodd Lee a rhoi ei fraich am ei hysgwydd. "Ti'n ffansïo aros fan hyn heno?"

"Be, ar y soffa?" atebodd Luned yn goeglyd.

"Nage. Yn yr hostel. Dim ond thirty quid yw stafell ddwbl."

"Sgynnon ni ddigon o bres?"

Estynnodd Lee ei waled a mynd ati i gyfri eu harian. Ceisiodd wneud hynny heb ddenu sylw, ond ar ôl yfed pum peint o seidr cryf, roedd e braidd yn chwit-chwat ac esgeulus. O gornel ei llygad, gwelodd Luned ddau ddyn yn syllu arnynt o'r bar, a cheisiodd gysgodi'r cildwrn rhagddynt.

"Pedwar cant dau ddeg," meddai Lee. "Plys pedair punt yn fy mhoced. 'Na i dalu am stafell nawr."

Cododd ar ei draed yn sigledig ac anelu am y dderbynfa wrth y bar, yn stryffaglu i ddychwelyd yr arian i'w boced. Gwyliodd Luned e'n mynd. Ystyriodd ei ddwrdio, ond roedd hi wedi blino gormod i wneud. Ymhen deg munud roedd hi'n gorwedd mewn gwely glân, ei llygaid yn drwm a'r cwsg yn cau amdani.

Gadawodd Lee ei gariad yn y gwely ac anelu am y fan i gasglu eu pac. Bag ymolchi a dillad glân ar gyfer y bore. Y math 'na o beth. Doedd dim lot ganddynt a dweud y gwir, ond roedd hynny'n hen ddigon iddo yntau. Yr unig beth oedd ei angen arno oedd Luned. Meddyliodd am Mo. Am lanast o berthynas oedd ganddo fe! Chwarddodd iddo'i hun wrth gofio wyneb Stacey yn y ffenest. Trodd ei olygon tua'r ffurfafen a gweld y sêr yn disgleirio dros doeon y tai teras. Cofiodd synnu wrth weld yr awyr yn ystod y nos dros Ynys Môn. Nid oedd erioed wedi gweld unrhyw beth tebyg. Treuliodd Luned ac yntau oriau'n syllu arnynt dros yr haf, gan wneud dymuniad bob tro y byddent yn gweld seren wib. Gyda bysedd blymonj, estynnodd allwedd y fan o'i boced, ond ni chafodd gyfle i agor y drws am i rywbeth neu rywun ei daro o'r tu ôl, reit ar fôn ei benglog. Cwympodd i'r llawr, y gwaed yn tasgu pan wrthdarodd ei dalcen â'r llawr concrid cadarn. Cyn i'r düwch ei fantellu, gwelodd ddau ffigur aneglur yn cyrcydu wrth ei ochr a theimlo'u dwylo'n twrio trwy ei bocedi. Ceisiodd symud. Ceisiodd eu hatal rhag dwyn ei ddyfodol. Ond ofer oedd ei ymdrechion. Teimlodd ddwrn arall ar ochr ei ben. Diffoddwyd y golau.

Dihunwyd Luned gan gnoc aflafar ar y drws. Agorodd ei llygaid ond roedd yr ystafell yn ddu. Gwyddai'n reddfol fod rhywbeth o'i le. Goleuodd y lamp fach wrth ochr y gwely a chamu at y drws i'w agor. Yn sefyll o'i blaen, yn pwyso ar y ffrâm gyda'r gwaed yn glynu at ei ben fel corryn cochfrown, safai Lee. Cwympodd i'w breichiau a helpodd e at y gwely, cyn mynd ati i olchi ei friwiau. Nid oedd llawer ganddo i'w ddweud am y digwyddiad, gan nad oedd wedi gweld beth ddigwyddodd. Ymosodiad llwfr, o'r tu ôl. O'r golau i dywyllwch mewn clic camera.

Trwy'r boen a deimlai ei chariad, daeth dau beth yn eglur i Luned.

Yn gyntaf, roedd Lee yn lwcus na chafodd anaf gwaeth.

Yn ail, roedd eu harian wedi mynd.

Pob ceiniog.

Angof

Taranodd llais Tanya Harding, y Swyddog Anfon, dros y tonfeddi, gan hawlio sylw Sally a Daf oedd yn cerdded strydoedd Gerddi Hwyan ar fore Sadwrn braf, wrth i'r haf bach Mihangel ymestyn tua chanol mis Medi.

"Code two wrthi'n digwydd ar Ystad y Wern. Code two. Unrhyw unedau yn yr ardal?"

Heb oedi, gwasgodd Sally'r botwm bach ar y radio digidol ar ei hysgwydd chwith.

"Uned un-un-tri yma. So ni'n bell. O's mwy o fanylion 'da chi plis?"

"Domestic disturbance in progress. Rhif dau ddeg tri Ffordd Celyn. Un o'r cymdogion wedi cysylltu. Cartref Les Bishop yw e…"

Canodd yr enw gloch ym mhen Daf.

"Y Les Bishop?" gofynnodd, gan wasgu botwm ei radio er mwyn ymuno yn y sgwrs.

"Ie. Troseddwr rhyw cofrestredig. Rhestr faith o gollfarnau. Wedi bod yn byw yna ers wythnos yn unig, yn ôl yr wybodaeth sydd gyda fi fan hyn."

"Shit!" ebychodd Sally. "Byddwn ni 'na wap."

Arweiniodd Sally y ffordd, gyda Daf wrth ei hochr yn barod am gyffro cynta'r dydd. Peth hawdd oedd dychmygu yr hyn oedd yn digwydd, achos bod hawl gan y cyhoedd wybod enwau a chyfeiriadau'r troseddwyr rhyw oedd yn byw yn yr ardal leol. A chydag achos Nicky Evans mor ffres yn y cof, pwy a wyddai pa mor bell fyddai'r haid gynddeiriog yn mynd heddiw?

Y Wern oedd ystad tai cyngor fwyaf y dref. Magwrfa rhai o gymeriadau drwgenwocaf yr ardal, a meithrinfa ddidostur oedd yn gadael ei marc ar bron pawb oedd yn tyfu i fyny yno. Roedd yn ddrysfa o alis cefn a phengaeadau, a dim ond un ffordd i mewn ac allan oedd yna i gerbydau. Roedd 'na gae chwarae eang yn ganolbwynt iddo; gwerddon laswelltog yng nghanol yr holl goncrid llwydfrown. Ffordd Celyn oedd y fynedfa, fel oedd hi'n digwydd, ac roedd camau Sally a Daf yn arafu wrth iddynt agosáu at rif dau ddeg tri. Heb wirio rhif y tŷ, roedden nhw'n gwybod eu bod nhw yn y lle iawn, yn bennaf achos bod torf o ryw bymtheg o bobl wedi ymgasglu o flaen yr eiddo.

Roedd wythnos wedi mynd heibio ers i Sally dorri ei thrwyn, a thridiau ers iddi ddychwelyd i'r gwaith ar ôl cael ei gorfodi i aros adre i wella. Pedwar diwrnod llawn diflastod, yn unol â gweithdrefnau'r heddlu a'r Polisi Iechyd a Llesiant cenedlaethol newydd. Pedwar diwrnod un ai'n darllen antur ddiweddaraf Stephanie Plum neu'n syllu ar sgrin ei theledu o'i soffa'n gwylio cyfresi trosedd di-ben-draw, gan ddyheu am fod allan ar strydoedd Gerddi Hwyan yn gwneud y gwaith go iawn. Ailosodwyd ei thrwyn gan y parafeddyg tu fas i dafarn y Felin yn dilyn y digwyddiad, ac er bod ei hwyneb yn parhau i fod yn galeidosgop o liwiau, roedd y chwyddi wedi gostwng ac roedd wedi adfer ei gallu i anadlu'n arferol. Yn wir, roedd yr enfys wedi'i gorchuddio'n gelfydd heddiw gan haenen o golur sylfaen oedd yn cydweddu'n berffaith ag arlliw ei chroen gwelw.

Wrth gyrraedd eu cyrchfan a gwthio trwy'r dorf at ffin

yr eiddo, sef wal isel oedd yn amddiffynfa gwbl aneffeithiol yn erbyn yr ymlidwyr, y peth cyntaf oedd yn mynnu sylw'r heddweision oedd graffiti cyntefig wedi'i baentio mewn llythrennau bras lliw coch, pedair troedfedd o daldra, ar draws talcen y tŷ.

PAEDO

Ar ben hynny, roedd gweddill cynnwys y pot paent wedi ei daenu'n aflêr dros y drws ffrynt a ffenestri'r llawr gwaelod, ac ar y lawnt, gallai Sally weld y can petrol gwag cyn iddi arogli'r mygdarth. Trodd i edrych ar y dorf, gan sicrhau nad oedd unrhyw un ar fin tanio fflam a throi digwyddiad domestig yn rhywbeth llawer gwaeth.

"Pawb 'nôl!" gwaeddodd Daf, gan godi'i ddwylo a'i lais ar unwaith.

Ymunodd Sally â'i phartner mewn ymdrech i dawelu'r dorf, ond cododd eu lleisiau fel un, ac roedd eu hatgasedd llafar wedi ei anelu'n syth at gartref Les Bishop.

"Paedo! Paedo! Paedo!" Atseiniai'r bonllefau dig, ond roedd y lleisiau wedi dechrau distewi a throdd Sally ei sylw at arweinydd yr haid, Tony Evans, tad Nicky, y ferch un ar ddeg oed a gafodd ei chipio, ei harteithio a'i llofruddio gan y bwystfil Matthew Poole, rhyw ddwy flynedd yn ôl. Roedd Sally'n weddol newydd i'r swydd ar y pryd, ond cofiai'n glir sut y meddiannwyd y dref gyfan gan yr achos, a gadawyd ei gysgodion pellgyrhaeddol hyd heddiw. Roedd Tony Evans yn edrych fel dyn o'i go. Ei farf hir, halen a phupur, yn hongian dros ei fron ac yn pendilio uwchben ei fogel, a'r bagiau du yn bolio o dan ei lygaid yn awgrymu'n gryf ei fod yn dal i gael ei aflonyddu gan yr hyn a ddigwyddodd i'w unig ferch. Yn ôl y disgwyl, chwarae teg. Wrth ei ochr, nodai Sally bresenoldeb ei dad, Ray, a'i feibion, Chris a Paul; y tri yn goch eu bochau, a'u llygaid yn llawn casineb cysefin.

"Ai chi beintiodd y gair yna ar gartre Mr Bishop?" anelodd Sally y cwestiwn at Tony Evans.

"A syniad pwy oedd y petrol?" ychwanegodd Daf, yn anghrediniol.

"So ni moyn e 'ma!" poerodd Tony. "Paedo mas!" gwaeddodd ar dop ei lais, yn annog y dorf i ymuno ag ef.

"Paedo mas! Paedo mas! Paedo mas!" Bloeddiodd y dorf ar ei ôl, gan ei gwneud yn amhosib cynnal y sgwrs.

Trodd Sally at Daf, ac o gornel ei llygad gwelodd denant y tŷ cyngor yn syllu ar yr olygfa erchyll o ffenest fwyaf y llawr cyntaf. Y brif ystafell wely, dyfalodd. Ei greddf gyntaf oedd cydymdeimlo â Les Bishop, ond o gofio hanes diweddar y teulu Evans, ynghyd â rhestr faith o droseddau'r preswylydd, nid oedd y teimlad wedi para'n hir. Fodd bynnag, rhaid cynnal elfen ddiduedd ym mhob sefyllfa ac, ar bapur o leiaf, y pedoffeil oedd y dioddefwr yn yr achos hwn. Ei gartref ef oedd wedi ei fandaleiddio, wedi'r cyfan, er nad oedd Sally'n ffyddiog y byddai'r rhai euog yn cael eu herlyn.

Gan adael y dorf ar ochr arall y stryd, yn mudferwi ac yn mwmian fel haid o gacwn candryll, camodd Sally a Daf at ddrws ffrynt y tŷ a churo. Wedi aros am funud, heb ennyn ymateb, plygodd Daf, a gweiddi drwy'r blwch llythyrau.

"Mr Bishop, heddlu. Agorwch y drws os gwelwch yn dda."

"Sa i'n gadael y tŷ gyda nhw mas fyna," daeth yr ateb ar unwaith.

"Allwn ni ddod mewn?" Plygodd Sally at y slot, ac yngan y geiriau mor dyner ag y gallai.

Ar y gair, datglowyd y drws cyn iddo agor fymryn. Gwelodd

Sally Mr Bishop yn sefyll yn y cyntedd moel, yr arswyd yn amlwg ar ei wyneb. Camodd y partneriaid i'r tŷ i grochlefau cynddeiriog o ochr arall y stryd.

Yn y gegin yng nghefn y tŷ, aeth Mr Bishop ati i lenwi'r tecell heb ofyn i'r heddweision os oeddent eisiau paned, ac ymhen dim roedd y tri yn eistedd o amgylch y bwrdd yn magu mẁg bob un.

"Sdim bisgedi 'da fi i gynnig i chi," esboniodd yn ddiangen.

Wedi orig dawel a braidd yn lletchwith, gofynnodd Sally pryd ddechreuodd y trwbwl, ond nid atebodd Mr Bishop.

"Sa i'n 'u beio nhw, chi'n gwbod," dechreuodd, gyda golwg o anobaith anochel ar ei wep. "Ma'r un peth yn digwydd ble bynnag fi'n mynd. Fy mai i, wrth gwrs, ond so hynny'n neud hi'n iawn nac yn haws, ydy e?"

Dyfalodd Sally fod Mr Bishop yn ei chwe degau, os nad ei saith degau cynnar. Gyda'i siwt drwsiadus a'i dei un lliw ceidwadol, roedd e'n edrych allan o le yn y cartref llwm hwn. Yn wir, roedd yn edrych mwy fel blaenor capel nag fel dyn oedd wedi cam-drin plant. Cafodd Daf gip sydyn yn y lolfa ar y ffordd i'r gegin a sylwi nad oedd unrhyw greiriau personol i'w gweld yn unman. Dim ffotos o deulu ar y wal nac ar y silff ben tân. Jyst teledu, cadair a nyth o fyrddau coffi.

"Weloch chi pwy fandaleiddiodd eich cartre?" gofynnodd Daf, gan ennyn ateb uniongyrchol y tro hwn.

"Do. Ond sa i'n mynd i'w enwi fe chwaith. Sa i moyn unrhyw drwbwl. Fi wedi talu fy nyled i gymdeithas. Fi wedi troi fy nghefn ar y gorffennol a newid fy ffyrdd. Nid bod hynny'n gwneud unrhyw wahaniaeth yn y byd go iawn."

Cyfnewidiodd Sally a Daf edrychiad bach slei ar glywed hynny. Doedd dim ots o gwbl a oedd yr hen ddyn yn dweud y gwir wrth Tony Evans a'i griw tu allan. Roedd e ar y gofrestr troseddwyr rhyw, a dyna ddiwedd arni.

"Ond os nad ydych chi eisiau erlyn yr unigolyn euog," dechreuodd Sally esbonio. "Sdim byd gallwn ni neud i'ch helpu chi."

Cododd Mr Bishop ei ysgwyddau ar hynny, a theimlodd Sally ei hun yn tosturio'n llwyr â'i sefyllfa. Roedd e wedi ei faglu mewn gwe a nyddwyd ganddo fe. Gwyddai fod adsefydlu cyn-garcharorion yn y gymdeithas yn dasg anodd tu hwnt, os nad amhosib, yn y rhan fwyaf o achosion; ac yn anoddach fyth i'r rhai oedd ar y gofrestr troseddwyr rhyw. Ond cyn iddi gael cyfle i ystyried hynny ymhellach, daeth y sgwrs i ben pan chwalwyd ffenest y lolfa ym mlaen y tŷ gan daflegryn anhysbys, a ffrwydrodd y gwydr dros bob man gan fyddaru'r triawd am hanner eiliad. Roedd Sally a Daf ar eu traed mewn amrantiad, ac allan o'r drws ffrynt eiliad yn ddiweddarach, yn disgwyl dod wyneb yn wyneb â'r dorf unwaith eto. Ond, wrth gyrraedd y lawnt, yr unig beth a welsant oedd y cyrff yn gwasgaru ac yn diflannu i gysgodion yr ystad, gan adael dim byd ond dinistr a drwgdeimlad ar eu hôl.

Doedd dim dewis ganddynt nawr ond galw am gymorth i fynd â Mr Bishop i swyddfa'r heddlu. Nid oedd yn ddiogel iddo aros yn y Wern bellach, gan fod y bygythiad cychwynnol wedi troi'n weithred droseddol. Wrth aros am y car panda, aeth Sally a Daf ati i orchuddio'r twll yn y ffenest gyda darn o gardfwrdd simsan, wrth i Mr Bishop frwsio'r teilchion miniog a'u gwaredu mewn bin. Cyn gadael, estynnodd Mr Bishop sgrepan ledr o'i ystafell wely, fel petai wedi ei phacio o flaen llaw mewn paratoad at y diweddglo anochel. Yn yr orsaf, ar ôl iddynt ei gynorthwyo i gael gafael yn y swyddog tai perthnasol ym mhrif swyddfa heddlu'r rhanbarth ym Mhen-y-bont ar Ogwr, roedd hi'n agosáu at ddiwedd y prynhawn. Gydag un llygad ar ddiwedd y sifft, a'r llall ar ddychwelyd i strydoedd Gerddi Hwyan, daeth gorchymyn oddi fry, ac ymhen dim roedd Sally a Daf yn eistedd yn swyddfa DCI Aled Colwyn, yng nghwmni'r dyn ei hun a'i ddirprwy, DI Rolant Price.

Roedd DCI Colwyn yn eistedd y tu ôl i'w ddesg yn bodio trwy waith papur, heb gymryd unrhyw sylw o'r ddau iwnifform o'i flaen, tra bod DI Price yn sefyll wrth ei ochr; yr olwg yn ei lygaid gwydrog, pellennig, yn adlewyrchu'r un a welsai Sally yn aflonyddu wyneb Tony Evans rai oriau ynghynt. Ar wahân i'r caff gwag o gusan a rannodd y ddau un noson feddwol yn y Butchers, ni fu llawer o Gymraeg rhwng Sally a Rol dros y blynyddoedd. Gwaith oedd unig ffocws y sgyrsiau prin a rannwyd ers hynny. Yn wir, yr unig beth a deimlai Sally tuag ato nawr oedd edmygedd pur am y ffordd yr aeth ati i ddatrys un o achosion cam-drin plant mwyaf echrydus Cymru, a hynny ar draul ei gallineb a'i les ei hun. Dyheai Sally am gael y cyfle i ddilyn yn ôl ei draed. Wrth gwrs, deallai fod diben pendant i gerdded y bît a delio ag achosion domestig, bara menyn, ond gwyddai hefyd fod achosion llawer mwy difrifol yn digwydd bob dydd, ac ysai am gael bod yn rhan o'r tîm a ddeliai â nhw.

"PC Morris. PC Benson," meddai DCI Colwyn o'r diwedd, gan osod y ddogfennaeth ar y ddesg ac edrych ar yr heddweision ifanc am y tro cyntaf ers iddynt eistedd. Gwenodd arnynt, ei lygaid glaslwyd a'i ên sgwâr yn mynnu sylw Sally yn gwbl ddiymdrech. Roedd ei awdurdod yn absolíwt yn yr orsaf, a hynny'n seiliedig i ddechrau ar hanes hir a llwyddiannus yn y maes, a'i ddynoliaeth a'i degwch fel prif arolygydd yr adran dditectifs yn fwy diweddar.

Doedd dim syniad gan Sally pam iddo eu galw am gyfarfod, ond roedd hi'n hanner disgwyl pregeth am y ffordd y chwalodd ben-glin ei hymosodwr damweiniol yn y Felin yr wythnos cynt.

"Popeth yn iawn?" gofynnodd DCI Colwyn yn gwbl amwys.

"Ydy, syr," cydadroddodd y partneriaid.

"Shwt mae'r trwyn?" Trodd i edrych ar Sally, ei lygaid yn archwilio'i hwyneb.

"Lot gwell diolch, syr."

"Da iawn. Fi'n clywed i chi handlo'r sefyllfa fel hen ben. Clinigol oedd y gair, ydw i'n iawn, DI Price?"

Trodd a gwahodd ei ddirprwy i ymuno yn y sgwrs.

"Chi yn llygad eich lle, syr. Clinigol *oedd* y gair."

Cododd DCI Colwyn y gwaith papur unwaith eto.

"A so'r rhain yn dweud celwydd chwaith, ydyn nhw."

"Syr?" oedd ateb syn Sally.

"Ystadegau. Eich ystadegau chi dros y chwe mis diwetha a dweud y gwir. Arests, ymddygiad, presenoldeb ac ati."

Cododd ei drem ac edrych arnynt dros arwyneb sgleiniog y ddesg.

"Cadarnhaol," datganodd, gan nodio'i ben yn araf.

"Calonogol," ychwanegodd.

"Diolch, syr," atebodd y plismyn ifanc.

"Cadwch yr ail ar hugain o Hydref yn rhydd. Chi'n mynd i sefyll eich arholiadau ditectif. Chi'n mynd i basio. A wedyn chi'n mynd i ymuno â'r tîm ar ddechrau'r flwyddyn newydd. Iawn?"

Pefriodd llygaid y ddau ac ehangodd eu bronnau â balchder. Ar ôl diolch i'r chief a gadael ei swyddfa, cerddon nhw o amgylch y cornel a thrwy ddrws swing dwbl cyn troi i edrych ar ei gilydd a dyrnu'r aer yn angerddol. Ar ôl coflaid fer, datgymalodd y ddau cyn cydadrodd.

"Pyb?"

Â phedwar diwrnod rhydd o'u blaenau, trodd cwpwl o ddiodydd i ddathlu'r newyddion da yn sesiwn go iawn yn y Butchers, tafarn answyddogol yr heddlu, ond erbyn hanner awr wedi naw, nid oedd sôn am Daf yn unman. *Yr un hen stori*, meddyliodd Sally wrthi'i hun, gan fod ei phartner yn ddrwg-enwog am ddiflannu heb air ar ôl cael llond bol. Eisteddodd wrth y bar, yng nghanol y rhialtwch, yn magu jin ola'r noson ac yn cloriannu ei hopsiynau. Tacsi neu wâc, dyna oedd y dewis, ond yna gwelodd Jac Edwards yn strytian tuag ati, yn edrych yn fwy golygus nag arfer, diolch i sbectols cwrw Sally.

"Iawn, Sally?" cyfarchodd hi, gyda gwên oedd yn ddigon cynnes i doddi rhewlifau'r Arctig. Derbyniodd ddiod ganddo, gan groesawu ei sylw cyfeillgar, er bod gweddill y noson yn niwlog, os nad yn wactod di-ben-draw.

Dihunodd y bore wedyn, ar ei phen ei hun yn ei hystafell wely. Roedd pob cyhyr yn ei chorff yn gwynegu, a tharanai ei phen ryw rythmau eithafol bob tro y symudai'r un fodfedd.

Nid oedd yn cofio cyrraedd adref.

Ni allai gofio tynnu ei dillad na dringo i'r gwely.

Yn wir, roedd y düwch yn drwch unwaith i Jac brynu diod iddi.

Caeodd ei llygaid a mynd yn ôl i gysgu.

Anobaith

WYTHNOS AR ÔL yr ymosodiad, dihunodd Luned i gyfeiliant curo cadarn ar ffenest y fan. Eisteddodd i fyny ar unwaith gan deimlo'r cyfog yn codi. Ffrwydrodd trwy'r drws cefn a gwagio cynnwys ei chylla yn y gwter. Ar ei phedwar, gyda bustl trwchus yn hongian o'i gên a'i gwallt yn glynu at ei bochau, gwelodd ddau bâr o esgidiau sgleiniog yn dod i stop o'i blaen. Edrychodd i fyny'n araf, ei phen yn curo a'r niwl yn drwch, a dod wyneb yn wyneb â dau heddwas, un dyn ac un ddynes, yn syllu i lawr arni â chymysgedd o dosturi ac atgasedd wedi'i hoelio ar eu hwynebau. Tu ôl iddynt, yn ymgodi uwch eu pennau fel llong ofod anferth, safai'r stadiwm cenedlaethol, ar gefnlen lwydaidd toriad gwawr.

Cyrcydodd y blismones wrth ei hochr, gan fwytho'i chefn yn dyner.

Nid dyma'r tro cyntaf iddynt gwrdd. Yn wir, digwyddodd yr un peth yn union y diwrnod blaenorol.

Estynnodd y blismones ei llaw i helpu Luned i godi ar ei thraed, ac yna i bwyso ar ochr y fan.

Daeth Lee o gefn y cerbyd, yn ymestyn ei gorff ac yn tynnu sip ei siaced ar gau hyd y pen. Roedd yr hydref wedi cyrraedd, heb os, a'r aer yn gadael ei geg fel pwff o fwg. Estynnodd botel o ddŵr i'w gariad, ac aeth Luned ati i yfed.

"Good morning, Mr Jones, I didn't expect to see you today, after our little chat yesterday."

"Sorry," mwmiodd Lee, ei lygaid ar lawr a'i hyder yn y gwter, gyda chynnwys stwmog Luned.

"I thought you said you had somewhere to stay," prociodd y plismon, er nad oedd tôn ei lais yn fygythiol o gwbl. Yn wir, roedd e eisiau helpu'r cwpwl ifanc, nid eu herlid.

"Didn't quite work out as I'd hoped," atebodd Lee.

Ar ôl treulio noson yr ymosodiad yn Nos Da, bwriad y cariadon oedd dod o hyd i loches dros dro gydag un arall o ffrindiau bore oes Lee. Ond nid dyna beth ddigwyddodd. Aethant o dŷ i dŷ dros y dyddiau nesaf, yn cael croeso cynnes gan bawb, ond dim cynnig o lety. Bob nos, fel magned anesboniadwy, byddai Lee a Luned yn dychwelyd i Fitzhamon Embankment, dod o hyd i le parcio, a chysgu ar y fatres yng nghefn y fan. Cymhelliant Lee wrth ddod yn ôl i'r lle y digwyddodd yr ymosodiad oedd dod o hyd i'r cachwrs a ddygodd eu harian, ond gan nad oedd wedi gweld eu hwynebau, roedd hynny'n berwyl amhosib. Ceisiodd Luned ddisgrifio'r dynion a welsai yn y bar yn eu gwylio'n cyfri eu harian, ond amwys oedd ei hatgofion hithau hefyd. Ar y trydydd diwrnod, â'r gobaith bron wedi eu gadael yn llwyr, aeth Lee i ofyn i reolwr y bar a fyddai modd gweld delweddau teledu cylch cyfyng y sefydliad o'r noson o dan sylw, cyn cael gwybod bod y system yn ailosod bob deuddydd gan ddileu holl ddelweddau'r dyddiau blaenorol. Roedd Lee yn gandryll wrth glywed hynny, yn bennaf gyda'i hunan am beidio â gweithredu'n gynt.

"Well, like I told you yesterday," esboniodd yr heddwas yn amyneddgar. "You can't stay here."

"And if we see you here again," ymunodd ei bartner yn y sgwrs, "we'll have to fine you."

"We're cutting you some serious slack."

"Thank you." Cododd Luned ei llais. "We'll be on our way in a minute."

"Do you need to see a doctor?" gofynnodd y blismones.

"I'm fine," daeth yr ateb, er bod Luned yn bell o fod yn iawn. Roedd y cyfog yn codi bob bore, fel cloc, a'r gwaed yn dal i fritho'i dillad isaf. Er nad oedd wedi dweud gair wrth Lee am hynny. Roedd ei bol yn brifo'n barhaus; rhyw isgerrynt o anesmwythdod, ond roedd hi'n anodd dweud ai'r ffetws oedd tarddle'r teimladau annifyr, neu chwant bwyd. Ers wythnos, roedd y cwpwl ifanc wedi goroesi ar fyrbrydau annigonol yn nhai ffrindiau Lee, haelioni cegin gawl gyfagos ac awyr iach. Roedd Luned yn barod i droi am adref. Er nad oedd wedi rhannu'r dyhead hynny gyda Lee ychwaith. Roedd y fan yn rhedeg ar ddim mwy nag anwedd erbyn hyn ac, er bod batris eu ffonau symudol yn llawn, diolch i gyflenwad trydan y llyfrgell yng nghanol y ddinas, doedd neb ar ben arall y ffôn fyddai'n dod i'r adwy. Neu, yn hytrach, nid oedd Luned yn barod i godi'r ffôn, galw ei mam a chydnabod ei ffolineb.

Ar ôl i'r heddlu adael, eisteddodd y ddau ar y wal ger afon Taf. Rhoddodd Lee ei fraich am Luned a'i thynnu ato.

"Ti'n ok nawr?" gofynnodd.

"Fi'n iawn," atebodd Luned yn fyr ei hamynedd.

Gwyliodd Lee grŵp o bobl ddigartref yn ymgynnull ger y cerfluniau rhyfedd ar ben draw'r ffordd. Un ai trawstoriadau o organau anatomaidd neu lysiau, nid oedd Lee yn siŵr. Clywodd eu caniau cwrw rhad yn tasgu. Crynodd.

"Be 'dan ni'n mynd i neud?" gofynnodd Luned, ei llais yn llawn anobaith.

"Fi'n mynd i ffeindio job," atebodd Lee, yn benderfynol.

"Ond be am y fan?"

"Newn ni barcio rhywle arall. Gei di chillio, ac fe a' i mas i chwilio."

Gobaith Lee oedd y byddai hynny'n codi calon Luned, ond nid dyna beth ddigwyddodd. Yn hytrach na mynegi ei chefnogaeth i'r cynllun, dechreuodd grio'n dawel. Tynnodd Lee hi'n agosach ato, ond heb yngan yr un gair, gan nad oedd syniad ganddo beth i'w ddweud.

"What did the cops want, like?" Torrodd y llais garw ar draws eu myfyrdodau. Llais deugain rôl y dydd oedd yn perthyn i un o'r gwehilion welodd Lee yn yfed ger y cerfluniau ychydig funudau'n ôl.

Edrychodd Lee arno cyn ateb. Roedd ei ddillad yn frwnt a'i wallt yn wyllt, tra codai mwsg annymunol o'i gorff. Arogl sur. Arogl chwys a mwg a gwirod rhad. Arogl y stryd. Er hynny, roedd ei wên yn gyfeillgar.

"They told us to move on or they'll arrest us."

"Fuckin' pigs, man. They haven't got a clue."

Edrychodd Luned arno o gornel ei llygaid llaith. Ei greddf gyntaf oedd gadael. Troi ei chefn. Rhedeg. Ond roedd rhywbeth clên am wên y trempyn. Rhyw gyfeillgarwch diamod. Drysodd hynny Luned am eiliad.

"You wanna rollie?" Estynnodd bwrs baco o'i boced.

"No, thanks," atebodd Lee.

Aeth y trempyn ati i rolio sigarét, cyn ei thanio, peswch a phoeri ar lawr.

"Where you gonna go then?" gofynnodd ar ôl gwneud.

"No idea. Probably just park up somewhere else. I've got to go find a job this arvo. Sleeping in the van's a shit laugh…" Tawelodd ei eiriau pan wawriodd arno y byddai'r trempyn yma'n falch iawn o gael cerbyd i'w alw'n 'adref'.

Anwybyddodd y dyn y sylw difeddwl. "I know somewhere, like. A place where you can park up, no probs. Where the cops won't bother you, like."

Mynnodd hynny sylw Lee, er nad oedd Luned yn bwriadu codi'i gobeithion.

"Where?"

"Down the docks. Well, the bay, like. No one calls it the docks anymore, do they."

Arhosodd Lee iddo barhau, a'i wylio'n chwythu mwg i aer y bore. Wrth wneud, sylwodd fod y ddinas wedi deffro o'u cwmpas. Mwya sydyn, roedd pobl ar y palmentydd, yn cerdded i'r gwaith neu ble bynnag, tra bod cerbydau o bob math yn tagu'r strydoedd cyfagos.

"Where exactly?"

"It's hard to explain, like," daeth yr ateb.

Llenwyd Lee gan siom a rhwystredigaeth.

"I can show you, if you want, like. I'll take you down there, get you settled in."

Llenwai mwsg Matt grombil y fan fel sylffwr, a chladdodd Luned ei thrwyn yn y gobennydd trwy gydol y daith ddeg munud. Eisteddodd Lee a Matt ym mlaen y cerbyd, tra gorweddai Luned ar y fatres yn y cefn, ei dwylo'n mwytho'i bol llawn clymau cecrus. Gwyliodd strydoedd y ddinas trwy'r ffenestri cefn, heb wybod yn iawn ble roeddent yn mynd. Trodd y tai teras cychwynnol yn fflatiau briciau coch ac unedau manwerthu bob ochr i'r ffordd. Gwelodd IKEA yn y pellter a rhywbeth tebyg i burfa olew wrth ochr y siop anferth.

"It's just down here now."

Eisteddodd Luned a throi i edrych allan trwy ffenest flaen y fan. Dan gyfarwyddyd Matt, trodd Lee i'r chwith yn y twmpath troi ger Lidl, a gyrru i ffwrdd oddi wrth fwrlwm y siopau cadwyn a'r traffig tragwyddol. Gyrrodd Lee i lawr stryd gefn anghofiedig, a'r sbwriel yn drwch ar lawr. Ar un ochr, gwelodd Luned gefn bloc o fflatiau; pob ffenest yn afloyw.

Dyfalodd yn gywir mai tai bach y fflatiau oedden nhw. Ar yr ochr arall, gwelodd wagle tywyll o dan nenfwd y ffordd ddeuol oedd yn cysylltu Bae Caerdydd â Chroes Cyrlwys a'r M4 tu hwnt.

"Over there, like. Under the fly-over, innit."

Pwyntiodd bysedd melyn Matt o'u blaenau a daeth golygfa'n syth allan o ffilm ôl-apocolyptaidd i'r golwg. Tref sianti lawn pebyll dafliad carreg o ysblander cymharol y Bae. Roedd degau o bebyll yno, ynghyd â nifer o geir oedd wedi gweld dyddiau gwell, a mwy fyth o bobl yn mynd a dod; yr anweledig rai.

"This is what happens when the government gives up on those in need, innit."

Nodiodd Lee, gan lywio'r car yn araf tuag at ben y daith.

"They closed the centres, like. The hostels. Everything, man. And then started fining us for setting up in the centre of town. It's fucked up, I'm tellin' you."

"But they don't bother you down here?" gofynnodd Luned o'r cefn.

"Out of sight, out of mind," meddai Matt. "You can park it anywhere by 'ere," ychwanegodd, a gwnaeth Lee hynny, gan barcio'r fan ar gyrion y comiwn.

Wedi gwneud, camodd pawb o'r fan. Syllodd Luned o'i chwmpas. Roedd yn anodd credu bod y fath le'n bodoli, a hynny mor agos at wareiddiad.

"I'll let you settle in, like. My tent's right in the middle, over there." Pwyntiodd at ganol y pebyll. "We've got running water and everything. The council even put a few portaloos in, although they're pretty grim, if you know what I'm sayin'. Giz a shout if you need anything..."

Ac i ffwrdd â fe, gyda diolchiadau'r cwpwl ifanc yn canu yn ei glustiau.

★

Gadawodd Lee ei gariad yn gorwedd yn belen ar y fatres yng nghefn y fan, a cherddodd i gyfeiriad Grangetown yn y gobaith o guro ar ddrws garej ali-gefn neu ddwy a dod o hyd i waith. Gwyddai nad oedd pwynt ceisio dod o hyd i waith yn unrhyw le arall gan nad oedd ganddo unrhyw beth tebyg i CV na geirda cyn-gyflogwr. Yr unig beth oedd ganddo oedd ei sgiliau'n trin peiriannau, a gobeithai'n arw y byddai hynny'n ddigon. Er nad oedd yn hapus gadael Luned o dan y draffordd, gwyddai fod yn rhaid iddo wneud rhywbeth i geisio codi'i chalon. Gwyddai ei bod hi'n goddef. Roedd e wedi gweld y gwaed, er nad oedd yn gwybod beth i'w wneud am y peth. Gyda haul cynnar yr hydref yn gwneud i'r chwys lynu at gefn ei wddf, cerddodd yn llawn penderfyniad heibio i IKEA ac ar hyd Stryd Clive, cyn troi i'r chwith tua Heol Penarth, oedd yn llawn cwmnïau gwerthu ceir a manwerthwyr eraill. Cofiodd ymweld â Fordthorne gyda'i rieni pan oedd yn blentyn, er na allai gofio a brynon nhw gar yno ai peidio. Yr unig beth a gofiai am y profiad oedd arogl unffurf crombil pob car. Arogl oedd, hyd heddiw, yn gallu ei gludo'n ôl at ddyddiau hapusach ei orffennol. Yn gyfochrog â Heol Penarth, rhwng y manwerthwyr mawr a'r trac rheilffordd, cuddiai rhes o unedau diwydiannol dinod. Wrth gerdded heibio iddynt ar y ffordd at garej BR Edwards & Son, pasiodd Lee micro-fragdy, cwmni fframio lluniau a chrochendy. Nid oedd unrhyw arwydd o fywyd yn un ohonynt, tra oedd gweddill yr unedau yn hollol wag. Safai'r garej ar ben draw'r cul-de-sac, wedi'i hynysu oddi wrth weddill yr unedau gan yr iard llawn ceir o'i blaen. Ar unwaith, teimlai Lee yn gwbl gartrefol wrth gamu trwy'r cerbydau at ddrws ffrynt y garej. Gogleisiodd arogl yr olew ei ffroenau, ac anadlodd yn ddwfn wrth fynd. O grombil y garej, clywodd radio'n chwydu cân ddiweddaraf Ariana Grande, neu rywun tebyg, i'r byd, ond ar ôl cael ei orfodi i wrando ar ddim ond Radio Cymru yng nghwmni tad a brawd Luned ers blynyddoedd, roedd clustiau Lee'n fwy na pharod i groesawu Ms Grande i'w fywyd. Sbeciodd trwy'r drws a gweld nirfana. Pedair llwyfan godi, gyda char yn cael sylw ar bob un; mecanics mewn oferols brwnt yn mynd o gwmpas eu busnes; gorsaf goffi ac oergell mewn un cornel; tyrrau taclus o deiars mewn un arall; a swyddfa anniben tost, y gwaith papur pentyrrog fel petai'n cadw'r to i fyny.

Anelodd Lee am y swyddfa a churo ar y drws.

"Alright?" atebodd llais o ganol y llanast.

"Alright," adleisiodd Lee, cyn gofyn am y bòs.

"'E's not 'ere right now," atebodd y dyn o du ôl i'r ddesg. "I'm his son though. Second in command. Anythin I can 'elp you with?" Hypnoteiddiwyd Lee am hanner eiliad gan ddau beth. Yn gyntaf, maint cyhyrau cawraidd mab y bòs, oedd ar ddangos i'r byd am ei fod yn gwisgo fest dynn. Ac yn ail, y tatŵs lliwgar oedd yn gorchuddio pob modfedd o'i groen. Gwelodd benglogau a blodau di-rif ar ei freichiau, cwpwl o adar gleision, geiriau aneglur ar gefn ei ddwylo, a chynllun clymau Celtaidd o amgylch ei arddyrnau. Yr unig groen gwyn ar ôl oedd ei wyneb, ar wahân i'r deigryn o dan ei lygad chwith.

"I'm looking for work. Any jobs going here?" Ceisiodd Lee swnio'n hyderus, ond roedd y deigryn unig wedi ei synnu braidd. Gwyddai'n iawn beth oedd ei ystyr a theimlodd beth rhyddhad wrth glywed ei ateb.

"No," daeth yr ateb pendant. "Have you got a CV, in case summin comes up?"

"I haven't," cyfaddefodd Lee.

"Can't 'elp you then."

Ar y gair, cododd y mab ar ei draed a gwelodd Lee rhyw gyffro, neu bryder, yn tanio y tu ôl i'w lygaid. Teimlodd bresenoldeb dros ei ysgwydd. Trodd yn y gadair a dod wyneb-yn-wyneb â thri beiciwr difrifol yr olwg. Nid gweithwyr Deliveroo mewn lycra oedden nhw chwaith, ond Angylion Uffern mewn denims dwbl a lledr du. Rhewodd aer y swyddfa.

"You better leave," meddai'r cawr wrth Lee, a doedd dim angen ail wahoddiad arno. Cododd ar ei draed a dianc trwy'r drws. Yn yr iard tu allan i'r garej, roedd chwe beiciwr arall yn aros, felly hoeliodd ei lygaid ar lawr a cherdded 'nôl i gyfeiriad Heol Penarth gyda'i galon yn curo a'r drws cyntaf wedi cau yn ei wyneb – er mai rhyddhad, nid siom, a deimlai y tro hwn.

Ymwelodd Lee â thair garej arall yn ystod y prynhawn, ond yr un oedd y canlyniad ym mhob un.

Dim CV, dim gwaith.

Dim cyfeiriad, dim gwaith.

Dim geirda, dim gwaith.

Trodd am adref, ei ysbryd yn deilchion a phob gobaith bron â diflannu.

*

Ar ôl iddo fynd, clodd Luned ddrysau'r fan a thynnu'i sach gysgu dros ei phen, cyn dechrau beichio crio. Ni allai gredu bod ei byd wedi chwalu i'r fath raddau mewn ychydig dros wythnos. Cofiai'r gobaith am ddechrau o'r newydd. Y cyffro. Y breuddwydion oedd bellach yn hunllefau. Meddyliodd am ei mam, adref ar fferm ei phlentyndod. Roedd ei dillad isaf yn llaith unwaith eto, felly stryffaglodd i wisgo pâr o nicyrs glân.

Gwelodd y gwaed a theimlodd y galar. Ni wyddai beth i'w wneud. Roedd hi ar goll yng nghanol gwehilion y brifddinas. Gadawodd y fan yn betrusgar a mynd i chwilio am y toiled. Curodd ei chalon yn wyllt wrth iddi droedio i ganol y pebyll. Gallai arogli'r tai bach cyn iddi eu gweld ond anelodd yn syth amdanynt, gan geisio osgoi'r holl lygaid oedd yn syllu arni. Teimlodd gywilydd pur yn tonni drosti. Agorodd y drws a bu bron iddi gyfogi oherwydd cyflwr truenus y cyfleuster. Roedd y cuddygl yn arogli gan gwaith yn waeth na Matt; yr amonia a'r ymgarthion yn brwydro am oruchafiaeth. Hofrannodd dros y badell a gwneud ei gwneud, cyn dychwelyd i'r fan er mwyn cuddio rhag y byd.

Oherwydd ei chyflwr cymharol daclus, roedd y fan allan o le braidd yng nghanol yr holl bebyll a sbwriel. Mwythodd Luned ei bol a cheisio dychmygu bywyd gwell. Ond am y tro cyntaf erioed, efallai, methodd yn lân â gwneud hynny. Gwrandawodd ar y ceir yn gwibio uwch ei phen, a'r lleisiau aflafar yn cecru a chlochdar yn agosach ati, yn atseinio oddi ar golofnau'r draffordd, gan godi hiraeth arni am dawelwch cefn gwlad. Caeodd ei llygaid a cheisio cysgu, ond ar ôl pymtheg munud o droi a throsi, penderfynodd fynd am dro. Cefnodd ar y fan a cherdded i gyfeiriad y Bae, ac ymhen deg munud roedd hi'n eistedd mewn gwerddon o warchodfa natur, rhwng Gwesty St David's i'r chwith a chlwb hwylio Caerdydd i'r dde. Syllodd ar y cychod crand yn y forfa, eu hwyliau cynfas wedi'u clymu at y mastiau. Roedd yn anodd credu bod y fath gyfoeth yn bodoli mor agos at friw agored y dref sianti. Roedd yr awyr yn llwyd a'r awel yn gynnes. Gwyliodd grëyr glas yn glanio yn y dŵr bas i bysgota, ac edrychodd i gyfeiriad Penarth. Cerddodd teulu ifanc heibio. Mam, tad a babi mewn bygi. Torrodd ei chalon yn deilchion wrth eu gweld, gan iddi deimlo'r dyfodol yn llithro o'i gafael. Unwaith eto, trodd ei meddyliau at ei mam. Estynnodd ei ffôn a ffeindio'r rhif, cyn gwasgu'r botwm gwyrdd ac aros. Canodd y ffôn am hydoedd, cyn i lais ei mam ganu yn ei chlust.

"Luned!" ebychodd y llais, y rhyddhad a'r gwylltineb yn gyfartal yn y geiriau.

Gorffennodd yr alwad heb ddweud gair ac eistedd yno mewn llesmair llwyr, y dagrau'n llifo i lawr ei bochau.

Canodd ei ffôn a gwelodd enw ei mam yn fflachio ar y sgrin, ond nid atebodd yr alwad.

*

Cerddodd Lee i lawr Stryd Clare i gyfeiriad y dociau, gan deimlo fel methiant mwya'r byd. Roedd e wedi siomi Luned yn llwyr, a byddai'n barod i ystyried mynd â hi adref i Amlwch petai'n gofyn. Sut fath o fywyd allai ei gynnig i Luned a'i blentyn fan hyn? Dim byd o'i gymharu â gartref, dyna'r gwir, er ei bod hi'n anodd iawn iddo gyfaddef hynny hefyd.

Cwynodd ei fola gwag a chofiodd nad oedd wedi bwyta o gwbl heddiw. Ymosodai holl arogleuon pêr y siopau cludfwyd ar ei synhwyrau. Winwns a sglodion yn ffrio, perlysiau a sbeisys estron yn dawnsio yn yr aer gan arteithio'i drwyn a'i fola. Daeth at Tesco ac eistedd ar fainc tu allan. Gwyliodd y fynedfa am bum munud, a dilyn symudiadau'r swyddog diogelwch wrth y drws. Boi tew rhyw hanner cant oed, yn dangos mwy o ddiddordeb yn ei ffôn nag yn yr hyn oedd yn digwydd yn y siop. Gwnaeth Lee restr yn ei ben. Pethau blasus, hawdd eu cuddio. A phethau nad oedd angen eu coginio. Rhoddodd fisgedi Bourbons, ffefrynnau Luned, ar frig y rhestr, ynghyd â brechdanau a bananas. Byddai hynny'n gwneud y tro.

Cododd a chamu i'r siop, gan afael mewn basged fel unrhyw siopwr arall. Gafaelodd mewn bag for life a mynd ati i gasglu ei nwyddau. Ar ôl dod o hyd i bopeth, yn ogystal â llond dwrn o felysion yn bwdin, rhoddodd y nwyddau yn y bag. Heb oedi i feddwl am y canlyniadau, rhedodd heibio i'r swyddog diogelwch ac allan i'r stryd, gan ei heglu hi o'na heb edrych yn ôl. Â'i galon yn ei wddf a'r adrenalin yn pwmpio, daeth i stop i lawr rhyw ali gefn a chipdremio rownd y cornel i weld a oedd unrhyw un ar ei gwt. Anadlodd yn ddwfn mewn rhyddhad. Difarodd beidio â chymryd rhagor o bethau, ond o leiaf roedd rhywbeth ganddo i ddangos am ei ddiwrnod.

*

Ym mherfeddion nos, gorweddai'r cariadon yng nghefn y fan, yn boddi mewn hunandosturi ond heb ddatgelu dim am eu gwir deimladau. Roedd y ceir yn dal i wibio uwch eu pennau a'r lleisiau cyfagos yn swnio fel petai uchelseinydd gan bawb yn y gwersyll. Er gwaethaf y sŵn, o'r diwedd llithrodd Luned i fyd y breuddwydion, ond wrth iddi ymgolli yn ei hisymwybod, chwalwyd y llonyddwch cymharol, ynghyd â ffenest drws gyrrwr y fan, gan fricsen. Cododd Luned yn sgrechian, a gweld bod y drws cefn ar agor a Lee yn cwrso'r taflwr i'r gwyll; ond ofer fu ei ymdrechion, wrth i'r ffigur doddi fel ysbryd i'r nos, yn nrysfa cynfasau'r comiwn.

Dychwelodd Lee at y fan, yn gandryll, ac yn barod i adael yr eiliad honno. Ond, wrth gyrraedd, daeth o hyd i Luned yn sefyll ar y palmant mewn trallod; gwydr teilchion o dan ei thraed, a gwaed yn gorchuddio ei chluniau.

Rhybuddion

BORE DYDD MERCHER. Dechrau sifft. Gwisgodd Sally ei lifrai yn yr ystafell newid yn islawr yr orsaf heddlu ac, fel y byddai'n digwydd bod tro cyn cerdded y bît, aeth ei meddyliau ar grwydr trwy bosibiliadau'r dydd. Breuddwydiodd am darfu ar drosedd ddifrifol, efallai'n ymwneud ag un o'r dihirod a welodd yn cynllwynio yn y Badell Ffrio bythefnos ynghynt. Canfod corff, neu lwyth o gyffuriau caled gwerth degau o filoedd, mewn cist car neu gefn fan. Clywai ganmoliaeth ei huwch-swyddogion yn atseinio yn ei phen. Fel brodor o'r dref, gwyddai fod islif tywyll yn perthyn i'r lle. Gwe gymhleth oedd yn ymestyn yn bell tu hwnt i ffiniau Gerddi Hwyan. Ond, mewn gwirionedd, gwyddai'n iawn mai troseddau bara menyn oedd yn aros amdani heddiw. Anghydfodau domestig. Meddwon. Ynfytiaid. Y truenus a'r trasig. Dyna oedd realiti ei galwedigaeth, yn hytrach na'r ddelwedd oedd yn cael ei chyflwyno ar y teledu ac mewn ffilmiau. Cwrso dynion drwg dros doeon neu sgrialu ar eu holau mewn ceir. Ciciau roundhouse a dianc dros waliau deg troedfedd. Doedd Sally erioed wedi cwrdd ag unrhyw un oedd wedi meistroli parkour, er enghraifft, heb sôn am ei roi ar waith er mwyn dianc rhag yr heddlu. Er hynny, gobeithiai y byddai pethau'n dechrau poethi ar ôl iddi sefyll, a phasio, yr arholiad i'w gwneud yn dditectif.

Anelodd am y ffreutur i gwrdd â Daf. Roedd e'n mynnu

cael coffi cryf cyn gadael yr orsaf – tuedd oedd yn arfer mynd ar nerfau Sally, ond un roedd hi wedi dygymod ag ef bellach. Roedd defodau'n bwysig i bawb, wedi'r cyfan, a rhyw ofergoeliaeth yn perthyn i'r arfer hwn erbyn hyn. Gwelodd Daf yn eistedd ar ei ben ei hun yng nghornel pella'r ffreutur, ei goffi'n stemio ar y bwrdd o'i flaen a'i lygaid yn sganio cynnwys y papur newyddion lleol.

Ni welodd Jac Edwards tan iddi glywed llond bwrdd o dditectifs yn ffrwydro chwerthin wrthi iddi gerdded heibio. Trodd ei phen a hylldremio i'w cyfeiriad, heb wybod yn iawn a oedd eu miri wedi'i anelu ati hi ai peidio. Tawelodd y bwrdd ar unwaith a dyna pryd y gwelodd Jac, yn cilwenu arni trwy ager ei baned. Greddf gyntaf Sally oedd martsio draw a mynnu atebion, ond yna winciodd Jac arni, a siglodd y byd yn ôl ar ei echel unwaith eto.

Ymunodd â Daf gan ddymuno bore da iddo, ond cyn iddi gael cyfle i eistedd, tywalltodd y coffi i lawr ei gorn gwddf a sefyll ar ei draed.

"Let's go."

Roedd hi'n fore braf arall, ac er bod yr aer yn oer a'u hanadliadau'n dianc o'u cegau fel mwg, roedd glaw yn atgof pell bellach. Ni allai Sally gofio mis Medi mor sych, er nad oedd hi'n cwyno gan fod troedio'r strydoedd yn y glaw yn brofiad diflas tu hwnt. Dyheai am gael defnyddio un o'r ceir di-farc i deithio o amgylch y dref, a gwyddai y byddai'r drws penodol hwnnw'n agor iddi maes o law, ar ôl iddi ennill ei chymwysterau.

"Sa i'n rhy hapus yn gorfod neud hyn, ti'n gwbod," medd Daf, wrth iddynt gyrraedd ystad tai cyngor Y Wern a'r amser yn agosáu at ddeg y bore.

"Na fi," cytunodd Sally.

Tasg gynta'r dydd oedd ymweld â chartref Tony Evans, arweinydd y brotest yn erbyn Les Bishop yr wythnos cynt. Roedd yr hen ddyn wedi gadael y dref erbyn hyn, dan oruchwyliaeth y Gwasanaeth Prawf, a doedd dim syniad ganddi ble roedd e wedi mynd. Ailddechrau. Cuddio. Dianc. Dyna oedd natur haeddiannol ei fywyd. Cafodd Sally a Daf gyfarwyddyd i roi rhybudd swyddogol i Mr Evans i beidio â gwneud yr un peth eto. Ond y gwir oedd bod yr heddweision yn cydymdeimlo â thad Nicky, yn ogystal â gweddill ei deulu, achos byddai presenoldeb hen bedoffeil yn y gymdogaeth yn ddigon i wneud i unrhyw riant boeni, heb sôn am deulu oedd wedi colli plentyn yn y modd y gwnaeth yr Evansiaid ddwy flynedd ynghynt.

Aethant heibio i gyn-gartref Les Bishop, gan nodi bod y graffiti wedi diflannu a'r ffenest wedi'i thrwsio.

"Ti'n gallu smelo hwnna?" gofynnodd Daf, ei drwyn yn sniffian yr aer a'i lygaid yn saethu i bob cyfeiriad.

Plyciodd ffroenau Sally ar arogl melys y perlysiau, a chipiwyd hi'n ôl i'w harddegau a'r dyddiau diderfyn a ddilynodd ei harholiadau Lefel A.

"Dere," meddai Daf, yn troi oddi ar y briffordd a throedio'n dawel i lawr ali ochr, gyda rhes o garejys ar un ochr a waliau tal gerddi cefn ar y llall.

Roedd drws un o'r garejys ar agor led y pen a char oedd unwaith yn ddinod – Corsa neu KA, doedd Sally ddim yn siŵr – yn segura tu allan iddo, ac wedi'i addasu y tu hwnt i ddychymyg y gwneuthurwyr gwreiddiol. Roedd y bonet ar agor ar un pen ac asgell anferth ar gefn y cerbyd, tra oedd y teiars trwchus, heb os, yn torri pob rheol berthnasol, gan atgoffa Sally o dractor. Yn gyfeiliant i'r arogl melys oedd yn dod o grombil y garej, dirgynnodd y bâs o'r is-wffers ym mŵt y car, yn chwydu cerddoriaeth – er nad oedd y gair rhywsut yn gweddu i'r sŵn – allan i'r ether, gan lygru'r byd cyfagos gyda phob curiad aflafar. Wrth agosáu at y drws agored, nododd Sally'r offer trwsio ceir ar lawr – tystiolaeth bod gwaith un ai wedi dod i ben yn barod, neu ar fin cychwyn.

Yn y garej, yn eistedd ar seddi gwersylla, daeth Sally a Daf wyneb yn wyneb â thri dyn ifanc. Yr un ohonynt dros ugain oed. Yn ôl y disgwyl, roedd un o'r tri yn smocio sbliff, tra oedd yr ail yn bwyta creision a'r trydydd yn yfed Coke yn syth o botel ddwy litr. Roedd y mwg porffor trwchus fel niwl yn y garej, ond er iddynt gael eu dal yn y weithred, ni wnaeth yr ysmygwr unrhyw ymdrech i guddio'r mwgyn. Yn wir, cododd y cetyn at ei geg a thynnu'n galed ar ei gwt.

"Wel, wel, wel," meddai Daf. "Markieff Morris, Dion Waiters a LeBron James, am syrpréis."

Roedd y tri'n gyfarwydd i'r awdurdodau, am resymau amrywiol. Dim byd difrifol a dweud y gwir, jyst yr arferol – cyffuriau meddal, medd-dod cyhoeddus, y math yna o beth.

"Soch, soch," atebodd Markieff, yr arweinydd. Yr un oedd yn eistedd yn y canol, y mwg yn gadael ei drwyn fel draig.

"Rho fe mas," mynnodd Sally, ond yn hytrach na thagu'r mwgyn, gwyliodd Markieff yn ei osod yn ofalus mewn blwch llwch ar y llawr, er mwyn ei gadw tan i'r heddlu adael. Dyna oedd ei obaith, ta beth, gan ei fod yn casáu gwastraffu ganja da yn ddiangen.

"Sawl gwaith sydd raid i ni ddweud wrthoch chi, bois?" gofynnodd Daf, yn ddigon cyfeillgar.

"Beth?" Cododd LeBron ei lais, a briwsion o'r creision yn tasgu o'i geg. "Fi jyst yn bwyta crisps, like."

"Pa flas?" gofynnodd Sally, heb oedi a heb roi cyfle iddo ateb. "Smoky bacon?"

Chwarddodd y tri ohonynt, ac o gornel ei llygad gwelodd Sally wên fach yn torri ar wyneb ei phartner.

"Fair play, ti'n eitha funny, am rozzer."

"Diolch," meddai Sally. "Ond o ddifri, bois, ni'n mynd trwy hyn bron bob wythnos…"

"Ni ddim yn neud harm i unrhyw un," mynnodd Markieff. "Ni jyst yn fficso'r car a chillo mas. I mean, would you rather bod ni allan ar y stryd yn yfed Buckfast neu whatever?"

"Ie." Tro Dion oedd hi nawr. "Fighto. Nicko styff. Abuso'r general public?"

"Na," atebodd Daf, gan anadlu'n ddwfn. Mewn gwirionedd, nid oeddent yn gwneud niwed i unrhyw un, ar wahân i'w hunain ac i glustiau eu cymdogion. Fodd bynnag, roedd yn *rhaid* dilyn gweithdrefnau, er bod y bechgyn yn ddigon cyfarwydd â'r drefn erbyn hyn nes bod yr heddweision yn gwybod cyn gwneud dim na fyddent yn dod o hyd i unrhyw beth anffafriol yn y garej na'r car. Roedd stash y bois yn rhywle arall, heb os.

"Trowch hwnna bant i ddechrau," mynnodd Sally ac anelu'i bawd at y car dros ei hysgwydd.

"Be, ti ddim yn hoffi dubstep?"

Cododd LeBron remôt bach a'i anelu at y car. Tawelodd y twrw.

"Diolch," meddai Sally. "Chi'n gwbod y dril."

Cododd y bechgyn ac aeth Daf ati i edrych yn eu pocedi, tra aeth Sally i gael pip yn y car. Yr un oedd y canlyniad. Dim byd damniol. Rhoddwyd rhybudd i'r triawd a'u llygaid gwaetgoch, cyn i'r heddweision ailgydio yn eu taith gyda'r bâs yn codi o'r car unwaith eto erbyn iddynt gyrraedd pen yr ali.

Gyda lwc, roedd y teulu Evans i gyd adref y bore hwn. Rhoddodd Ray, tad-cu Nicky a thad Tony, groeso digon llugoer i'r plismyn yn yr ardd ffrynt, lle roedd yr hen ddyn yn pesychu dros sigarét, wrth iddo baratoi i dorri'r lawnt. Eisteddai Tony a Tanya ar fainc yn haul y bore, mygiau llawn te yn stemio o fewn gafael a chysgod eu hanes cythryblus yn gydymaith parhaol i'w holl weithredoedd.

"Bore da," meddai Sally, heb gamu i'r ardd. "Gewn ni air clou?"

Anelodd y geiriau at Tony, ond Ray atebodd.

"Gyda pwy?" gofynnodd, gan godi'i law dros ei lygaid i'w cysgodi rhag yr haul.

"Gyda chi i gyd," atebodd Daf. "Ydy Chris a Paul adre?"

"Ma'n nhw dal yn gwely," atebodd Tony a thanio mwgyn.

"Allwch chi fynd i'w hôl nhw plis?" gofynnodd Sally, yn gwneud pob ymdrech i beidio â cholli amynedd.

Cododd Tanya Evans yn araf, cyn diflannu i'r tŷ i ddihuno'i meibion.

"Gewn ni ddod mewn?" gofynnodd Daf, gan nad oedd e eisiau gorfod gweiddi o'r palmant.

"Beth y'ch chi, vampires?" atebodd Tony, oedd yn ddigon da i'r heddweision, ac i mewn â nhw i'r ardd.

"Be chi moyn, then?" holodd Tony gan edrych i fyny ar y plismyn.

"Gair bach, 'na i gyd," atebodd Daf. "Ond fi moyn i'r bechgyn glywed beth sydd 'da ni i ddweud 'fyd."

"Wel, falle bydd raid i chi aros am sbel." Ymunodd Ray yn y sgwrs. "Sdim lot o wmff ynddyn nhw amser 'ma o'r dydd."

"Aye, o's cwpwl o oriau gyda chi i aros?" Chwarddodd Tony a Ray ar hynny, ond gwag oedd eu rhagdybiaeth gan i'r dynion ifanc, brodyr hŷn Nicky, gamu i'r heulwen o fewn cwpwl o funudau, yn crychu eu hwynebau mewn ymateb i olau'r dydd. Roedd y ddau'n gwisgo gŵn-nos anniben a'u gwallt hir seimllyd yn awgrymu nad oeddent wedi gweld siampŵ ers rhai dyddiau. Ailymunodd Tanya Evans â'i theulu, gan godi ei diod at ei cheg ac yna mynd ati i danio sigarét.

"Fire away," gwahoddodd Tony, a gwên slei yn goglais corneli ei geg fel petai'n gwybod beth oedd i ddod.

"Rhybudd bach," dechreuodd Daf. "Gair i gall am beth ddigwyddodd wythnos dwetha."

"Wythnos dwetha?" gofynnodd Tony gan ysgwyd ei weflau mewn penbleth.

"Les Bishop," atebodd Sally, braidd yn ddiamynedd. "Y graffiti. Y ffenest. Peidiwch acto'n ddiniwed, ni'n gwbod mai chi oedd yn gyfrifol..."

"O's prawf 'da chi, then?"

"Dim fel 'ny, na. Ond sdim angen Sherlock Holmes i wybod mai chi oedd wrthi."

"Ni'n cydymdeimlo gyda'ch sefyllfa," ymunodd Daf a chymryd yr awenau oddi ar ei bartner. "Ond so difrodi eiddo'n help o gwbl."

"Ond so hynny'n wir, yw e?" Synnwyd Sally a Daf gan ymateb Tanya Evans.

"Ma fe'n hollol wir, Mrs Evans. Gyda phob parch," atebodd Sally, ei geiriau'n gadarn ond tôn ei llais yn llawn empathi.

"Nag yw. So fe'n wir o gwbl."

"Direct action," mwmiodd un o'r brodyr.

"Yn union, Chris!" ebychodd Tanya, gan droi i edrych ar ei mab. "Ma fe wedi mynd, nag yw e?"

"Pwy?"

"Y blydi pedo 'na."

Cyfaddefodd yr heddlu fod hynny'n wir, a bod Les Bishop wedi symud o'r ardal.

"So dyna ni, then. Nath e weithio, yn do fe."

"Falle fod hynny'n wir, ond ma beth ddigwyddodd yn anghyfreithlon, Mrs Evans." Gwyddai Daf wrth ateb nad oedd e'n mynd i argyhoeddi unrhyw un.

"Arestwch ni, 'te," meddai Tony, gan wybod yn iawn nad oedd hynny'n mynd i ddigwydd.

"Nid dyna pam ni yma," esboniodd Sally. "Rhybudd bach, 'na i gyd."

"Gair i gall," ychwanegodd Daf.

"Glywon ni chi'r tro cynta," meddi Ray, cyn i bawb dawelu.

"Dewch 'nôl pan y'ch chi 'di colli plentyn." Cododd Tony ar ei draed a fflicio'i stwmp ar y lawnt, lle byddai'r mower yn ei lyncu maes o law.

"Jyst meddyliwch cyn gwneud unrhyw beth fel 'na eto, ok," rhybuddiodd Sally, er y gwyddai nad oedd yr un ohonyn nhw'n gwrando. A phwy allai eu beio nhw?

Diflannodd gweddill y dydd mewn cyfres o fân ddigwyddiadau.

Car wedi'i ddwyn o'r tu allan i'r ganolfan hamdden.

Cryts ysgol yn dwyn o siop y Co-op.

Tair cwyn am sŵn.

Lladrad o sied.

Hen fenyw'n dioddef o ddementia ar grwydr o'i chartref gofal.

Diflastod pur realaeth plismona.

Er hynny, roedd coesau Sally wedi blino'n shwps ar ddiwedd y sifft, ac wrth olchi budredd y dydd o groendyllau ei chorff yn y gawod breuddwydiodd am noson dawel ar y soffa, a gwely cynnar cyn gwneud yr un peth yn union y diwrnod wedyn. Sychodd ei gwallt y gorau gallai a gwisgo pâr o jîns glas a chrys-T gwyn, cyn gadael yr ystafell newid â'i siaced ledr dros ei braich.

"Sally!" Clywodd rywun yn galw'i henw, eiliadau'n unig ar ôl gadael yr orsaf heddlu trwy'r drws cefn. Trodd, gan ddisgwyl gweld Daf yn ei gwahodd am beint, ond Jac Edwards oedd yno, yn camu ati'n llawn hyder diymdrech.

"Jac," meddai Sally, heb wybod yn iawn sut i ymateb.

"Sori am bore 'ma, do'n i ddim yn siarad amdano ti, fi'n addo."

Roedd Sally wedi anghofio popeth am y digwyddiad, er bod yr atgof yn un sur, wedi meddwl.

Cododd ei hysgwyddau'n ddi-hid. "Do'n i ddim *yn* meddwl bo chi'n siarad amdana i… tan nawr," gwenodd ar ddiwedd ei brawddeg, gan wneud i Jac wingo.

"Ie… wel… ti'n gwbod shwt y'n ni," ceciodd.

"Ydw. Fel bechgyn ysgol anaeddfed."

Gwenodd Jac ar wirionedd ei geiriau, ac yna rhannodd y rheswm dros redeg ar ei ôl.

"Ti moyn mynd am ddrinc 'da fi heno?"

Ni atebodd Sally ar unwaith, gan fod y soffa'n galw a'i thraed yn ysu am orffwys.

"Neu swper?"

Roedd hynny'n swnio'n well.

"Ok. Ond ti sy'n talu."

Achos Brys

Gyrrodd Lee trwy ganol y ddinas i gyfeiriad Ysbyty'r Mynydd Bychan, gyda gwynt canol nos yn rhuo trwy'r ffenest deilchion, a darnau o wydr yn pigo croen ei ben-ôl trwy ddenim ei drowsus. Cyn gadael cyrion y comiwn, brwsiodd y malurion miniog oddi ar sedd y gyrrwr gorau gallai â'i law, ond oherwydd difrifoldeb y sefyllfa brysiodd, gan fethu â gwaredu'r gwydr i gyd. Gallai deimlo'r fflawiau mân yn palu i groen ei ddwylo hefyd, ond gyrrodd heb adael i hynny ei boenydio, gydag un amcan yn unig: achub bywyd ei blentyn.

Gorweddodd Luned ar y fatres yn y cefn, yn gafael yn dynn yn ei bol, y boen yn aruthrol ac unrhyw obaith oedd ar ôl ganddi o gario'r babi i'w dymor llawn yn diferu lawr ei morddwyd. Caeodd ei llygaid mewn ymateb i'r pyliau poenus a gweld bywyd ei baban yn fflachio yn ei dychymyg.

Cot mewn stafell wely fechan, liwgar a Lee a hithau'n syllu ar eu hepil yn llawn balchder a rhyfeddod.

Gwên gyntaf.

Dant cyntaf.

Geiriau cyntaf.

Camau cyntaf.

Dechrau'r ysgol… a wedyn dim.

Tawelodd yr injan. Daeth y fan i stop. Agorwyd y drws cefn a gwelodd Lee yn sefyll yno'n syllu arni, ei wyneb yn welw a'i lygaid yn llaith.

Pwysodd tuag at Luned ac estyn ei law. "Ti'n gallu cerdded?"

"Dwi'm yn siŵr," atebodd wrth i Lee ei thynnu tuag ato. Eisteddodd ar gefn y fan cyn mentro, gan synnu gweld nad oeddent wedi cyrraedd yr ysbyty hyd yn oed. Yn hytrach, roeddent wedi dod i stop ar stryd breswyl, llawn byngalos.

Roedd Lee wedi penderfynu parcio'r fan tu fas i faes yr ysbyty, am nad oedd ganddo arian i dalu am y maes parcio aml-lawr gyferbyn â'r adran achosion brys. Doedd hi ddim yn sefyllfa ddelfrydol, ond dyma'r unig opsiwn. Gallai fod wedi sgrialu i stop tu allan i A&E, a'i chario hi i mewn i'r dderbynfa, ond byddai'n gorfod ei gadael yno er mwyn symud y fan, ac nid oedd yn fodlon gwneud hynny; dim nawr, a'i gariad yn y fath gyfyng-gyngor.

"Ble ydan ni?" gofynnodd Luned, gan edrych o'i chwmpas yn ddryslyd.

"So ni'n bell. Ma'r ysbyty fyn'na, 'drych," pwyntiodd dros do'r fan.

Trodd Luned a dilyn ei fynegfys. Gwelodd adeiladu'r ysbyty anferth yn codi uwchben y byngalos, a theimlodd don o ryddhad. "Sdim arian 'da fi i dalu am y maes parcio," esboniodd Lee, a gwelodd Luned e'n gwingo â gwarth.

Helpodd Luned i godi ar ei thraed, ond roedd yr ymdrech yn ormod iddi. Bu bron iddi gwympo i'r llawr, ond daliodd Lee ynddi'n dynn gan atal hynny rhag digwydd. Heb oedi, cododd hi yn ei freichiau, cau drws cefn y fan â'i droed ac anelu am yr ysbyty.

"Beth am y fan? Ma'r ffenast ar agor i unrhyw un," medd Luned, wrth iddynt ddechrau ar y daith, ond nid atebodd Lee, am ei fod yn canolbwyntio ar beidio â gadael iddi gwympo o'i afael.

Wrth agosáu at A&E, pasiodd y cwpwl ifanc ddau ddoctor yn siarad wrth un o fynedfeydd di-rif yr ysbyty. Wrth weld ymdrech arwrol Lee, diflannodd un o'r meddygon trwy'r drws a dychwelyd ymhen dim yn gwthio cadair olwyn.

"What happened?" gofynnodd, wrth helpu Lee i osod Luned i eistedd yn y gadair.

"I think I've lost my baby," atebodd Luned, ei geiriau'n dyrnu Lee yn ei fola.

Edrychodd y meddygon ar y gwaed ar ei choesau.

"Come on," meddai'r meddyg arall, gan wthio Luned i gyfeiriad yr uned achosion brys ac annog Lee i ddilyn.

Yn y dderbynfa, oedd yn rhyfeddol o dawel o ystyried yr holl straeon newyddion negyddol am amseroedd aros, mynnodd y meddyg fod Luned yn cael ei gweld ar unwaith, ond nid oedd modd osgoi'r broses gofrestru. Mor gyflym â phosib, rhoddodd Luned ei henw llawn a chyfeiriad ei rhieni i'r fenyw tu ôl i'r gwydr trwchus, cyn cael ei gwthio i ystafell gyfagos, llawn gwelyau ar olwynion. Cafodd help gan Lee a'r meddyg i orwedd ar un o'r gwelyau, a thynnwyd llenni lliwgar â lluniau plentynnaidd o ddinas Caerdydd arnynt o'u hamgylch.

Safodd y doctor wrth droed y gwely, tra eisteddodd Lee ar gadair yn gafael yn dyner yn llaw ei gymar.

"Tell me what happened," dechreuodd y doctor, y beiro yn ei law yn barod i nodi'r holl fanylion.

"I've been bleeding for a few weeks," dechreuodd Luned.

"How many weeks are you?"

"Ten, maybe eleven," atebodd Luned.

"How heavy has the bleeding been?"

"Not very heavy," medd Luned. "Until tonight."

"Spotting is quite common," esboniodd y doctor, cyn ychwanegu, "although this is obviously a bit more serious."

Nododd y meddyg y manylion, cyn gosod y clipfwrdd ar y gwely.

"I'm going to do a quick check of your belly and, with your permission, your vaginal area. I could get a female doctor, if you'd feel more comfortable."

Ysgydwodd Luned ei phen. Teimlodd wacter eithafol, yn gorfforol ac yn emosiynol, ac ni allai meddyg benywaidd wneud dim i leddfu hynny.

Cododd y meddyg ei chrys-t, a mynd ati i wasgu ei bol yn dyner. Roedd ei ddwylo'n feddal ac yn gynnes braf ar ei chroen. Gwnaeth ei waith mewn tawelwch, gan nodi ei ganfyddiadau wrth fynd yn ei flaen.

"Can you pull your trousers and knickers down now?" gofynnodd ar ôl gorffen archwilio'i bol.

Gwnaeth Luned fel hynny ac, ar ôl iddi wneud, teimlodd law Lee yn gafael yn ei llaw hi unwaith eto, oedd yn gysur go iawn dan yr amgylchiadau. Ceisiodd wagio'i meddwl wrth i'r meddyg ei harchwilio. Trodd i edrych ar Lee a gweld ei fod yn crio. Teimlodd blwc o euogrwydd anesboniadwy, ac yna islif o ryddhad. Caeodd ei llygaid nes iddi glywed llais y meddyg ymhen munud neu ddau.

"Right, I'm going to see if we can get you scanned. That'll give us a better idea of what's going on. I'll be back in a minute, ok."

"Ok," atebodd Luned, a gwylio'r meddyg yn diflannu trwy'r llenni.

Plygodd Lee a gosod ei ben ar ei bola'n ofalus. Roedd y boen wedi pylu nawr, a gwyddai Luned yn reddfol beth fyddai'r sgan yn ei ddatgelu.

"Ti moyn dŵr neu rywbeth?"

Ysgydwodd Luned ei phen. "Dwi'n iawn."

Edrychodd Lee arni'n syn a chodi un o'i aeliau.

"Be?" gofynnodd Luned.

"Dim byd," atebodd Lee.

Dychwelodd y doctor o fewn hanner awr, gyda phorthor yn gwmni iddo.

"We can scan you now," esboniodd. "Can you sit in the wheelchair, or would you rather stay on the bed?"

"I can sit," meddai Luned, gan swingio'i choesau dros ochr y gwely.

"And I can push her," medd Lee.

"No problem," atebodd y meddyg, a throi at y porthor. "Thanks, Dave, looks like we've got things covered by here."

Arweiniodd y meddyg y ffordd i'r Uned Famolaeth, lle roedd bydwraig flinedig yr olwg yn aros amdanynt mewn ystafell sganio dywyll. "Miss Evans," cyfarchodd, gan wirio sgrin y cyfrifiadur. Gwenodd yn llawn tosturi ar y cwpwl ifanc. Roedd hi wedi gweld hyn droeon dros y blynyddoedd, a gweddïai mai newyddion da fyddai'r sgrin yn ei ddatgelu, er nad oedd yn rhy ffyddiog o hynny ar ôl sgwrs ffôn gynharach â'r meddyg. "Lie on the bed for me and make yourself comfortable." Roedd ei hacen cymoedd de Cymru fel blanced glyd o gwmpas ysgwyddau'r claf, a'i gwên gyfeillgar yn atgoffa Luned o'i mam.

Helpodd Lee hi allan o'r gadair olwyn ac ar y gwely.

"Can you lift your top for me, please, luv?" gofynnodd y fydwraig, ac wedi i Luned wneud, gafaelodd mewn tiwb llawn hylif a'i ysgwyd yn rymus. "This might be a little cold. Just relax, breathe normally and…" Tawelodd heb orffen y frawddeg, a chwistrellodd y jél ar fola Luned. Estynnodd hithau ei llaw a gafael yn llaw ei chariad, a syllodd y ddau ar y sgrin dywyll. Wedi gorffen gwasgaru'r hylif oer, cododd y fydwraig declyn llaw a'i symud dros ei bola. Daeth ffurf y ffetws i'r golwg a gwelodd Lee lygaid y fydwraig a'r meddyg yn cwrdd yn y lled-dywyllwch. Gwyddai ar unwaith fod y babi wedi marw.

Gwthiwyd Luned i ystafell breifat yn Uned y Merched, lle eisteddodd hi a Lee mewn tawelwch heb wybod yn iawn beth i'w ddweud wrth ei gilydd. Trwy'r cyfan, ni ollyngodd Lee ei llaw. Daeth bydwraig wahanol i'w gweld. Menyw o dras Indiaidd, ei gwallt hir gwyn wedi'i dynnu'n gwt merlen anniben y tu ôl i'w phen.

"Miss Evans," cyfarchodd y claf. "I'm very sorry to hear about your miscarriage."

"Thank you," atebodd Luned.

"Did the doctor explain what happens now?"

"Sort of," meddai Luned.

"To reiterate then, after inspecting your vaginal region, the doctor concluded correctly that you'd miscarried..."

"What, before the scan?" gofynnodd Lee.

"Yes. According to his notes."

"So what was the point of the scan?"

"Confirmation," oedd yr ateb. "It also showed us the position of the foetus, which should ease the extraction."

"Extraction?!" ebychodd Luned.

"Yes. That's what I'm here to do. Sometimes we let nature take its course, but due to its position, it won't take much for me to..."

"I understand," meddai Luned ond, o edrych ar wyneb Lee, nid oedd e cweit wedi deall arwyddocâd ei geiriau.

"We'll give you a local anaesthetic, then you can stay here to rest for a day or so. We'll keep an eye on you, to make sure there's no internal bleeding. And then you'll be free to go."

A dyna beth ddigwyddodd. Dychwelodd y doctor i arwain y

dasg, gyda'r fydwraig yn ei gynorthwyo ar ôl i'r anaesthetydd chwistrellu Luned a'i merwino. Wrth iddynt echdynnu'r babi marw o'i bola, crwydrodd meddyliau Luned ar hyd a lled ei dychymyg mewn ymdrech i ochrgamu erchylltra'r hyn oedd yn digwydd iddi. Yn rhyfeddol, er ei bod ar y naill law yn galaru, roedd hi'n reit falch ar y llaw arall bod hyn wedi digwydd iddi. Tonnodd y rhyddhad drosti'n dawel. Deunaw oed oedd hi, wedi'r cyfan. Llawer rhy ifanc i fod yn fam. Erbyn i'r meddyg a'r fydwraig orffen eu gwaith, gwelai Luned y camesgoriad fel ail gyfle o fath. Heb y bwrdwn, heb y cloc yn tician y tu mewn iddi, gallai hi a Lee ailafael ar eu hantur; dod o hyd i swyddi a fflat a dechrau cyd-fyw.

Gadawodd y meddyg a'r fydwraig, gyda'r ffetws bychan ar hambwrdd dur gloyw, a dychwelodd Lee i'r ystafell, y dagrau'n disgleirio ar ei fochau. Eisteddodd ar gadair wrth ochr y gwely a rhoi ei ben ar ei bola unwaith eto. Crynodd ei gorff wrth iddo wylo'n dawel a mwythodd Luned ei wallt, gan syllu ar y wawr yn cripian tuag at oleuni trwy'r ffenest, dros doeon llechlwydaidd y ddinas.

Treuliodd Luned y pedwar deg wyth awr nesaf yn gorffwyso ac yn bwyta cymaint ag y gallai, tra ymunodd Lee yn y gloddesta cymorthdaledig ar bob cyfle posib; aeth ati hefyd i drwsio ffenest y fan. Oherwydd nad oedd ganddynt arian, golygai hynny orchuddio'r twll â sach werdd ailgylchu a gafodd gan borthor, a defnyddio tâp-selo i'w chadw yn ei lle. Yn ogystal, ac yn ddiarwybod i Luned, sleifiodd Lee allan yng nghanol nos i ddwyn petrol o geir yn y gymdogaeth. Hen dric a ddysgodd flynyddoedd ynghynt, ond un amhrisiadwy ar yr adeg yma.

Gadawodd y cwpwl ifanc yr ysbyty am naw o'r gloch y bore a cherdded law yn llaw i gyfeiriad eu dyfodol ansicr, heb fyfyrio rhyw lawer ar eu colled. Roedd emosiynau Lee yn llawer agosach at yr wyneb, ac felly ni rannodd Luned ei gwir deimladau ag e. Gwyddai ei fod yn beio'i hun am yr hyn ddigwyddodd i'w babi.

Diolch i'r bwyd a'r gorffwys, roedd Luned wedi adennill yn ei nerth corfforol, er nad oedd yn edrych ymlaen at dreulio noson arall yn y fan, yn enwedig gan y byddai'r elfennau a'r oerfel yn treiddio trwy'r ffenest ddrylliedig.

Gyrrodd Lee at Barc y Rhath a pharcio ar ochr orllewinol y llyn. Rhyfeddodd Luned at y tai crand ar ochr arall y ffordd, a hefyd at brydferthwch y werddon naturiol yma yng nghanol y brifddinas. Roedd y llyn yn gartref i gannoedd o elyrch, hwyaid a bilidowcars, yn sychu'u hadenydd dan ganghennau'r coed, tra oedd y llwybrau'n brysur gyda rhieni a phlant bach, yr henoed ac ambell lonciwr. Ar ben pella'r llyn, safai goleudy Scott fel nodwydd wen ar gefnlen lwyd y bore.

"Fi 'di bod yn meddwl," meddai Lee, gan darfu ar y tawelwch.

"A fi," atebodd Luned.

"Cer di gynta," cynigiodd Lee.

"Na, na. Dos di."

Oedodd Lee cyn cychwyn, yn dewis ei eiriau'n ofalus.

"Fi'n credu dyle ni fynd adre. I Amlwch."

Trodd Luned yn ei sedd ac edrych arno'n syn.

"Pam?" gofynnodd.

Dryswyd Lee gan ei hateb.

"Ar ôl popeth sy 'di digwydd, o'n i'n meddwl mai dyna beth bydde ti moyn."

"Wel, wel, Lee Jones, feddylis i erioed y bysat ti mor barod i roi'r gora i betha," meddai Luned gyda gwên chwareus.

"Fi ddim," atebodd yn amddiffynnol. "O'n i jyst yn meddwl…"

Cododd Luned ei llaw er mwyn tawelu ei chariad.

"Ti isho clywad be dwi'n feddwl?"

"Ydw."

"Ok. Ydan, 'dan ni 'di cael amsar reit galad ers i ni adael. Ti'mod, do'n i ddim yn disgw'l bod yn ddigartra mor sydyn. Ond dwi'm yn barod i roi give up eto."

"Ond beth am y… y…" pwyntiodd Lee at fola ei gariad.

"Fi'n gutted, wrth gwrs… ond…" Tawelodd Luned, wrth geisio dod o hyd i'r geiriau cywir.

"Ond *beth*?"

"Ond… wel… fydd hyn yn neud pethau'n haws mewn ffor', 'yn bydd."

"Shwt?"

"Wel… fydd y ddau 'nan ni'n medru chwilio am waith rŵan, lle mod i'n gorod aros yn y fan yn giami i gyd."

"I suppose," cytunodd Lee, er nad oedd wedi'i ddarbwyllo'n llwyr.

"Rown ni wsos iddi. Os na fydd yr un 'nan ni 'di cael hyd i swydd erbyn hynny, 'nawn ni feddwl am fynd adra. Be ti'n ddeud?"

Cydiodd Lee yn ei llaw ac edrych i fyw ei llygaid. Byddai Luned yn ei synnu'n aml, ond nid oedd erioed wedi ei hedmygu cymaint ag yr oedd yr eiliad honno. Ar ôl trawma'r dyddiau blaenorol, roedd ei phenderfyniad a'i phendantrwydd yn ddigon i wneud iddo gredu pob gair.

"Wythnos," atebodd, gan nodio'i ben yn eiddgar. "Yn dechre nawr."

Gwin y Gwan

CAMODD SALLY o'r gawod a lapio'r tywel trwchus o amgylch ei chorff. Cipiodd y cap dal-dŵr oddi ar ei chorun a'i osod ar y gwresogydd i sychu. Roedd ei gwallt du mewn byn, dafnau dyfrllyd yn glynu at ambell flewyn rhydd fel gwlith ar laswellt ar doriad gwawr. Anadlodd yn drwm. Ar ôl diwrnod arall yn cerdded strydoedd Gerddi Hwyan, roedd hi wedi blino'n lân. Bron gormod i fynd ar ail ddêt gyda Jac Edwards. Ond ddim cweit. Roedd ei diffyg brwdfrydedd yn deillio o'r ffaith ei bod wedi blino, a hefyd oherwydd bod ei dêt cyntaf braidd yn siomedig. Dim hunllef lletchwith na dim, jyst braidd yn ddiflas. Am ryw reswm, dewisodd Jac fynd â hi am bryd o fwyd ym Mae Caerdydd, mewn bwyty Canolforol ar stilts yn y dŵr. Roedd y bwyd yn flasus a'r lleoliad yn unigryw, heb os, ond gan fod Jac yn gyrru a Sally 'nôl yn y gwaith y bore wedyn, nid oedd yr un ohonynt yn yfed, felly ni laciwyd eu tafodau yn y ffordd draddodiadol. Nid bod angen alcohol ar Sally i gael amser da, ond profwyd ei fod yn help mawr dan y fath amgylchiadau. Er sychder y noson, roedd Sally'n awyddus i drio eto, ac roedd heno'n addo bod yn dra gwahanol. Doedd dim gwaith yfory i ddechrau, a dim car i'w gludo i'w cyrchfan, sef bwyty Eidalaidd Parentis yn ardal Pwll Coch y dref. Gobeithiai Sally y byddai cwpwl o ddrincs yn helpu'r ddau ohonynt i ymlacio a chael cyfle i ddod i adnabod ei gilydd go iawn. Ac wedyn… pwy a ŵyr?

Aeth Sally i'w hystafell wisgo. Wel, ail ystafell wely'r tŷ a dweud y gwir, oedd fel petai bom ffasiwn wedi ffrwydro ynddi. Roedd gwely sengl wedi'i orchuddio gan bob math o ddilladach yn gorwedd ar hyd un wal, a rheilen ddillad yn rhedeg yn gyfochrog ar hyd y llall, yn plygu dan bwysau'r deunyddiau. Dewisodd flows goch lachar a phâr o drowsus lledr du ond, cyn eu gwisgo, aeth i'r tŷ bach er mwyn piso gan na fyddai'n gallu gwneud hynny'n hawdd iawn unwaith y byddai'r trowsus amdani. Dychwelodd i'r stafell wisgo ac eistedd o flaen y bwrdd ymbincio. Syllodd ar ei hadlewyrchiad yn y drych am beth amser cyn mynd ati i goluro. Crwydrodd ei meddyliau. Breuddwydiodd. Dychmygodd ddyfodol gyda Jac. Gwelodd y ddau'n tyfu'n hen yng nghwmni'i gilydd; eu teulu'n ehangu o'u cwmpas, yn feibion a merched, wyrion ac wyresau. Ond torrwyd ar draws ei myfyrdodau pan ganodd ei ffôn. Darllenodd yr enw ar y sgrin – Gareth – a phenderfynodd ei anwybyddu. Gwyddai'n iawn beth oedd e moyn. Ceisiodd ailafael yn ei ffantasïau, ond canodd y ffôn unwaith eto.

"Fuck!" ebychodd, gan afael yn y teclyn a'i godi at ei chlust.

"Beth?" atebodd, heb wneud unrhyw ymdrech i guddio'i gwir deimladau.

"Ti'n gwbod *beth*, yr ast fach frwnt," meddai Comisiynydd Heddlu Gogledd Cymru, ei lais yn diferu o flys a disgwylgarwch. "Fi 'di bod mewn cynhadledd yn HQ trwy'r dydd. Angen ymlacio, os ti'n deall beth sy 'da fi…"

"Sa i'n gallu heno, fi'n brysur."

"O." Roedd Sally bron yn sicr iddi glywed ei godiad yn datchwyddo i lawr y lein, ond ni theimlai unrhyw gydymdeimlad. Yn wir, ni theimlai unrhyw beth tuag ato bellach.

"Ti'n gallu canslo?" gofynnodd. "Gohirio? Aildrefnu? C'mon, Sal, fi'n marw eisiau dy weld di."

Nid oedd Gareth wedi arfer cael ei wrthod, ac roedd peth o'r bai am hynny ar Sally, heb os. Ond nid oedd hi'n mynd i ildio iddo byth eto. Dim nawr bod cynnig gwell ar y bwrdd, fel petai. Mwya sydyn, fflachiodd delwedd afiach o flaen ei llygaid – twll tin rhwth y comisiynydd, a bochau gwaedlyd bob ochr iddo, yn gwthio i'w chyfeiriad ar wely'r ystafell drws nesaf. Gwag-gyfogodd Sally ac ysgydwodd ei phen i waredu'r ddelwedd.

"No way. Dim heno. Sori."

"Pliiiiiiiis," plediodd yr uwch swyddog, fel plentyn pathetig yn gofyn am hufen iâ.

Gwylltiwyd Sally gymaint gan yr ymateb nes iddi wasgu'r botwm coch ar y ffôn a dod â'r alwad i ben heb air arall.

"Twat!" ebychodd, a chodi er mwyn mynd i'r gegin i estyn diod. Fodca a tonic. Un mawr. Dychwelodd at y drych yn yr ystafell sbâr ac edrych ar ei hadlewyrchiad. Wrth wneud, sipiodd y ddiod a gwerthfawrogi ei bŵer iachusol. Aeth ati i daenu'r colur, gan wneud yn siŵr bod olion olaf y cleisiau o dan ei llygaid yn diflannu dan hud y sylfaen. Dewisodd finlliw oedd yn paru'n berffaith â'i blows a'r masgara a adlewyrchai liw ei throwsus. Yn gelfydd a chyda gofal, trodd ei llygaid crwn yn gathaidd, ond cyn iddi orffen y gwaith, canodd y ffôn unwaith eto.

Cododd y teclyn heb edrych ar enw'r galwr. "Fuck's sake, Gareth, stopia ffonio fi..."

Ond nid Gareth oedd yno'r tro hwn.

"Pwy yw Gareth?" gofynnodd y llais cyfarwydd.

"Shit! Sori, Mam."

"Pwy yw Gareth?" Ailadroddwyd y cwestiwn.

"Neb," atebodd Sally'n ddiamynedd. Nid oedd eisiau esbonio hynny wrth unrhyw un, yn enwedig ei mam.

"Ti'n iawn, cyw?" Dyna oedd y cwestiwn nesaf, yn llawn pryder.

"Ydw. Jyst…"

"Beth?"

"Blydi dynion, Mam! Blydi dynion."

Chwarddodd ei mam ar hynny, tra edrychodd Sally ar y cloc.

"Chi moyn rhywbeth penodol, neu jyst ffonio am sgwrs?"

"Sgwrs fach, 'na gyd. O's amser gen ti?"

"Dim rili. Fi ar 'y ffordd mas. Sori."

"O, ia. I ble?"

"Cwpwl o ddrincs. Bach o fwyd, 'na i gyd."

"Efo pwy? Nid Gareth, dwi'n cymryd."

"Na. Deffo dim Gareth."

"Pwy, 'ta?"

Oedodd Sally cyn ateb. Doedd hi ddim eisiau dweud mwy wrth ei mam. Ddim eto, rhag iddi godi ei gobeithion. Byddai'n dechrau trefnu'r briodas yn ei phen, y math yna o beth. Ar ben hynny, doedd Sally ddim eisiau jincsio'r holl beth cyn dechrau. Ond gwyddai hefyd nad oedd modd dod â'r alwad i ben heb rannu ychydig o wybodaeth gyda hi.

"Sally, ti yna?"

"Ydw, Mam, fi 'ma."

"Ty'd, 'ta. Pwy ydy o?"

"Jac yw ei enw. Jac Edwards."

"Heddwas?"

"Ditectif."

Tro ei mam oedd oedi nawr, wrth i'r cwestiwn nesaf ffurfio yn ei phen.

"Ydy o'n glên?"

"Ydy, Mam. Ma fe'n foi lyfli. Weda i fwy wrthoch chi tro nesa, iawn?"

"Dos di, cyw."

"Diolch, Mam. Siarad fory."

Gorffennodd ymbincio a gwisgodd ei hoff bâr o esgidiau sodlau uchel, rhai du plaen, rhywiol a reit gyfforddus. Yr esgidiau perffaith i fynd ar ddêt, hynny yw. Gwisgodd ei siaced ledr a gwiriodd ei hadlewyrchiad unwaith yn rhagor cyn gadael y tŷ, ac yna allan â hi i'r nos, gan gerdded yr hanner milltir i'r bwyty, yn difaru peidio ag archebu tacsi bob cam o'r ffordd. Nid oedd ei hesgidiau mor gyfforddus â hynny wedi'r cyfan.

*

Roedd Jac yn aros amdani, oedd yn beth da ym marn Sally, gan nad oedd yn gallu goddef pobl oedd yn hwyr. Moto ei thad oedd "os chi'n gynnar i bopeth, fyddwch chi byth yn hwyr", ac roedd Sally'n ceisio byw ei bywyd yn unol â'i ddamcaniaeth. Cwrteisi oedd hynny, wrth gwrs. Dim mwy, dim llai. Chwifiodd Jac arni drwy'r ffenest, a chodi'i wydryn gwin gan wenu. Camodd Sally trwy'r drws a chael ei thywys at y bwrdd gan weinyddes ifanc a edrychai'n gwmws fel Eidales, tan iddi agor ei cheg a datgelu ei bod yn dod o Faesteg. Llenwyd ei ffroenau ag arogl garlleg a chaws parmesan. Cododd Jac i'w chroesawu, gan blygu tuag ati a phlannu cusan ar ei boch. Teimlodd Sally ei hun yn gwrido, er nad oedd yn gwybod pam. Rhag ofn bod un o'u cydweithwyr yn eu gweld, mwy na thebyg. Wrth eistedd, edrychodd o amgylch y bwyty, er nad oedd yna wynebau cyfarwydd ar gyfyl y lle.

"Ti'n edrych yn amazing," meddai Jac.

"Diolch," atebodd Sally. Ystyriodd ymateb yn yr un ffordd, ond er bod Jac yn edrych yn ddigon blasus i'w fwyta, erbyn iddi benderfynu dweud hynny wrtho roedd y foment wedi mynd.

"Gwin?" Ystumiodd Jac at fwced iâ ag un llaw, a photel o win coch ar y bwrdd gyda'r llall. "Ordres i un o bob un. Be ti ffansi?"

"Gwyn," atebodd Sally.

"Handi," gwenodd Jac.

"Be?"

"Potel yr un." Cododd y gwydr Rioja at ei geg. "Iechyd."

Aeth y noson yn dda tan i'r pwdin gyrraedd. Ar ôl potel o win cyfan iddi ei hun, heb anghofio'r fodca mawr cyn cychwyn, roedd Sally'n teimlo braidd yn chwil. Ac er ei bod yn cael amser da yng nghwmni Jac, ysai am fynd adref i'w gwely. Ar ei phen ei hun, hynny yw.

Syllodd Jac arni dros ei tiramisu, gan sibrwd yn gynllwyngar: "So, be ti moyn neud nawr, diod arall rhywle neu goffi 'nôl yn fy fflat i?"

Plygodd Sally tuag ato, am nad oedd wedi ei glywed yn iawn dros yr holl sŵn cefndirol.

"Beth?" gofynnodd, ac ar ôl i Jac ailadrodd y geiriau, edrychodd Sally i fyw ei lygaid cyn esbonio. "Drych, Jac, fi wir wedi cael noson dda, a gobeithio gallwn ni neud hyn eto cyn hir, ond fi'n hollol wacced heno, heb sôn am fod braidd yn feddw." Gwelodd y siom yn disgyn dros ei wyneb. Dyma ddyn arall nad oedd wedi arfer cael ei wrthod. "Fi jyst moyn mynd adre. I gysgu…"

Cododd Jac ei wydryn at ei geg ac arllwys y cynnwys i lawr ei gorn gwddf. Gwyliodd Sally fe gan obeithio'n fawr na fyddai'n troi'n weird ac yn blentynnaidd mewn ymateb i'w blinder.

"Dim chwys, Sal. Deall yn iawn. Fi'n knackered 'fyd."
Gwenodd arni a theimlodd Sally don o ryddhad yn torri
drosti.

"Fi rili moyn neud hyn eto though," esboniodd Sally.

"A fi," medd Jac, yn gwenu unwaith yn rhagor.

"Fi angen pi-pi," medd Sally, ei phledren yn ennill yn y
frwydr rhwng ei throwsus lledr a hi ar yr achlysur hwn.

"Pi-pi?" atebodd Jac gan chwerthin. "Faint yw dy oed di,
dwêd?"

"Mam yn gog," esboniodd Sally, gan godi a'i throi hi am y
lle chwech.

Yn y ciwbicl, stryffaglodd i ryddhau ei thin a'i choesau o
grafangau'r trwsus lledr. Daeth yn agos iawn at gael damwain
ond, gyda pheth rhyddhad, pisiodd fel merlen i'r badell a
theimlo'n llawer gwell wedi gwneud. Efallai fod un diod olaf
ynddi wedi'r cyfan. Ar goesau sigledig, gwnaeth ei ffordd yn
ôl i gyfeiriad y bwrdd ond, cyn cyrraedd, teimlodd law yn
gafael yn ei braich a throdd i weld y weinyddes o Faesteg yn ei
thynnu tuag at y gegin. Roedd hi'n dal ffôn yn ei llaw, a'r olwg
ar ei hwyneb yn daer a difrifol.

"Beth?" gofynnodd Sally, heb ddeall beth yn y byd oedd yn
digwydd. Teimlodd y stafell yn dechrau troelli a phwysodd yn
erbyn y wal i ailafael yn ei chydbwysedd.

"Ife boyfriend ti yw hwnna?" Pwyntiodd y ferch i gyfeiriad
Jac.

"Na, Ail date. Dim byd serious."

"Thought so," atebodd y ferch, gan nodio'n hollwybodus.
Daliodd y ffôn i fyny. "Edrych ar hwn."

Cymerodd gwpwl o eiliadau i Sally ffocysu ar y sgrin, ac
wedi gwneud ac ar ôl gwylio, ffrwydrodd ton o atgasedd pur

drwyddi. "Chwarae fe eto," mynnodd. Gwyliodd eilwaith i wneud yn siŵr. Ond doedd dim amheuaeth am y peth, roedd Jac wedi tollti rhywbeth i'w gwydryn gwin chwarter llawn.

"GHB," meddai'r weinyddes.

"Beth?" gofynnodd Sally.

"Roofies. Ma fe'n mynd i date-rapeo ti. No doubt about it."

"Paid dileu'r fideo 'na, iawn," mynnodd Sally, cyn brasgamu draw at y bwrdd a chwalu trwyn Jac â'i dwrn; heb rybudd a heb drugaredd.

Lwc

Bedwar diwrnod i mewn i'w perwyl o ddod o hyd i
waith er mwyn gallu parhau â'u hantur ac osgoi gorfod
dychwelyd i Fôn â'u pennau yn eu plu a'u hunan-barch yn
y baw, troediodd Luned a Lee balmentydd y brifddinas ar
drywydd swydd bob un a rhywbeth hyd yn oed anoddach
i ddod o hyd iddo, sef gwaredigaeth. Ers tridiau, roedd y
cwpwl ifanc wedi parcio'r fan a chysgu ger Marina Penarth,
gan fod Luned yn gweld eisiau'r môr. Ar ôl cael ei magu
o fewn tafliad carreg i borthladd Amlwch a holl draethau
cudd a hysbys yr ardal ehangach, teimlai ryw gysylltiad
goruwchnaturiol â'r tonnau; tynfa anesboniadwy oedd yn
sicrhau na fyddai byth yn byw yn Birmingham. Bob nos
ers dod 'ma, ar ôl diwrnod arall aflwyddiannus yn curo ar
ddrysau a gwylio pennau perchnogion busnesau amrywiol
yn ysgwyd o ochr i ochr, byddai'r cariadon yn crwydro'r
morglawdd yn flinedig, law yn llaw ond heb yngan gair
am hydoedd – Luned yn syllu allan dros Fôr Hafren, ar y
tonnau gwynion yn torri gerllaw, a Lee i'r cyfeiriad arall, ar
ddinas ei fagwraeth, llawn atgofion sur-felys a phosibiliadau
y tu hwnt i'w ddychymyg. Ni allai Luned wadu'r hud oedd
yn perthyn i wylio goleuadau'r ddinas yn tanio wrth i'r nos
gau amdani, ond roedd unrhyw frwdfrydedd oedd ganddynt
am yr hyn roeddent yn ceisio'i gyflawni wedi hen ddiflannu
erbyn hyn. Ar y diwrnod cyntaf, aeth y ddau gyda'i gilydd i

ardal Cathays, gan ymweld â degau o fusnesau ar drywydd gwaith.

Wellfield Road.

Albany Road.

Crwys Road.

City Road.

Dim lwc.

Ar yr ail ddiwrnod, Treganna.

Cowbridge Road East yn bennaf, er i Lee fynd ar drywydd nifer o garejys oddi ar y brif dramwyfa i Drelái.

Yr un hen stori.

Yr un hen ganlyniad.

Dim lwc.

Ddoe, Splott ac Adamsdown, heb sniff o swydd.

Gyda'r cloc yn tician a'r dyddiau'n gwibio heibio, aeth y cwpwl i gyfeiriadau gwahanol heddiw; Lee i Riverside ac ardal y dociau, a Luned o amgylch tref Penarth.

Cyn cychwyn curo ar ddrysau, aeth Luned i'r toiledau cyhoeddus yng nghanol y dref. Roedd y cyfuniad o gysgu mewn fan a dringo'r allt o'r Marina i'r dref gyda'r haul hydrefol yn tylino'i chefn yn golygu bod angen golchad dda arni. A dillad glân. Tynnodd ei chrys-t a mynd ati i olchi'i cheseiliau, gan ddefnyddio'r sebon cyhoeddus. Wrth wneud, syllodd arni ei hun yn y drych. Roedd ei bochau'n welw a'i gwallt yn seimllyd, er nad oedd hynny'n syndod, o ystyried yr amgylchiadau. Yn reddfol, aeth ei llaw at ei bol a mwytho'r gwagle lle bu bywyd wythnos ynghynt. Cododd ddŵr oer at ei hwyneb er mwyn atal y dagrau rhag llifo, a brwsio'i dannedd yn drylwyr; y mintys yn atgyfodi ei blasbwyntiau a'i thafod fel petai'n dihuno o drwmgwsg. Taenodd ddiaroglydd o dan ei cheseiliau a thynnu crys glân dros ei phen, er bod mwsg y stryd i'w arogli o hyd yng ngwead y defnydd. Chwistrellodd bersawr ar ei gwddf mewn ymgais i guddio'r gwirionedd, a defnyddio sgarff sidan i orchuddio'i gwallt saim sglodion.

Grymialodd ei bol ac aeth Luned ar drywydd brecwast. Roedd yn *rhaid* iddi fwyta rhywbeth cyn dechrau chwilio am swydd. Gwelodd siop yn gwerthu ffrwythau a llysiau ar y stryd fawr, gyda byrddau llawn cynnyrch lliwgar yn hawlio hanner y palmant o flaen y busnes. Croesodd y stryd, eistedd ar fainc a gwylio'r olygfa am bum munud. O'r hyn y gallai weld, roedd dau berson yn gweithio yno – menyw yn gyfforddus yn ei chanol oed ar y til, a dyn o'r un genhedlaeth yn llwytho stoc ar y silffoedd cefn. Roedd Luned yn casáu cael ei gorfodi i wneud y fath beth, ond heb geiniog yn ei phoced, doedd ganddi ddim dewis. Dim ond bwnshyn o fananas oedd ei angen arni, ac yn ffodus iawn roedd y bysedd melyn ar fwrdd ar y pafin, yn hytrach nag i mewn yn y siop. Arhosodd nes bod y dyn yn diflannu o'r golwg i gefn y siop, cyn croesi'r ffordd, codi bwnshyn o'r bananas melynaf, a rhedeg i lawr yr allt i gyfeiriad Cogan. Nid edrychodd dros ei hysgwydd tan iddi gyrraedd parc cyhoeddus, ond nid oedd neb ar ei thrywydd. Yn fyr ei hanadl ac yn goch ei bochau, eisteddodd ar fainc a bwyta tair banana o'r bron, oedd yn ddigon i dawelu ei bol. Rhoddodd weddill y bananas yn ei bag, y croen mewn bin, a dechrau cerdded yn ôl i ganol y dref.

Ystyriodd alw yn y siop ffrwythau i ofyn am swydd; wedi'r cyfan, byddai pâr arall o ddwylo, a llygaid, wedi atal un drosedd rhag digwydd yno heddiw yn barod, ond ni fentrodd yn agos at y lle, rhag ofn. Yn hytrach, galwodd mewn cyfres o siopau annibynnol, oherwydd doedd dim pwynt hyd yn oed gofyn mewn manwerthwyr cadwyn heb gyfeiriad post.

Siop gwerthu paent.

Siop ddillad.

Siop lyfrau.

Siop deganau.

Siop gwerthu losin.

Tri chaffi.

Bar tapas.

A bwyty Tsieineaidd.

Yr un ateb ym mhob un ohonynt.

Na.

★

"Hunlle. Total hunlle. Fi'n dweud 'tho ti, Mo, ma'r system yn rigged."

Ar ôl bore aflwyddiannus arall yn crwydro strydoedd cefn Caerdydd, yn ardal Riverside y tro hwn, roedd Lee yn teimlo fel methiant llwyr ac yn rhannu ei rwystredigaethau gyda Mo, dros ginio yn nhafarn yr Eli Jenkins i lawr yn y Bae.

Mo oedd yn talu.

Lee oedd yn rhefru.

"Ti angen cyfeiriad post i hyd yn oed dreio am swydd. Unrhyw swydd, as it turns out. Hyd yn oed y dodgy chop-chops lawr back allies Grangetown a Riverside." Poerodd Lee dros ei fwyd, cyn codi tsipsen arall i'w geg a chario mlaen. "Ond mae angen swydd arno fi i gael arian er mwyn gallu cael lle i aros a chyfeiriad post."

Ysgydwodd ei ben ac anadlu'n ddwfn. Tridiau oedd ar ôl ganddo i ddod o hyd i swydd, neu byddai'r freuddwyd ar ben a'r daith yn ôl i ogledd Cymru yn dorcalonnus o droellog.

"Cylch dieflig, Mo. Cylch. Fucking. Dieflig."

Edrychodd Mo ar ei ffrind, wrth chwalu colsyn o'i gamwn rhwng ei ddannedd unionsyth gwyn.

"Vicious circle," atebodd ar ôl llyncu.

"Yn union," ategodd Lee, gan godi llond fforc o binafal a chig i'w geg. Teimlodd blwc o euogrwydd wrth feddwl am Luned. Beth oedd hi'n ei fwyta i ginio heddiw?

Roedd Mo ar ei awr ginio o'r gwaith, ac felly'n gwisgo crys, tei a throwsus trwsiadus. Roedd ei wallt wedi'i steilio a'i osod yn bwrpasol anniben ar ei gopa, a'r persawr CK1 yn glynu ato fel tarth at fynydd ar doriad gwawr.

Ar ochr arall y bwrdd, roedd Lee yn wrthgyferbyniad aflêr o'i hen ffrind. Hwdi, jîns a bumffluff. Mwsg chwyslyd a braidd yn sur. Aroglai Lee fel methiant, er na fyddai Mo byth yn rhannu ei farn gydag ef.

"A beth am Luned?" gofynnodd Mo.

"Yr un stori. Dim cyfeiriad, dim swydd."

"Nid 'na beth o'n i'n meddwl." Pwyntiodd at ei fol. "Ar ôl colli'r babi."

Nodiodd Lee a syllu ar ei blât. Roedd y golled a'r siom gychwynnol wedi pylu ychydig erbyn hyn, er ei fod yn dal i alaru. Am y babi, heb os, ond hefyd am eu dyfodol nhw fel teulu. Ers clywed y newyddion am y tro cyntaf, roedd ei ben wedi llenwi â delweddau o ddyfodol delfrydol, er braidd yn afrealistig. Mewn amrantiad, chwalwyd y cyfan. Mewn clic camera, caeodd y drws ar y llwybr hwnnw.

"Gwell na fi, sdim dowt am hynny."

Tra oedd Lee'n breuddwydio am y teithiau i'r traeth a'r partïon pen-blwydd, roedd Luned yn meddwl mewn ffordd fwy ymarferol. Gwyddai fod ei gariad yn teimlo rhyddhad ar ôl colli'r babi ac, er nad oedd yn deall hynny i gychwyn gallai werthfawrogi ei safbwynt bellach. Byddai cyfleodd eraill yn codi yn y dyfodol, heb os, ond am nawr, doedd dim amheuaeth bod bywyd yn haws heb orfod meddwl am fagu plentyn.

"Ma hi'n benderfynol o ffeindio job a fflat, o beidio mynd adre. Sa i'n meddwl bydd lot o groeso i ni ar y fferm. Dim i fi, ta beth. 'Nes i gynnig bo ni'n mynd 'nôl, yn syth ar ôl gadael yr ysbyty, ond hi oedd eisie aros. Fi'n teimlo fel total failure, though. Fi eisie gofalu amdani, Mo. Ond…" Tawelodd Lee, er mwyn osgoi ei ailadrodd ei hun. Eto.

"Cylch dieflig," medd Mo, gan estyn ei ffôn o'i boced a dechrau bodio neges.

"Aye," cytunodd Lee yn llawn anobaith. Dirgrynodd ei ffôn ar y bwrdd i ddynodi bod neges wedi cyrraedd. Cododd y ffôn a gweld mai Mo oedd yr anfonwr. Agorodd y neges a gweld rhif ffôn anghyfarwydd. Cododd ei ben ac edrych ar ei ffrind.

"Rhif ffôn brawd Stacey yw hwnna. Kyle. Dyn busnes. Fingers in many pies, os ti'n deall fi. Ni'n dod mlaen yn iawn though, ma fe'n olreit, I reckon."

"A?"

"Ffonia fe. Ma fe wastad yn edrych am bobl i helpu. Gyrru ceir. Deliveries. Cnocio ar ddrysau. Math 'na o beth."

"Swno'n well dodgy."

Cododd Mo ei ysgwyddau ar hynny. "Beggars and choosers, Lee. Beggars and choosers."

*

Eisteddodd Luned ar fainc mewn parc bach ger tafarn y Railway i amsugno'r haul ac i fwyta'i chinio, dau fanana. Yr olaf o'r bwnshyn a gipiodd hi o'r siop y bore hwnnw. Yn y pellter, disgleiriai Môr Hafren yn yr heulwen, tra oedd arfordir Gwlad yr Haf i'w weld yn glir y tu hwnt i'r tonnau.

Teimlodd bwl o hiraeth am ei chartref, ond mynnwyd ei sylw gan gêm dennis ar y cwrt i'r dde o ble roedd hi'n gorffwyso. Gwyliodd fam a merch yn cynnal rali hir. Roedd y fam yn ei phedwar degau, ei gwallt du wedi'i fritho gan flewiach llwyd, ond ei chorff gosgeiddig yn gwibio i bob rhan o'r cwrt wrth i'w merch, oedd yn ei harddegau, ei gorfodi i gwrso a gweithio'n galed i ddychwelyd pob pêl. Yn ôl y disgwyl, teimlodd y dagrau'n bygwth. Roedd pob mam a'i phlentyn a groesodd ei llwybr yn gwneud iddi eisiau crio. Yn hytrach na mamau a babis bach yn unig. Roedd hwyl Luned yn pendilio o un eithaf i'r llall ac roedd hi'n gymysgedd o emosiynau – rhyddhad o golli'r babi ar un llaw, ond tristwch llethol ar y llall. Teimlodd wagedd absoliwt un eiliad, ac yna gobaith pur y nesaf.

Clywodd lais yn agosáu a wnaeth iddi edrych dros ei hysgwydd mewn ymateb greddfol unrhyw Gymro neu Gymraes sy'n clywed iaith y nefoedd yn y cyffiniau. Roedd y llais yn berchen i fenyw yn ei thri degau gyda gwallt byr arianlwyd, yn gwisgo sbectolau haul anferth ac yn gwthio bygi Baby Bjorn gwerth mis o rent neu fwy. Rhywsut, roedd ei phresenoldeb yn gysur, ac ymlaciodd Luned ymhellach pan eisteddodd y fenyw ar y fainc wrth ei hochr, a pharhau â'i sgwrs. O gornel ei llygaid, edrychodd Luned ar y babi. Merch fach, tua blwydd oed, yn sugno ar ddymi ac yn hapus ei byd. Meddyliodd Luned am ei mam ac estynnodd ei ffôn o'i bag. Sgroliodd trwy'r rhestr enwau cyswllt ac oedi ar y rhif. Teimlodd ddeigryn yn dianc, ond cipiwyd ei sylw gan y babi yn y goets, oedd bellach wedi tynnu'r dymi o'i cheg er mwyn ceisio cyfathrebu â Luned. Estynnodd law bitw i'w chyfeiriad gan wneud y synau mwyaf ciwt i Luned eu clywed erioed. Gwenodd arni gan deimlo deigryn arall yn torri'n rhydd, cyn gweld y fam yn troi a syllu arni, ei llygaid yn llawn drwgdybiaeth. Daeth ei galwad i ben ond cyn iddi gael cyfle i ddweud gair, cipiodd Luned y blaen er mwyn torri'r iâ ar unwaith.

"Babi del," medd Luned, a wnaeth i'r fenyw wenu.

"Diolch," atebodd, a throi at ei phlentyn yn falch, ond roedd y fechan yn dal i ffocysu ar Luned. "Mae'n dy hoffi di," ychwanegodd.

Dechreuodd Luned feichio crio. Yn ddirybudd, ond ddim yn annisgwyl. Llifodd y dagrau a baglodd dros ei geiriau. Sychodd ei bochau â chefn ei llaw, gan ymddiheuro wrth y fenyw ddieithr. Estynnodd honno wipe o'i bag a'i roi i Luned, ac ar ôl i'r pwl ballu, gofynnodd: "Ti'n iawn?"

"Sori," meddai Luned, er mai wfftio'r ymddiheuriad a wnaeth y fenyw.

Tynnodd ei sbectolau haul ac edrych yn syth i lygaid Luned. "Beth sy'n bod? Alla i helpu?"

Gwnaeth caredigrwydd diangen y dieithryn i'r dagrau dasgu eto, ond eisteddodd yno'n dawel nes bod Luned yn barod i esbonio.

"Wnes i golli babi'n ddiweddar. Rhyw wthnos 'nôl, deud y gwir."

Synnwyd y fenyw gan hynny, a chlosiodd at Luned a'i chofleidio. Â'i breichiau amdani, rhyddhaodd Luned ei hemosiynau. Ni ddwedodd y fenyw yr un gair, dim ond eistedd yna a gadael i Luned grio.

"Sioned," meddai, gan estyn llaw ar ôl i'r storm ostegu. "A dyma Lili," ychwanegodd, gan bwyntio at y bygi.

"Luned."

"Dere." Cododd Sioned ar ei thraed ac ailwisgo'i sbectolau haul.

"I ble?"

"Disgled."

*

Gyda rhif ffôn brawd Stacey yn ei boced, anelodd Lee am Dumballs Road, oedd yn cysylltu'r Bae â chanol y ddinas, er mwyn curo ar ddrysau. Gwyddai fod warysau a garejys ac ambell gwmni sgrap yn yr ardal, ac roedd rheiny'n apelio mwy ato na galw Kyle a chamu i isfyd Trelái. Am obaith olaf! Ond chwarae teg i Mo, dim ond ceisio helpu oedd e. Gallai weld bod sefyllfa Lee a Luned yn anobeithiol, ond nid dyna oedd yr ateb chwaith.

Yn ôl y disgwyl, ni chafodd Lee unrhyw lwc yn mynd o ddrws i ddrws, a gyda'i ysbryd wedi'i chwalu'n deilchion, penderfynodd ddychwelyd i Benarth ar draws y morglawdd, cyn mynd i Tesco i ddwyn rhywbeth i swper. Dyna'r lleiaf y gallai ei wneud. Yn wir, dyna'r *unig* beth y gallai wneud.

Roedd ar goll am eiliad yn nrysfa strydoedd cefn yr ardal led-ddiwydiannol. Roedd pob mynedfa'n edrych yr un fath a'r paent yn plicio oddi ar ffasâd yr adeiladau gan wneud dianc o'r gwningar drefol yn anodd ar y diawl. Piciodd y tu ôl i fin sbwriel diwydiannol i gael pisiad, yr hylif yn gwneud mwy o sŵn nag oedd yn ei ddisgwyl, wrth atseinio oddi ar waliau tal yr ardal.

Gorffennodd.

Shiglodd.

Dychwelodd.

Sipiodd.

Trodd, a dod wyneb yn wyneb â dau ddyn; cyllell yn llaw y ddau, a thraciau nodwydd amlwg ar eu breichiau. Edrychodd

Lee am ffordd allan, ond roedd wedi'i gornelu go iawn rhwng wal deg troedfedd ar hugain o uchder a'r bin diwydiannol. Dim ond un ffordd oedd yna i ddianc, a llwybr yn syth trwy'r darpar fygwyr oedd hwnnw. Gwyddai Lee ei fod yn gryfach na'r ddau ohonynt, ond nid oedd ei groen yn ddigon caled i atal y dur rhag rhwygo, tyrchu a gwneud iddo ddifaru ei benderfyniad. Ar ben hynny, doedd dim clincen ganddo, felly cododd ei ddwylo a gwenu'n gam ar yr ymosodwyr.

"Wallet," mynnodd un ohonynt, gan wthio'r gyllell i gyfeiriad Lee.

Tynnodd Lee y lledr o'i boced a'i thaflu ato. "I've got nothing. Literally. I'm homeless."

Aeth y lleidr trwy'r waled yn gyflym, y siom a'r rhwystredigaeth yn amlwg yn y ffordd roedd ei ddwylo'n crynu. Roedd cerdyn banc Lee yn ôl yn y fan, er nad oedd unrhyw beth yn y cyfrif ta beth. Ac ar wahân i ambell dderbyneb a'i drwydded yrru, roedd y waled yn wag. Taflwyd y waled ar y llawr, ac wrth i Lee blygu i'w chasglu sylwodd y cyffurgi ar ei sbardiau. Adidas Gazelles reit newydd.

"Giz your shoes," mynnodd y llefarydd.

Ystyriodd Lee brotestio, ond nid oedd yn barod i beryglu ei fywyd dros bâr o sgidiau ugain punt o TK Maxx.

"And your phone," meddai'r llall.

Tynnodd y sbardiau oddi ar ei draed ac estyn ei ffôn o'i boced. Yna, gwyliodd y dihirod yn rhedeg i ffwrdd i gyfeiriad Dumballs Road. "Bastads!" grwgnachodd, wrth gerdded ar eu holau, y cerrig mân a'r ysbwriel dan draed yn rhwygo'i wadnau trwy feinwe tenau ei sanau gwyn.

*

Gyda Sioned yn gwthio Lili, dilynodd Luned ei ffrindiau newydd i gyfeiriad yr orsaf drenau; dros y bont a mewn i fwyty bach cartrefol o'r enw Deli'r Arth.

"Cer di a Lili at y bwrdd 'na," pwyntiodd Sioned at fwrdd gwag. "Munud fydda i."

Gafaelodd Luned yn y bygi, gan esgusodi ei hun wrth wthio trwy'r ciw o bobl oedd yn aros i archebu bwyd. Eisteddodd wrth y bwrdd a throi i edrych ar Lili, oedd wedi cwympo i gysgu. Sganiodd yr ystafell a rhyfeddu at yr holl fwydach drud yr olwg. Jamiau, caws, olew olewydd mewn caniau, syropau o bob lliw a llun, gwin a chwrw, cyn i'w llygaid ffocysu ar Sioned, oedd bellach yn pentyrru bwyd ar hambwrdd. Camodd o'r tu ôl i'r cownter ac anelu am fwrdd Luned, gan osod y bwyd o'i blaen.

"Helpa dy hun, ti'n edrych fel taset ti angen bwyd."

"Diolch," llwyddodd Luned i sibrwd, er ei bod ar fin crio unwaith eto. Ni allai gredu caredigrwydd Sioned. Na'i lwc.

"A beth ti moyn i yfed? Te? Coffi? Coke?"

Wrth i Sioned fynd i estyn San Pellegrino iddi, bochiodd Luned i mewn i'r bwyd, yn sawru pob llond ceg. Cwscws lemwn a halwmi i gychwyn, yna brechdan caws a phicl a llond bag o greision halen môr a finag seidr.

Daeth Sioned i eistedd ati, gan osod pot o Earl Grey a lemonêd ar y bwrdd.

"Fi sydd berchen y lle 'ma," dechreuodd esbonio. "Wel, fi a'r gŵr, wrth gwrs. Dyna fe fyna." Pwyntiodd at y dyn golygus wrth y til, a chwifiodd e'n ôl at ei wraig. "Dylan yw ei enw. Gei di gwrdd â fe mewn munud, pan fydd hi bach yn dawelach…"

"Diolch," medd Luned unwaith eto, gyda mwy o awdurdod yn ei llais y tro hwn.

"Pleser."

"Ond alla i'm talu am y bwyd."

"Sa i'n disgwyl i ti dalu," meddai Sioned gan wenu ar draws y bwrdd. Arllwysodd laeth i waelod ei chwpan, cyn tollti'r te ar ei ben. "Sa i moyn dim byd wrthot ti, Luned."

Gwridodd Luned a gwthio darn olaf y frechdan i'w cheg.

"Actiwali, so hynny'n *hollol* wir. A sori am fod mor blynt, ond fi moyn clywed dy stori di. Beth ddigwyddodd i'r babi? Ble mae dy rieni? Ble ti'n aros? *Popeth*."

Yfodd Sioned y te, ac aeth Luned ati i rannu'r cyfan gyda hi. Pob manylyn, hyd yn oed y bananas. Pan ddaeth at ddiwedd yr hanes, estynnodd Sioned ar draws y bwrdd a gafael yn dyner yn ei llaw. Gwenodd arni a gwyddai Luned fod rhywbeth da ar fin digwydd.

"Blydi hel, Luned!" ebychodd Sioned, gan ysgwyd ei phen.

Llifodd un deigryn i lawr ei boch. Cododd napcyn a'i sychu.

"Reit, dyma beth sy'n mynd i ddigwydd nawr…"

★

Erbyn i Lee groesi'r morglawdd a chyrraedd Marina Penarth, roedd gwadnau ei sanau yn un twll mawr, y croen wedi rhwygo ar y concrit a'r cerrig mân a'r gwaed yn cronni a chaledu rhwng ei fodiau. Roedd hi'n tynnu am bump o'r gloch bellach a'r haul yn dechrau suddo tu ôl i dreflun y faestref o'i flaen. Cadwodd ei drem ar lawr yn ystod y daith am na allai oddef yr holl lygaid yn syllu arno. Chwyrlïodd yr holl wrthodiadau yn ei ben, gan wneud iddo deimlo'n hollol ddiwerth. *Methiant* oedd y gair. Yr unig beth roedd e eisiau ei wneud oedd gweithio mewn garej yn trwsio ceir a chael cyflog teg er mwyn talu ei ffordd a chyfrannu at gostau byw ei bartneriaeth â Luned. Dyn syml. Breuddwyd syml. Ond nid oedd e hyd yn oed yn gallu gwneud hynny. Atseiniodd y gair yn ei ben unwaith 'to, fel mantra arteithiol yn goglais ei gallineb. Clywodd ei llais cyn gweld ei gwên. Synhwyrodd y cyffro cyn teimlo'i breichiau'n cau am ei wddf.

"Dwi 'di cael gwaith!" gwaeddodd Luned yn ei glust, cyn plannu cusan galed ar ei wefusau. Gwingodd Lee, gan chwalu'r foment yn yfflon.

Camodd Luned yn ôl ac edrych ar wyneb trist ei chymar. Yna, sylwodd nad oedd yn gwisgo esgidiau.

"Be sy, Lee? Lle mae dy sgidia di?"

Rhannodd yr hanes gyda hi. Y chwilota aflwyddiannus am swydd. Mo a Kyle a'r rhif ffôn nad oedd yn awyddus i'w alw, er nad oedd llawer o ddewis ganddo. Y lladrad. Y cywilydd.

Roeddent 'nôl wrth y fan erbyn iddo orffen, ac wrth chwilota am sanau a sbardiau eraill yn y cefn, cydymdeimlodd Luned â'i anffawd, er bod mwy o newyddion da ganddi i'w rannu.

"Wel, gei di ddefnyddio cyfeiriad Sioned, fy mòs newydd, wrth ymgeisio am swyddi. Roedd hynny'n rhan o'r cynnig."

Eisteddodd Lee yn nrws cefn agored y fan i wisgo sanau glân, heb olchi ei friwiau na dim. Edrychodd ar Luned yn llawn edmygedd.

"Fi mor prowd o ti," meddai yn gwbl ddiffuant.

"Diolch," atebodd hithau gan deimlo braidd yn chwithig. "Dwi'n dechra fory am hanner awr 'di wyth."

Cododd Lee a chofleidio Luned yn dynn. Diolchodd iddi ac addo parhau â'i ymdrechion ben bore. Gyda chyfeiriad post, roedd gobaith go iawn o ddod o hyd i swydd nawr. Dros ei hysgwydd, gwelodd Lee gar cyfarwydd wedi'i barcio gerllaw. MG Roadster o'r 1970au. Clasur go iawn a daniodd atgofion melys yn ei ben. Roedd gan ei dad un tebyg. Yn wir, o dan fonet MG ei dad y taniwyd angerdd Lee am foduron. Cofiodd helpu ei dad i diwnio a thrwsio'r cerbyd. Treulio oriau bwyigilydd ar benwythnosau yn tincro ac atgyweirio. Yr hen gar oedd y glud a gynhaliodd eu perthynas am flynyddoedd. Heb y car hwn, roedd Lee'n sicr y byddai ei dad wedi gadael yn gynt. Roedd rhywun yn eistedd yn y car, yn ceisio'i danio, er nad oedd y cerbyd yn gwneud fel y dylai.

Clywodd Luned yr injan yn pallu tanio y tu ôl iddi, a throdd i weld beth oedd yn digwydd. "Dos," mynnodd, gan wthio Lee i gyfeiriad y car.

Cyrhaeddodd Lee y car wrth i'r perchennog gamu ohono. "Sounds to me like your starter motor's stuck," meddai wrtho.

Edrychodd y gyrrwr ar Lee. Dyn yn ei chwe degau gyda llond pen o wallt gwyn cyrliog. Gwisgai siwt ddrud yr olwg, lliw llwyd tywyll. Roedd ei groen brown yn awgrymu iddo fod dramor yn ddiweddar. Gwenodd, ei ddannedd yn disgleirio ar y cefndir caramel.

"Can you fix it?"

"Aye. My dad used to have one of these." Plygodd Lee a gwerthfawrogi'r gragen. Doedd dim tamed o rwd ar ei gyfyl. "It's a mark three, right? Seventy-seven, maybe a seventy-eight?"

"Seventy-seven."

"There are two ways I can sort this. One will take a few minutes but might not last. I mean, the problem might be back the next time you try to start the car…"

"And the other?"

"Thirty minutes and I'll have it fixed and working like new."

Gwnaeth y dyn sioe o edrych ar ei wats aur. "I'm not in a rush. But don't you need some tools?"

"I've got some in the van."

Aeth Lee i estyn ei offer a dechrau ar y gwaith, dan drem wyliadwrus perchennog y car. Bill oedd ei enw, a safodd yn smocio sigâr wrth wylio Lee yn gweithio. Llifodd y sgwrs yn rhwydd, oherwydd y tir cyffredin rhyngddynt, ac ymhen ugain munud roedd yr injan yn canu grwndi.

Diolchodd Bill yn daer i Lee, ac estyn papur hanner can punt o'i waled.

"For your time and trouble."

Oedodd Lee cyn cymryd yr arian. Roedd dillad drud a char di-fefl y perchennog wedi ei ddarbwyllo bod cyfle fan hyn am rywbeth gwell.

"That's very kind, Bill. Thank you. But before I do, I need to ask you something. If I don't do it now, I might regret it later."

"Go on," gwahoddodd Bill, gyda gwên arall.

"I need a job. Any job. And you look like a man who might be able to help."

Nodiodd Bill ei ben a diffodd ei sigâr â sawdl ei esgid Eidalaidd. Cododd ei waled o'i boced unwaith eto a thynnu carden fusnes ohoni. "I still want you to have this," meddai, a rhoi'r arian i Lee. "Here's my card. Be at this address at eight tomorrow morning."

Gyrrodd Bill i ffwrdd, gan adael Lee yn sefyll yn gegagored ar y pafin. Syllodd ar y garden fusnes.

BR Edwards & Son
For all your motoring needs

Adnabu'r enw ar unwaith a fflachiodd delweddau cythryblus yn ei ben.

Deigryn ar foch.

Angylion Uffern.

Daeth Luned draw ato yn llawn cwestiynau, yn llawn cyffro, felly claddodd Lee ei bryderon; nid dyma'r amser i rannu'i ofidiau gyda hi.

Tystion

YN SWYDDFA DCI Colwyn, teimlai Sally fel petai'n eistedd o flaen ei gwell, oedd yn gwbl afresymol ac annheg o ystyried bwriad ysgeler Jac yn y bwyty'r noson cynt. Doedd dim amheuaeth ym marn Sally am yr hyn roedd y ditectif golygus yn bwriadu ei wneud. Yn wir, roedd hi'n amau iddo lwyddo i roi cyffuriau iddi ac, o bosib, ei cham-drin rai wythnosau ynghynt, ar ôl iddi ei weld yn y Butchers. Doedd ganddi'r un atgof ar ôl i Jac brynu diod iddi'r noson honno. Dim byd ond düwch absoliwt. A doedd hi heb yfed digon i hynny ddigwydd. Difarai ei bod wedi gadael bwyty Parentis yn syth ar ôl torri ei drwyn, ond roedd ei gwaed yn berwi a'r ysfa i ddianc o'i olwg yn anorchfygol. Ond dylsai o leiaf fod wedi gofyn i'r weinyddes anfon y ffilm ati cyn ffoi. Treuliodd ran helaeth y nos yn ceisio, ond yn methu, cysgu. Yn amlwg, roedd hi'n gandryll gyda Jac, ond yn fwy na hynny ni allai ddeall ei resymeg. Ar wahân i fynnu ei bod wedi blino gormod i 'fynd am goffi' 'nôl yn ei fflat, roedd hi'n berffaith amlwg i unrhyw un, yn enwedig Jac, ei bod yn barod i gymryd y cam nesaf o ran meithrin eu perthynas. Ond, o ystyried y ffaith ei bod nawr yn amau iddo wneud hyn iddi hi unwaith yn barod, nid y ffaith iddi ei wrthod dros swper oedd wrth wraidd y weithred. Ysglyfaethwr oedd Jac Edwards. Rheibiwr. A'r cwestiwn mawr oedd sawl merch arall oedd wedi cael eu cam-drin ganddo?

"Diolch am ddod, Sally," dechreuodd y chief yn bwyllog, ei wyneb yn daer a'i lygaid yn byllau tywyll blinedig yn ei benglog. "Fel wedes i ar y ffôn, mae Jac Edwards wedi gwneud cwyn swyddogol yn dy erbyn. Honiadau difrifol. GBH. ABH. Ymosodiad â bwriad. Y cyfan yn deillio o ddigwyddiad ym mwyty Parentis tua deg o'r gloch neithiwr."

Nodiodd Sally ei phen. Daeth yr alwad toc wedi canol dydd. Gan y chief ei hun, oedd yn adlewyrchu difrifoldeb y sefyllfa. Cais iddi ddod i'r orsaf ar ei diwrnod bant er mwyn trafod honiadau Jac. Roedd Sally yno o fewn yr awr, yn barod i'w hamddiffyn ei hun. Yn awchu i gyflwyno'i rheswm dros wneud yr hyn a wnaeth hi.

Syllodd DCI Colwyn a DI Rolant Price arni o ochr arall y ddesg, y chief yn eistedd a'i ddirprwy ar ei draed.

"Sut wyt ti'n ymateb i hynny?" gofynnodd DI Price, ar ôl i'r tawelwch grogi rhyngddynt am eiliad yn rhy hir.

"Wel, sa i'n mynd i wadu beth ddigwyddodd achos fi'n siŵr bod digon o dystion 'da chi i'r digwyddiad."

"Felly ti'n cyfaddef y cwbl?" Synhwyrodd Sally dinc o syndod yn llais DCI Colwyn. Syndod neu, yn fwyaf tebygol, siom.

Pesychodd Sally i glirio'i gwddf. "Do, fwres i Jac Edwards. Yn ei drwyn. Teimlais yr asgwrn yn torri, gwelais y gwaed yn tasgu a fi wir yn gobeithio y bydd e'n cael trafferthion anadlu am weddill ei oes."

Gwingodd y chief wrth glywed eithafiaeth ei geiriau. Roedd e'n ceisio cynnal gweithle a gweithlu cytûn, ond gwyddai ym mêr ei esgyrn fod mwy i'r stori hon. Roedd ar fin gofyn cwestiwn arall, ond achubodd Sally y blaen arno.

"Ond y cwestiwn sydd angen i chi ei ofyn yn yr achos hwn yw 'pam 'nes i ymosod ar Jac Edwards?'"

Syllodd yr uwch-swyddogion arni, gan aros iddi ymhelaethu.

"Roedd Jac wedi rhoi cyffur yn fy niod. Pan es i i'r tŷ bach. Yn fy marn i roedd e'n bwriadu fy nhreisio, neu o leia fy ngham-drin mewn rhyw ffordd. Ac ar ôl i fi ei fwrw e, y peth cyntaf wnath e oedd tollti cynnwys y gwydryn ar lawr, er mwyn sicrhau nad oedd modd ei brofi."

"Oes unrhyw dystiolaeth gyda ti?" gofynnodd DI Price. "Fel arall, dy air di yn erbyn gair Jac sy 'da ni fan hyn."

"Nac oes, ond…"

"Weles di fe'n rhoi'r cyffur yn dy ddiod di?" Cododd DCI Colwyn ei lais a thorri ar ei thraws.

"Do a naddo, syr."

"Esbonia," gwahoddodd y chief hi i barhau.

"Fel wedes i, o'n i yn y tŷ bach pan ddigwyddodd y peth, ond roedd gweinyddes wedi ffilmio'r cyfan, a dangosodd hi'r fideo i fi. Gwylies i'r footage ddwywaith, cyn gweithredu."

"Cyn *ymosod* ar Jac Edwards."

"Cyn gweithredu. A bydden i'n gwneud yr un peth eto, tasai'r cyfle'n codi, syr. Fi hefyd yn amau iddo roi cyffur i mi a 'ngham-drin unwaith yn barod, er nad oes unrhyw dystiolaeth gen i o hynny chwaith."

Tawelodd y trafod wrth i Colwyn a Price amsugno'r wybodaeth.

"Drych, Sally," aildaniodd y chief. "Sdim dewis 'da fi yn yr achos hyn ond dy wahardd o'r gwaith wrth i ni archwilio'r honiadau. Rhai Jac a dy rai di."

"Cyflog llawn am y tro, pythefnos i gychwyn," ychwanegodd DI Price.

Nodiodd Sally ei phen. Nid oedd dewis ganddi ond derbyn. "Beth am Jac? Ydych chi wedi ei wahardd e hefyd, syr?"

"Ma Jac, fel ti, off gwaith am dridiau, ac ma fe wedi cymryd wythnos o wyliau i wella o'i anafiadau…"

"*Anaf,* syr," cywirodd Sally ei huwch-swyddog.

"Anaf," cytunodd y chief. "Fe ddeliwn ni gyda fe pan ddeith e 'nôl i'r gwaith. Rwy'n awgrymu dy fod ti'n treulio dy amser yn paratoi ar gyfer dy arholiadau. Rhag ofn y byddi di'n dal i fod yn gymwys i'w sefyll."

Cyn gadael yr orsaf, estynnodd Sally ei baton a'i gwn taser o'i locer. Byddai mewn trwbwl petai'n cael ei dal yn eu cymryd, ond gyda Jac Edwards yn dal i fod yn rhydd i grwydro strydoedd y dref, roedd hi angen ffordd i'w hamddiffyn ei hun. Yna, anelodd am adref ond wrth gerdded ar hyd y strydoedd mewn niwl o hunandosturi, lledodd y cymylau am eiliad a daeth yr ateb iddi mewn amrantiad. Newidiodd ei chyfeiriad ac anelu am ardal Pwll Coch a bwyty Parentis. Petai'n gallu cael gafael ar y fideo, byddai'n datrys yr achos heddiw a diogelu ei henw da. Heb sôn am ei gyrfa a'i dyfodol.

Roedd y bwyty'n eithaf prysur pan gyrhaeddodd Sally. Am ryw reswm, nid oedd yn disgwyl hynny amser cinio. Nid oedd y dirwasgiad na mesurau llymder llywodraeth San Steffan yn effeithio ar bawb, yn amlwg. Gogleisiodd arogl y caws parmesan ei thrwyn, yn ei chipio'n ôl at y noson cynt. Cerddodd at y bar gan deimlo llygaid rhai o'r gweithwyr yn llosgi ei chefn.

"Alla i helpu?" gofynnodd y farforwyn benfrown. Gwiriodd Sally'r bathodyn ar ei bron chwith – 'Carla' oedd ei henw.

"O'n i yma neithiwr…"

Gwenodd Carla ar hynny. "Fi'n gwybod. O'n i 'ma 'fyd. Diweddglo reit ddramatig i'r noson."

"Sori am y llanast. Y gwaed." Gwridodd Sally wrth gofio'n ôl. Roedd yr holl beth mor dros ben llestri. Ond yna cofiodd y rheswm dros ei hymateb. Gallai gyfiawnhau ei gweithred i unrhyw un.

Wfftiodd Carla mewn ymateb. "Highlight fy niwrnod. Bach o gyffro. A fi'n gwbod bod y diawl yn haeddu'r hyn gath e."

"Shwt?"

"Weles i'r fideo nath Dona ddangos i ti. Weles i beth nath e i dy ddiod di."

Tonnodd y rhyddhad dros 'sgwyddau Sally. Gafaelodd yn y bar i'w chynnal ei hun. Anadlodd yn ddwfn. Yn bwyllog. Tystion. Wel, tyst. "Pwy arall welodd y fideo?"

"Bron pawb oedd yn gweithio neithiwr."

Tystion!

"Beth am y boi 'nes i fwrw?"

Ysgydwodd Carla ei phen. "Na. Gadawodd e'n go glou ar dy ôl di. A dilynodd Gino fe yr holl ffordd adre."

"Pam?"

"Wel, o'n i'n poeni bydde fe'n dy ddilyn di. Ymosod. Dial. Sa i'n gwbod."

"Waw!" ebychodd Sally. Ni allai gredu'r peth. "Diolch."

"Chi'n clywed am y pethe 'ma yn y papure. Jyst moyn neud yn siŵr bo ti'n saff o'n ni."

"Alla i gael gair gyda Dona? Ydy hi'n gweithio heddiw?"

Ysgydwodd Carla ei phen yn araf. Edrychodd ar ei horiawr. "Ma Dona yng Ngroeg erbyn hyn. Pythefnos o wyliau yn Kos. Aeth hi ben bore. Hedfan o Fryste."

"Shit!" ebychodd Sally, cyn anadlu'n ddwfn mewn ymgais i leddfu ei rhwystredigaeth. "Allwch chi roi ei rhif ffôn hi i fi, 'te? Fi wedi cael fy niarddel o'r gwaith achos beth ddigwyddodd neithiwr, ond bydde'r fideo'n clirio fy enw ar unwaith."

Meddyliodd Carla am ei chais, ond ysgwyd ei phen wnaeth hi yn y pen draw.

"Sa i'n gallu rhoi ei rhif i ti, sori... Company policy..."

Bu bron i Sally sgrechen wrth glywed ei hateb.

"Ond... galla i anfon text ar dy ran di. Os ti moyn. Bydde hynny'n iawn."

"Ok. Diolch," medd Sally. Dim yr ateb delfrydol efallai, ond o leiaf roedd yn rhyw fath o ddatrysiad.

Adroddodd Sally'r neges ac aeth Clara ati i'w bodio. Gwiriodd Sally'r geiriau cyn i Clara ei hanfon at ei chydweithwraig ar ynys Kos. Roedd y neges yn glir ac yn gryno.

Helô Dona. Diolch am dy help neithiwr.
PLIS PAID DILEU'R FIDEO
O'R BOI YN RHOI CYFFURIAU YN FY NIOD.
Gwell fyth, anfon hi draw ar WhatsApp.
Diolch, PC Sally Morris.

Aeth Sally adref a dechrau pacio. Doedd dim byd mwy y gallai ei wneud am nawr. Dim am bythefnos ta beth. Ystyriodd gysylltu â DI Price i'w hysbysu ei bod wedi galw yn y bwyty ar drywydd y fideo, ac i ddweud wrtho am y tystion newydd, ond yn y diwedd penderfynodd beidio â gwneud. Teimlai'n llawn rhwystredigaeth tuag at yr uwch-swyddogion am ei gwahardd o'r gwaith. Yn fwy na hynny, teimlai'n grac gyda nhw. Heb sôn am siomedig. Wedi'r cyfan, ei honiadau hi oedd o dan amheuaeth fan hyn, yn hytrach na rhai Jac. Y peth gorau i'w wneud nawr oedd dianc i'r gogledd a gobeithio y byddai Dona'n anfon y fideo ati. Byddai'r heddlu'n archwilio'r mater ac yn clywed y manylion, a'r gwirionedd, maes o law. Roedd hi eisiau diflannu am sbel. Anghofio am yr holl helynt. Ymlacio. Gwneud dim. Roedd hi hefyd eisiau gweld ei mam.

Roedd wedi pacio'r sbectrwm llawn o ddillad, gan nad oedd modd gwybod sut dywydd fyddai'n aros amdani ar Ynys Môn. Nid oedd yn anghyffredin gweld pedwar tymor mewn un diwrnod yng ngogledd yr ynys, ac roedd y gwynt yn chwipio bob amser, hyd yn oed pan fyddai gweddill y wlad yn toddi mewn gwres. Roedd hi wrthi'n eistedd ar ei ches mewn ymdrech i'w gau pan glywodd y gnoc. Cododd o'i chwrcwd ac anelu am y drws ffrynt. Oedodd ar waelod y grisiau wrth weld siâp aneglur dyn trwy wydr barugog y portsh. Cyflymodd ei chalon. Ai Jac oedd yno?

"Sal!" galwodd y llais. "Ti adre?"

Adnabu'r llais. Daf! Anadlodd.

Dros baned yn yr ardd gefn, adroddodd Sally'r hanes wrth ei phartner, gan gynnwys ei hymweliad â'r bwyty'r prynhawn hwnnw.

"So, ma loads o'r staff wedi gweld y fideo, ond ma'r fideo wedi mynd ar ei wyliau i Kos?" gofynnodd Daf ar ôl iddi orffen.

"Cywir."

"Dyle hynny fod yn ddigon, so ti'n meddwl?"

"Falle. Ond bydde'r fideo ei hun yn well."

Ystyriodd Daf ei geiriau. Sipiodd ei de. Dechreuodd siarad, ond stopiodd yn sydyn.

"Beth?" gofynnodd Sally, gan synhwyro bod ganddo rywbeth pwysig i'w ddweud. "Dere, Daf. Spit it out."

"O'n i jyst eisie dweud sori. 'Na i gyd."

"Am beth?"

"Am dy annog i fynd mas 'da fe yn y lle cynta. O'n i'n meddwl bod e'n olreit, ti'n gwbod, as opposed i'r complete slimeball yw e go iawn."

"Paid poeni am y peth." Cododd Sally ei ysgwyddau'n ddi-hid. "So fe'n mynd i gael get-awê â'r hyn ma fe wedi neud i fi."

"Ti'n rhy dda iddo fe, Sal. Ti'n haeddu gwell 'fyd."

Rhoddodd Sally ei myg i lawr ar y bwrdd a throi at Daf a'i gofleidio.

"Diolch," meddai.

"Ac fe a' i weld y Dona 'ma mewn pythefnos. I ni gael sorto'r mess 'ma."

Cyn iddo fynd, gyda gwên fawr yn hollti ei wyneb, dywedodd Daf wrth Sally i "gadw mas o drwbwl".

Chwarddodd ar hynny. "Ti ddim wedi bod i Ynys Môn, wyt ti?"

Yna, neidiodd i mewn i'w Fiesta coch ac anelu am y gogledd.

Bandidos

Tri diwrnod yn unig aeth heibio yn gweithio yn garej Billy Ray Edwards cyn i Lee weld digwyddiad drwgdybus. Ar ôl derbyn y swydd a chelu ei bryderon oddi wrth Luned, llwyddodd i'w ddarbwyllo'i hun nad oedd unrhyw beth amheus ynghylch y busnes wedi'r cyfan. Ar wahan i datŵs Max, mab y perchennog, wrth gwrs. Roedd ymddangosiad y beicwyr yn ystod ei ymweliad cychwynnol â'r safle yn canu clychau yng nghefn ei ben trwy gydol ei ddiwrnod cyntaf yn y gwaith, ond diolch i groeso cynnes y criw, a'r llif cyson o gerbydau oedd angen sylw, ni chafodd gyfle i bendroni am y peth.

Ymgartrefodd Lee ar unwaith yn ei weithle newydd. Fel hen bâr o jîns, roedd rhywbeth cysurus a chyfforddus am y garej. Yr olew dros ei ddwylo a'i ddillad ac arogl petrol a sigaréts yn crogi yn yr aer. Sŵn yr injans yn tanio, drôn cefndirol y radio, cloncian cyson metel ar fetel, grŵn y teclyn tynnu nytiau, caniadau'r ffôn a chyfarchion pwy bynnag oedd yn ateb.

"*BR Edwards & Son. For all your motoring needs. How can I help you today?*"

Roedd disgwyl i bawb ateb y ffôn fel 'na. *Up-front branding* alwodd Max e wrth groesawu Lee i'r garej. Yn ffodus, naw gwaith mas o ddeg, Max oedd yn ateb y ffôn, gan nad oedd yn gadael y swyddfa'n aml. Fe oedd yn gweinyddu, a Lee a'r tri mecanig arall oedd yn gwneud y gwaith caib a rhaw.

Cysgododd Lee'r gweithiwr mwyaf profiadol i gychwyn

– dyn croenfrown yn ei bum degau o'r enw Pierre, oedd yn hoff iawn o siarad. Rhannodd ei holl hanes personol gyda Lee o fewn hanner awr o gydweithio. Y tad o Ffrainc (sef tarddle ei enw) nad oedd erioed wedi cwrdd ag ef; ei dair gwraig; ei saith o blant; dwsin o wyrion ac wyresau; ei gariad at y ganja (ond ddim ar y job); tîm darts ei dafarn leol yn Nhrelái. Nodiodd Lee yn y mannau cywir, er nad oedd disgwyl, nac angen iddo gyfrannu at y sgwrs.

Daeth hi'n amlwg cyn cinio ar y bore cyntaf nad oedd angen llawer o arweiniad ar Lee. Dim gyda'r gwaith o drwsio ceir, ta beth. Wrth gwrs, byddai'n rhaid iddo ddod i arfer â'r drefn weinyddol, ond er gwaethaf ei gyhyrau boliog a'i datŵs bygythiol, roedd Max yn foi hygyrch tu hwnt ac yn barod iawn i helpu'r gweithiwr newydd.

Treuliodd y prynhawn gyda'i ben o dan y bonet. Nefoedd i Lee. Nirfana. Shangri-la. A gadawodd y gwaith yn hapusach nag y bu ers amser maith, gan gerdded 'nôl i'r fan at Luned gyda gwên barhaus ar ei wep.

Gwellodd pethau fwy fyth ar yr ail ddiwrnod. Dros ginio, yn yr haul ac yng nghwmni pob aelod o'r tîm, oedd hefyd yn cynnwys dau fecanig arall, Trev a Bilal, yn ogystal â Lee, Max a Pierre, datgelodd Lee ei fod yn byw mewn fan. Ar ôl pwl disgwyliedig o dynnu coes, syndod oedd yr emosiwn cyffredinol ymysg aelodau'r grŵp. Syndod a phryder go iawn am sefyllfa Lee a'i gariad. Aeth Lee 'nôl at ei waith heb feddwl mwy am y peth, ond, pan ddaeth Billy Ray i'r garej cyn diwedd y prynhawn, galwyd Lee i'r swyddfa. Caewyd y drws, a dechreuodd Lee boeni. Oedd e wedi gwneud rhywbeth o'i le? Oedd e ar fin cael ei ddiswyddo?

"Don't look so worried," gwenodd Bill arno, cyn troi at ei fab. "Look at him, he's shitting himself!"

Fel arfer, eisteddai Max y tu ôl i'w ddesg, a Bill ar gadair blastig gerllaw.

"Just tell him, Dad."

"What's going on?" gofynnodd Lee, heb wybod yn iawn beth i'w ddisgwyl. Roedd bod yng nghwmni'r tad a'r mab yn gwneud iddo deimlo'n anghyfforddus tu hwnt. Er y croeso, er y cyfle, roedd islif amheus yn perthyn iddynt. Rhyw fygythiad cefndirol, yn ffrwtian o dan y ffasâd cyfeillgar.

"Max tells me you and your missus live in a van. And a van with a missing window come to that."

Nodiodd Lee ar hynny. "Yes. It's not ideal but neither of us had jobs until yesterday, so we couldn't afford a flat or whatever."

"Fair enough," atebodd Bill gan droi at ei fab. "Give him the keys."

Pasiodd Max amlen at Lee. Teimlodd bwysau'r allweddi a nododd yr ysgrifen ar y blaen.

"You can stay there for the time being. It's no palace, but it's better than a van."

Ni allai Lee gredu'r peth. Diolchodd yn daer i'r ddau ohonynt.

"That's the address," esboniodd Bill gan bwyntio at yr amlen. "There's a residents' parking permit in the envelope."

"Rent's three hundred a month. Cash. Bills on top, but that's your business," ychwanegodd Max. "I can take the rent straight out your paycheck if you want. Let me know, innit. And you can move in tonight if you want. It's ready to go."

"What about a deposit?"

Chwifiodd Bill ei law o'i flaen, gan wfftio'r syniad o'r neilltu. "Forget it. You work for us so there's no escape. And we'll hunt you down if you do a runner!"

Chwarddodd y tri ar jôc y bòs.

"Thank you *so* much," ailadroddodd Lee. "I can't believe it. Luned's gonna be made up. She hates sleeping in the van. Hates the cold."

"I bet she does," chwarddodd Bill. "It's only a bedsit, so don't get her too excited."

"As long as it's got running water, she won't care."

"She'll be over the moon then," ychwanegodd Max. "And bring the van in tomorrow so we can sort the window."

*

"Jyst deud 'tha fi, Lee!" ebychodd Luned wrth i Lee yrru'r fan i gyfeiriad eu cartref newydd. "Ble 'dan ni'n mynd?"

"Amynedd, Luned. Am. Yn. Edd." Trodd i edrych ar ei gariad, oedd yn torri'i bol eisiau gwybod, ond nid oedd yn mynd i ddatgelu ei gyfrinach tan yr eiliad olaf un.

Er bod Luned wedi blino'n shwps ar ôl diwrnod hir ar ei thraed, yn gweini bwyd ac yn gwasanaethu cwsmeriaid, roedd taith ddirgel Lee wedi rhoi ail wynt iddi. Yng nghanol ei rhwystredigaeth, dyfalai fod mwy i'r daith na dim ond mynd am dro, achos nid oedd ganddynt arian i wastraffu petrol heb reswm.

Gyrrodd Lee o Farina Penarth i Fae Caerdydd heb ddatgelu dim, ond ar ôl parcio ar Stryd Bute a gosod y drwydded parcio i breswylwyr ar y dash, nid oedd modd celu'r gwir am lawer hirach.

"Lee!?" sgrechiodd Luned yn y sedd wrth ei ochr, y cyffro bron yn ormod iddi.

"Beth?" gofynnodd Lee yn bwrpasol ddidaro.

"Paid â chwara! Be 'dan ni'n neud yn fama?"

Heb air, rhoddodd Lee'r amlen iddi. Darllenodd Luned y cyfeiriad ar ei blaen. Trodd ei phen i edrych am enw stryd, ac yna ar y rhif ar y drws oedd agosaf at y fan.

Edrychodd ar Lee. Pefriodd ei llygaid, oedd ar agor led y pen. "No wê!?"

Gwenodd Lee, cyn tynnu ar ei hymateb. "*Wê.*"

Camodd o'r car ac agor y drws i Luned. "Croeso i'n cartre newydd," meddai, gan foesymgrymu'n ddramatig o'i blaen. Ar y gair, aeth grŵp o bobl ifanc heibio, yn piffian chwerthin ar giamocs Lee.

"What the fuck, bro?" Clywodd Luned un ohonynt yn gofyn.

"That's well embarassing," ychwanegodd un arall, ond doedd dim ots ganddi o gwbl.

"Sut yn y byd?" gofynnodd, wrth i Lee afael yn ei llaw a'i helpu allan o'r cerbyd.

"Ma 'da fi fòs caredig," atebodd. "Caredig iawn."

Canodd cloch fechan yn nyfnderoedd isymwybod Luned, ond claddwyd y pryder pellennig gan gyffro'r foment. Wrth aros i Lee agor y drws oedd yn arwain yn syth oddi ar y stryd, edrychodd Luned ar y gymdogaeth. Siopau, swyddfeydd a llawer o sbwriel. Ond dim ond tafliad carreg o ganol y Bae. *Ddim yn rhy ffôl*, meddyliodd.

"Ar eich hôl chi, mademoiselle," medd Lee wrth agor y drws i Luned. "Lan â ti. Lan i'r to."

"Penthouse apartment. Ffansi," galwodd Luned dros ei hysgwydd wrth redeg i fyny'r grisiau.

"Paid â bod yn rhy excited. Bedsit yw e, dim Buck House."

Roedd y grisiau'n gul, yn dywyll ac yn arogli fel dwst. Â'u calonnau ar ras, oherwydd y dringo, datglôdd Lee y drws i'w cartref, gan adael i Luned arwain y ffordd unwaith yn rhagor.

Roedd y lle yn llawer mwy na'r hyn roedd Lee yn ei ddisgwyl. Doedd dim gwadu mai bedsit oedd e, ond roedd y llofft yn eang a'r bathrwm yn lân. Gyda gwely dwbl mewn un cornel a chegin fach (iawn) yn yr un arall, ni allai'r cariadon gredu eu lwc. Llifodd golau diwedd dydd i'r gofod trwy'r ddwy ffenest Velux fawr yn y to ac aeth Lee at un ohonynt a'i hagor, yn bennaf er mwyn gwahodd yr awyr iach i mewn, ond hefyd er mwyn gweld yr olygfa.

"Sbia!" Pwyntiodd Luned dros y toeon gyferbyn. "Yr armadilo!" Trodd at ei chymar a'i gofleidio'n dynn, y gorfoledd roedd hi'n ei deimlo'n brwydro â rhyddhad pur am oruchafiaeth emosiynol.

*

Y bore canlynol, ar ôl noson gyfforddus iawn o gwsg, gyrrodd Lee a Luned i Benarth erbyn wyth, gan deithio ar hyd y strydoedd cysglyd cyn i'r traffig eu tagu maes o law. Cusanodd y cariadon cyn i Lee droi'n ôl ac anelu am ei weithle.

Ar ôl newid pedair teiar ar Land Rover a gosod spark-plugs newydd mewn injan Ford Mondeo, mynnodd Max fod Lee'n mynd i drwsio ffenest y fan. Roedd detholiad o wydr o wahanol siapiau a meintiau mewn storfa ar wahân i brif adeilad yr eiddo, a dyna lle'r oedd Lee pan welodd ddigwyddiad amheus cyntaf ei gyfnod yn y garej. Yn gyntaf, tynnodd ddrws y teithiwr oddi ar y cerbyd, ei osod yn ofalus ar flanced ar y llawr a'i ddatgymalu er mwyn gweld pa fath o ffenest oedd angen arno. Ar ôl nodi'r mesuriadau, aeth i'r storfa i chwilio am un addas. Daeth o hyd i un bron ar unwaith, ac wrth ei chario draw at y fan i barhau â'i waith gwelodd ddyn pen moel, croenwyn a chanol oed, yn gwisgo siwt aflêr yn agosáu at flaen y garej, yn igam-ogamu rhwng y cerbydau gan daro pip dros ei ysgwydd o bryd i'w gilydd. Yn ei law, roedd dogfenfag du. Yn ei lygaid, ofn. Diflannodd i'r garej ac aeth Lee ymlaen â'i dasg.

Ddeng munud yn ddiweddarach, gadawodd y dyn yn waglaw.

Gorffennodd Lee osod y ffenest ac ni feddyliodd fwy am y dyn a'r dogfenfag tan ddiwedd y dydd. Roedd y gwaith yn y garej yn gyson ac yn foddhaus, a'r tynnu coes a'r cyfeillgarwch egnïol gyda'i gydweithwyr yn wahanol iawn i'r ffordd y cafodd ei drin gan dad a brawd Luned. Lee oedd yr olaf o'r gweithwyr i adael. Roedd Max yn y swyddfa o hyd, gyda'r drws yn gilagored a'r radio'n parablu'n barhaus yn y cefndir. Wrthi'n golchi ei ddwylo cyn gadael oedd Lee pan deimlodd bresenoldeb y tu ôl iddo. Gafaelodd mewn clwtyn i sychu ei fysedd, gan droi a dod wyneb yn wyneb â dau feiciwr garw'r olwg. Ystrydebau blewog mewn denim dwbl, eu llygaid yn cuddio tu ôl i sbectolau tywyll. Cyflymodd ei galon a chachodd ei bants.

"Is the boss about?" gofynnodd un o'r gwylliaid.

"He's in the office," nodiodd Lee i gyfeiriad y drws. "Max!" gwaeddodd. "You've got visitors."

Ymddangosodd pen Max yn y drws ac edrychodd ar y Bandidos trwy lygaid gwydrog a dideimlad.

"Get outta here, Lee," meddai Max, cyn troi at y beicwyr a'u gwahodd i mewn i'w swyddfa.

*

Roedd y Bae yn brysur ar nos Sadwrn. Bwytawyr, yfwyr, pobl yn mynd i'r theatr ac eraill yn crwydro'n ddiamcan. Yn llygad y storom ddynol, eisteddodd Luned a Lee ar fainc ger y lanfa yn llyfu hufen iâ bob un. Salted caramel i Luned. Mint choc-chip i Lee. Gydag arian yn eu pocedi a tho uwch eu pennau, roedd arlwy Cadwaladers yn blasu'n well nag arfer heno. Roeddent eisoes wedi cael têc-awê a dwy botel yr un o gwrw rhewllyd 'nôl yn y fflat. Wâc fach cyn cysgu oedd hon. Bach o awyr iach cyn nosdawio. O gymharu ag wythnos ynghynt roedd bywyd yn dda, heb os, ond eto, roedd llais bach yng nghefn pen Luned yn procio ac yn poenydio.

"Ti'n iawn?" gofynnodd Lee.

"Ydw. Pam?" atebodd Luned, braidd yn amddiffynnol.

"Ti'n dawel, 'na i gyd."

Ochneidiodd Luned, cyn pwyso'i phen ar ysgwydd Lee. "Ti'n gwbod sut un ydw i. Poeni am bopeth…"

"Poeni am *beth*? Ma cartre 'da ni. Ma jobs 'da ni. Life's good, na?"

"Bach yn *rhy* dda, ti'm yn meddwl?"

"Sut?"

Ystyriodd Luned ei geiriau'n ofalus. "Wel, y rent i gychwyn."

"Beth amdano fe?"

"Mae'n llawar rhy rad. Gallen nhw charjo ddwywaith be ma'n nhw'n godi."

"Ti moyn i fi gynnig mwy iddyn nhw?" atebodd Lee â gwên slei ar ei wyneb.

"Na!" Bwrodd Luned ei fraich yn chwareus.

"Beth, 'te?"

"Dwn i'm. Ella fydd Bill isio *ffafr* yn ôl gen ti ryw bryd." Pwysleisiodd y gair ffafr er mwyn sicrhau bod Lee yn deall ei arwyddocâd.

"*Ffafr* ffafr, ti'n meddwl?"

"Ia. Un dodgy. Oedd o bach yn slic, os ti'n gofyn i fi. Y siwt. Y car. Y sgidia."

"Ti'n meddwl?" medd Lee, gan esgus ystyried y peth. Ar ôl gwaith y noson cynt, bu bron iddo rannu'r hyn a welodd yn y garej gyda Luned. Y dogfenfag diflanedig ac ymweliad y beicwyr. Ond erbyn iddo orffen yn y gawod roedd ei gariad yn cysgu'n drwm, a'r cyfle wedi mynd. "Do'n i ddim yn gwbod bo ti mor judgemental, Lun."

"Paid cymryd y piss, fi o ddifri."

"Fi'n gwbod. Sori. Jyst boi caredig yn gofalu am un o'i weithwyr, 'na i gyd." Rhoddodd ei fraich am ei hysgwydd a'i thynnu ato. "C'mon, gad i ni fwynhau ein penwythnos cynta mas o'r fan."

Ond ni atebodd Luned. Dim ond codi ei chôn a llyfu ei hufen iâ.

Mamau

AGORODD SALLY EI llygaid wrth glywed y glec. Eisteddodd i fyny yn y gwely a gwrando. Roedd ei chalon yn curo'n galed a'i synhwyrau'n sgrialu i bob cyfeiriad. Roedd rhywun yn y tŷ. Oedodd. Meddyliodd. Dylyfodd ên. Yn araf, yng ngolau gwan toriad gwawr, daeth yr ystafell i ffocws. Y llenni Laura Ashley a'r papur wal blodeuog. Y drych ffrâm aur ar y bwrdd ymbincio. Portread proffesiynol o'i rhieni a hithau, pan oedd hi tua phymtheg oed, yn crogi ar y wal. Cwympodd yn ôl ar y gobennydd a chau ei llygaid, ond roedd sŵn ei mam yn potsian yn y gegin fach drws nesaf yn ei gwneud hi'n amhosib ailgydio mewn cwsg. Dyma un o brif anfanteision byw mewn byngalo. Unrhyw fyngalo, ond yn enwedig un ei mam.

Doedd dim dianc!

Cododd o'r gwely dwbl, ac ailosod y dŵfe'n daclus. Twriodd yn ei ches a dod o hyd i bâr o legins du. Gwisgodd, pisiodd a golchodd ei hwyneb cyn ymuno â'i mam yn y lolfa, lle'r oedd hi'n eistedd wrth y drysau Ffrengig yn sipian te ac yn syllu allan ar y caeau cyfagos a'r môr llwydfrown garw tu hwnt. Ni chlywodd ei merch yn dod i'r stafell, oherwydd y carped trwchus dan draed.

"Bore da," meddai Sally'n dawel, a throdd ei mam i'w hwynebu. Disgleiriodd ei gwên wrth weld ei hunig blentyn.

"Bore da, cyw, gysgaist ti'n iawn?"

Cyn ateb, edrychodd Sally ar y cloc aur ar y silff ben tân.

Chwarter i saith. "Grêt, diolch. O'n i 'di blino'n lân ar ôl y daith." *Ac ar ôl holl helynt y dyddiau diwethaf,* bu bron iddi ychwanegu. Rhywle ar yr A470 y diwrnod cynt, penderfynodd Sally beidio â dweud gair wrth ei mam am ei gwaharddiad o'r gwaith, heb sôn am y rheswm pam. Byddai'n poeni'n arw am yr holl beth, ac yn siŵr o fynd o flaen gofid a gwneud môr a mynydd o'r sefyllfa. Mewn gwirionedd, roedd Sally'n disgwyl i'r holl beth gael ei ddatrys, o leiaf o'i hochr hi, cyn gynted ag y byddai Dona'r weinyddes yn dychwelyd o'i gwyliau. Ni wyddai beth fyddai tynged Jac Edwards ar ôl hynny, ond roedd hi'n barod i'w erlyn a sicrhau ei fod yn cael ei haeddiant. Y pric! Ond difarodd Sally ddatgelu enw ei dêt wrth ei mam ar y ffôn y noson o'r blaen, achos gofynnodd amdano o fewn pum munud i'r eiliad y cerddodd i mewn. Mwmiodd ei hateb heb ymhelaethu, cyn newid y pwnc. Cyn belled ag yr oedd ei mam yn y cwestiwn, ymweliad gwib oedd hwn, achos bod Sally'n gweld ei heisiau. Roedd gronyn o wirionedd yn y datganiad, ond dianc oedd prif nod y daith.

"Ewn ni am dro?" gofynnodd ei mam dros frecwast. Miwsli a llaeth sgim iddi hi. Tost a jam mefus cartref i Sally. "Mae'n fora braf ac mae hen ffrind i mi isio sgwrs efo ti."

"O?" meddai Sally. "Pwy?"

"Ti'n cofio fi'n sôn am Glenda?" Doedd dim syniad gan Sally, ond nid oedd hynny'n mynd i rwystro'i mam. "O'n ni'n ffrindia'n 'rysgol, sti, er i ni golli cysylltiad am flynyddoedd lawar, ar ôl i mi symud i'r sowth." Arllwysodd Sally baned arall iddi ei hun ond gwrthododd ei mam. "Pledran Woolworths," meddai mewn ymateb i gynnig ei merch, fel petai hynny i fod i esbonio popeth. "Ta beth, hi ydi un o hoelion wyth y giangan Merched y Wawr leol, ac rydan ni'n ffrindia eto, ar ôl yr holl flynyddoedd." Syllodd ei mam allan drwy'r ffenest wrth ddweud hynny, gyda golwg hiraethus ar ei hwyneb.

Arhosodd Sally iddi barhau, ond pan aeth y tawelwch yn annioddefol, gofynnodd: "So, pam ma hi moyn gair 'da fi?"

"Mae ei merch hi, Luned, wedi diflannu."

Heb air pellach o esboniad, cododd ei mam a mynd i wisgo, gan adael Sally'n eistedd wrth fwrdd y gegin, wedi ei drysu'n llwyr gan y datganiad.

*

Gadawodd Sally a'i mam y byngalo toc wedi wyth, y ddwy wedi gwisgo'n addas ar gyfer taith gerdded o ryw chwe milltir. Sally mewn legins, esgidiau cerdded Salomon, cot law ysgafn a chap pêl-fas. Y cyfan yn matsio ac yn unlliw. Sef du. Roedd ei mam yn wrthgyferbyniad lliwgar i'w merch. Esgidiau cerdded coch. Trowsus cerdded du. Cot law lwyd. Bandana coch. Er hynny, nid oedd gwadu'r ffaith bod y ddwy yn perthyn, diolch i'w trwynau a'u bochgernau unfath. Roedd haul diweddar Gerddi Hwyan yn atgof pell ar ochr ogleddol Ynys Môn a Sally'n falch iawn ei bod wedi rhagweld y fath sefyllfa ac wedi pacio'n briodol ar gyfer ei hymweliad. Ymestynnai'r cymylau llwyd at y gorwel a thu hwnt, yn cusanu'r môr brwnt o amgylch y Gogarth. Chwipiodd y gwynt o'u hamgylch gan wneud i lygaid Sally ddechrau diferu bron ar unwaith. Yn reddfol, roedd hi eisiau anelu am y môr a chrwydro llwybr yr arfordir, i'r gogledd i gyfeiriad Porth Llechog yn ddelfrydol, un o'i hoff lefydd ar y graig. Y tro diwethaf iddi ymweld â'i mam, ar ddechrau mis Mehefin, gwelsai forloi'n chwarae ac yn plymio oddi ar y penrhyn. Gwefr go iawn oedd gweld bywyd gwyllt mor agos, yn enwedig i breswylydd tref dirgloëdig fel hi. Yn anffodus, byddai'n rhaid iddi aros cyn cael mynd at y môr, oherwydd roedd cartref Glenda, fferm Troed yr Aur, ar lethrau Mynydd Parys, a hynny ar ochr arall tref Amlwch.

Yn hytrach na dilyn y ffordd trwy ganol y dref, aeth y ddwy dros gamfa gyferbyn ag Eglwys Ein Harglwyddes, Seren y Môr a Santes Gwenffrewi, oedd yn edrych yn debycach i gwch ben i waered nag i addoldy yng nghefn gwlad Cymru, a thramwyo llwybrau agored yr ardal. Oherwydd y tywydd sych diweddar roedd y ddaear yn galed, er braidd yn dwmp-damp. Cylchdrodd dau foda uwch eu pennau, fel petaent yn ystyried ymosod arnynt, a sbonciodd cwningen i'r clawdd gan ddiflannu i ddryswch y mieri. Llifodd y sgwrs, yn bennaf oherwydd dolur-rhydd geiriol mam Sally. Clywodd Sally holl hanes ei changen o Ferched y Wawr, sgandal ddiweddaraf y cylch gwnïo, y pishyn o weinidog yn y capel lleol, y dosbarth darlunio bywyd roedd hi'n ei fynychu, a 'maint' y model diwethaf, oedd wedi gadael cryn argraff arni. Ar ôl camu i gae llawn gwartheg Friesian, ger Ysgol Syr Thomas Jones, a chadw at y perthi er mwyn peidio â denu sylw'r da, holodd Sally am Glenda a'i merch.

"Roedd Glenda'n bwriadu dy ffonio di. Neu o leia, o'n i'n mynd i neud ar ei rhan. I neud yr introductions o leia. Mae hi'n gwbod dy fod ti'n blismonas ac mae hi mewn cyfyng-gyngor, sti. Mae ei byd ar chwâl ers i Luned fynd."

"Beth mae'n disgwyl i fi neud am y peth?"

"Gei di glwad mewn munud, cyw," atebodd ei mam, gan arwain y ffordd i gyfeiriad y mynydd copr.

Erbyn cyrraedd fferm Troed yr Aur, roedd yr haul wedi gwthio trwy'r cymylau a Sally'n chwys drabŵd ac angen diod o ddŵr. Llenwyd ei ffroenau ag arogleuon a synau estrongyfarwydd y fferm. Tail a dŵr budr y buarth, brefu corawl y defaid a *grrrrrrr* cyfagos y beiciau cwad. Cawsant groeso cynnes gan Glenda, cyn eistedd wrth fwrdd y gegin i yfed te ac i glywed yr hanes. Tynnodd Sally ei chot a'i gosod ar gefn ei chadair. Wrth wneud, edrychodd o amgylch yr ystafell, fel byddai pob heddwas gwerth ei halen yn ei wneud. Dim byd anarferol ychwaith, ar wahân i'r ddresel Gymreig oedd yn gwegian dan bwysau casgliad o dlysau saethu, a dau wn yn pwyso ar y wal ger y drws cefn. Cegin draddodiadol yr olwg ar y cyfan. Llawr llechi. Bwrdd derw. Cwpwl o dirluniau amaturaidd yn hongian ar y wal – cynnyrch dosbarth arlunio, mwy na thebyg. Ond dim ffoto o'r teulu yn unman. Er gwaethaf cyffredinedd y gegin, doedd dim byd diflas am yr olygfa trwy'r ffenest wrth y sinc. Mynydd Parys yn ei lawn ogoniant; y cerrig ar y carneddau'n newid lliw o flaen ei llygaid, yn dibynnu ar ddisgleirdeb yr haul. Crogai arogl saim a bacwn yn yr aer yn atsain o frecwast y gweithwyr, gan frwydro â gwynt y bara ffres oedd yn pobi yn y ffwrn yn barod ar gyfer eu cinio.

"Diolch i ti am ddod i 'ngweld i, Sally," dechreuodd Glenda, fel petai hi wedi gwneud apwyntiad. Yn wir, roedd hi'n amau mai dyna'n union roedd ei mam wedi'i wneud, un ai ar ôl i Sally fynd i'r gwely neithiwr, neu ben bore 'ma rhywbryd. Aeth ati i baratoi pot o de iddynt. Gofynnodd Sally am wydraid o ddŵr hefyd. "Dwi'n siŵr bod Kitty 'di deud yr hanas wrthat ti…"

"Yr unig beth ddwedodd Mam yw fod eich merch chi wedi diflannu."

Gwingodd Glenda wrth glywed y gair. "Falla nad dyna'r gair cywir," cyfaddefodd.

"Ond dyna'r un 'nes di ddefnyddio!" meddai Kitty yn amddiffynnol er nad oedd angen gwneud hynny o gwbl.

"Dwi'n tueddu i orliwio ar adega," cyfaddefodd Glenda gan wenu ar ei hymwelwyr.

"So, beth ddigwyddodd? Ble mae Luned?"

"Yng Nghaerdydd. Wel, sgin i ddim tystiolaeth ond dyna be 'dan ni'n ama."

"A… pam… fod… hynny'n broblem?"

"Mae hi 'di rhedag i ffwr', yn tydi. Efo'i chariad."

"Ok. Beth yw enw ei chariad? A faint yw oed Luned?"

"Mae Luned yn ddeunaw. Lee ydy enw'i chariad."

"A faint yw oed Lee?"

"Un deg naw. Ugain, ella."

"Sori, Glenda, sa i'n deall. Mae'r ddau'n oedolion…"

"Ma'r hogan yn feichiog, tydi!" ebychodd Kitty.

"A dwi ddim 'di clwad gair ganddi, ers iddi fynd. Dros bythefnos 'wan …" Cododd Glenda hances i sychu deigryn oddi ar ei boch.

"Ok. Gadewch i fi geisio deall. Mae Luned yn ddeunaw oed. Mae hi hefyd yn feichiog. Ac mae hi a'i chariad, Lee, wedi mynd i fyw yng Nghaerdydd." Nodiodd Glenda i gadarnhau bod hynny i gyd yn wir. Oedodd Sally cyn parhau, gan ddewis ei geiriau'n ofalus. "Dwi'n deall eich bod chi'n poeni am eich merch, Glenda. Yn wir, dwi'n cydymdeimlo'n llwyr â chi. Ond, gyda phob parch, beth ydych chi'n disgwyl i fi wneud am y peth?"

Teimlodd law ei mam yn taro ei braich. "Sally!" Dwrdiodd Kitty, gan ymestyn ar draws y bwrdd i ddal llaw ei ffrind.

"Sori," medd Sally'n wylaidd wrth weld y dagrau'n cronni yn llygaid Glenda.

"Dwi'n dallt nad ydan nhw wedi torri'r gyfraith… Yr unig beth dwi isho wbod ydy lle ma hi ac ydy hi'n iawn. Yn iach. Yn hapus."

"A chi moyn i fi ffeindio mas?"

"Mi dala i am dy amsar, wrth gwrs," meddai Glenda.

Oedodd Sally a meddwl am y peth. Yfodd ei the wrth wneud. Roedd hi off gwaith am bythefnos, er nad oedd hi eisiau datgelu hynny o flaen ei mam. Hen ddigon o amser i ddod o hyd i Luned a Lee ac adrodd yn ôl i Glenda. Ac ymarfer da o ran gwaith ymchwilio. Gwaith ditectif, hynny yw. Heb os, roedd y cynnig yn apelio. "Cyn i fi gytuno, allwch chi gadarnhau mai'r *unig* beth chi moyn i fi neud yw dod o hyd i'ch merch chi. So chi moyn i fi gysylltu â hi mewn unrhyw ffordd... rhoi neges iddi na dim byd fel 'na?"

"Os allat ti ddeud wrthi'n bod ni'n 'i cholli hi. Ac y bysan ni'n licio tasa hi'n gyrru gair, bysa hynny'n champion. Dwi'm yn disgw'l dim mwy na hynny."

"Sut berthynas sydd gennych chi a Luned? Ydych chi'n agos? Fyddech chi'n dweud eich bod chi'n ffrindiau?"

Trodd Glenda ac edrych trwy'r ffenest i gyfeiriad y mynydd. Anadlodd yn drwm cyn troi'n ôl at ei gwesteion. "Roeddan ni'n arfar bod, sti. Yn rêl ffrindia. Gneud popeth efo'n gilydd. Gwaith o gwmpas y fferm, cyfeilio a chanu mewn eisteddfoda, gwnïo, gwau, pob math o betha..."

"Ond?" Prociodd Sally, pan drodd Glenda'i phen yn ôl i gyfeiriad y ffenest.

Cododd Glenda'i 'sgwyddau'n drist. "Mae hi 'di tyfu fyny, 'do. Ei blaenoriaethau 'di newid, 'na i gyd. Snam byd 'di digwydd rhyngon ni. Dydy'r berthynas heb suro. Wel, ddim o fy safbwynt i, o leia. Mae hi 'di syrthio mewn cariad. Ac roedd hi a Lee'n gwbod yn iawn sut bydda ei thad a'i brawd yn ymatab. Dyna pam a'th hi... Dwi jyst angan gwybod ei bod hi'n iawn..." Llifodd y dagrau a chododd Kitty i'w chofleidio. O'i chadair, gwyliodd Sally ei mam yn mwytho gwallt ei ffrind.

Doedd dim amheuaeth ei bod hi, Sally, yn caru ei mam, ond gallai uniaethu ag ysfa Luned i redeg i ffwrdd. Gallai hefyd ddychmygu ymateb Glenda a'i gŵr i'r newyddion bod eu merch yn feichiog. Byddai ei mam hithau wedi chwythu'i thop petai'r un peth wedi digwydd i Sally pan oedd hi'n ddeunaw oed.

"Ydych chi wedi ceisio'i ffonio hi?" gofynnodd Sally.

"Dim atab. Byth."

"Beth am *Find My Phone*?"

"Ma Brychan wedi trio, ond dim lwc. Dwi'n ama'i bod hi wedi newid ei rhif, neu brynu ffôn newydd."

Ar ôl cytuno ar bris am y gwaith, anfonodd Glenda ffoto cyfredol o Luned at ffôn Sally a rhannu manylion mam Lee â'r blismones. Yna, ffarweliodd Sally a Kitty â fferm Troed yr Aur ac anelu'n ôl i gyfeiriad Amlwch, gyda meddwl Sally'n rasio i bob cyfeiriad wrth iddi geisio rhoi trefn ar gonglfeini'r archwiliad. Teimlodd gyffro yn ei bol. Heb os, byddai treulio cwpwl o ddyddiau'n chwilio am Luned a Lee yn llenwi oriau ei gwaharddiad yn llawer gwell na marathon Netflix arall.

*

Ar ôl cinio o gawl tomato a bara Ffrengig, aeth Kitty i 'ymlacio' o flaen y bocs er, yn ôl y disgwyl, roedd hi'n chwyrnu'n dawel wrth i gyflwynwyr *Prynhawn Da* barablu yn y cefndir. Gwisgodd Sally ei hesgidiau cerdded unwaith yn rhagor, yn barod am berwyl y prynhawn.

Yn ôl Glenda, roedd Karen Jones, mam Lee, yn gweithio bob awr o'r dydd, un ai'n glanhau tai haf yr ardal, neu'n tynnu peints yn nhafarn yr Angor. Dyfalodd Sally y byddai'n cadw oriau gwaith anghyson, felly penderfynodd fynd i guro ar ddrws ei chartref yn y gobaith o osgoi gorfod galw yn y dafarn yn nes ymlaen a chynnal y sgwrs mewn man cyhoeddus. Daeth o hyd i siop elusen Annie's, a chanu'r gloch i'r fflat uwch ei phen. Gwasgodd y botwm bum gwaith cyn rhoi'r gorau iddi. Wrth sefyll yno ar stryd fawr y dref druenus, yn ystyried beth i'w wneud nesaf, agorodd drws y siop y tu ôl iddi.

"Ti'n chwilio am Karen, dol?"

Trodd Sally yn yr unfan, a dod wyneb yn wyneb â hen fenyw felyn ei chroen. *Jondis neu nicotin?* dyfalodd Sally. Pesychodd y fenyw. *Nicotin!*

"Ydw," atebodd â gwên, yn y gobaith o gael cymorth.

"Mae hi yn yr Angor, sti. Gweithio dyblar, 'de." Pwyntiodd i lawr y stryd. Dilynodd Sally ei bys a gweld y dafarn rhyw ganllath i ffwrdd, drws nesaf i Spar.

"Diolch," gwenodd Sally arni eto.

Camodd i'r dafarn ac edrych o gwmpas. Dau foi ifanc yn chwarae pŵl, un canol oed ar y peiriant gamblo, a wariar yn ei saith degau wrth y bar, yn siarad â'r farforwyn. Karen Jones, heb os nac oni bai. Pwysodd Sally ar y bar ac edrych ar y wal o wirodydd o'i blaen. Trodd, ac edrych o'i chwmpas unwaith eto. Roedd nenfwd isel y dyfrdwll a'r ffenestri bach brwnt oedd heb gael eu golchi ers yr oes ager yn rhoi naws tanddaearol i'r lle. Tafarn go iawn, heb gael ei rheibio gan y corfforaethau.

"Be gymi di?" gofynnodd Karen Jones.

"Guinness a blac, plis."

"Peint?"

"Ie."

Wrth i Karen arllwys y stowt, meddyliodd Sally sut i ddechrau'r sgwrs. Yn y diwedd, aeth yn syth at wraidd y mater. "O's munud neu ddwy 'da chi i siarad am Lee a Luned?"

gofynnodd. Bu bron i Karen ollwng y gwydryn a gwelwodd ei hwyneb ar unwaith. "Pam, be sy 'di digwydd?"

"Dim byd!" ebychodd Sally, gan ddifaru peidio â bod tipyn mwy cynnil. "Sori am roi braw i chi. Dwi'n gweithio i Glenda Jones, Troed yr Aur..."

Nodiodd Karen yn araf ar hynny. "Gad fi estyn fy ffags. Ewn ni allan i'r ar' i siarad."

Cododd Sally'r gwydryn peint ac anelu am y drws cefn.

"Colin!" clywodd Karen yn gweiddi y tu ôl iddi. "Dwi'n mynd am smôc! Gwatshia'r bar i mi am bum munud."

Yn yr ardd, eisteddodd y ddwy ar fainc bob ochr i fwrdd pren yn wynebu'i gilydd. Taniodd Karen sigarét a chwythu'r mwg tua'r ffurfafen. Ni chynigiodd un i Sally.

"Diolch am siarad 'da fi, Karen. Sally Morris ydw i a dwi'n blismones yn nhre Gerddi Hwyan yn y de."

Estynnodd Karen ei llaw ar draws y bwrdd i Sally gael ei hysgwyd. Wrth wneud, archwiliodd Sally ei hwyneb. Roedd straen ei bywyd yn amlwg yn y rhychau dwfn o amgylch ei cheg a'i llygaid, a chroen lledraidd ei llaw. Heb sôn am ei gwallt seimllyd a'i dannedd melyn. Dwy swydd sylfaenol i dalu am fflat fach yn nhwll tin Ynys Môn. Un briodas chwâl. Un mab afradlon. Doedd dim syndod bod Karen yn edrych mor lluddedig. Dyfalai Sally ei bod tua 35 oed, er ei bod yn edrych yn agosach at hanner cant.

"Bell o adra, yn dwyt?"

"Mae fy mam yn byw yn Amlwch ac mae ei ffrind, Glenda, yn poeni am ei merch. Mae hi 'di gofyn i fi ddod o hyd iddi. Dim i ddod â hi adre. Mae hi jyst eisiau gwbod ei bod hi'n iawn ac yn iach."

"A be t'isho genna i?"

"Ydych chi wedi clywed gan Lee yn ddiweddar?"

"Dim ers rhyw bythefnos. Ffoniodd o i ddeud eu bod nhw 'di cyrraedd Caerdydd yn saff. 'Chydig o ddyddiau ar ôl i dad a brawd Luned fy mygwth."

"Eich bygwth chi? Pam?"

"Ddaethon nhw yma, i'r pyb, y noson ddudodd Luned wrthyn nhw am y babi. O'n nhw'n chwilio am Lee, yn cario gynnau. Reiffls hela. Y ddau dop caetsh ac am waed Lee fi."

"Wnaethoch chi ffonio'r heddlu?"

"I be?" Edrychodd Karen arni'n hurt. "Ffarmwrs," ychwanegodd, fel tasai hynny'n esbonio popeth.

"Oeddech chi'n gwbod am eu cynlluniau?"

Nodiodd Karen ei phen unwaith eto. "Fi a Lee yn reit agos. Ges i fo pan o'n un deg chwech, sti. Ac ma gynnon ni berthynas agored. Trio bod yn onest efo'n gilydd. O'n i'n gwbod bod Luned yn feichiog ac o'n i'n gwbod 'u bod nhw'n bwriadu mynd i Gaerdydd."

"Ydych chi'n gwbod ble maen nhw'n aros?"

Ysgydwodd Karen ei phen y tro hwn. "Na. Ffoniodd o i ddeud 'u bod nhw wedi cyrraedd a bod Mo yn cofio ata i."

"Mo?"

"Aled Price, un o hen ffrindia Lee. O'r ysgol gynradd. Ella'u bod nhw'n aros efo fo, ond dwi'm yn siŵr, 'de."

"Ydy cyfeiriad Mo 'da chi?"

"Gen i gyfeiriad ei fam, os t'isho hwnnw."

Nododd Sally'r cyfeiriad yn ei llyfr nodiadau. Taniodd Karen ail sigarét.

"Jyst isho dianc oeddan nhw, ti'n dallt. Ti 'di cwarfod â mam Luned, 'do... Wel, oedd hi braidd yn overbearing, tra oedd y tad a'r brawd yn overprotective, ia. Doedd neb yn ddigon da i'w Luned nhw, yn enwedig Lee."

"Dwi'n deall bod Lee wedi bod yn gweithio yn fferm Troed yr Aur ers peth amser."

"Do. Yn gweithio'n galad, heb ddiolch a heb gyflog teg chwaith. Os ti'n gofyn i fi, mi oeddan nhw'n cym'yd mantais, ond s'nam llawar o waith yn yr ardal 'ma, 'lly rhaid derbyn be bynnag sy ar gael."

"Oes ffoto o Lee gyda chi y galla i gael? Fi'n bwriadu mynd i Gaerdydd i chwilio amdanyn nhw."

Tecstiodd Karen lun diweddar o'i mab i Sally, a chyfnewidiodd y ddwy eu rhifau ffôn.

"Allech chi dreial ei ffonio fe?" gofynnodd Sally. "Ma fe'n fwy tebygol o ateb eich rhif chi na rhif dieithr?"

Daeth Karen o hyd i rif ffôn ei mab a gwasgu'r botwm gwyrdd. Gallai Sally glywed y *bring-brings* o'r lle'r oedd hi'n eistedd. Canodd y ffôn am amser hir.

"Dim atab," cododd Karen ei 'sgwyddau'n ddi-hid. "Dwi'm yn poeni, sti."

"Ma'r ddau ohonyn nhw'n oedolion," meddai Sally.

"Yn union. Ac ma Lee yn weithiwr calad. Grafter. Neith o ofalu am Luned a'r babi, dwi'n gwbod hynny."

"Fel wedes i, ma Glenda jyst eisie cadarnhad 'u bod nhw'n iawn. Dim mwy na hynny."

"Digon teg. Ti 'di siarad efo'i thad a'i brawd hi eto?"

"Nhw sydd nesa."

"Pob lwc," meddai Karen, gan dagu'r sigarét mewn blwch llwch a chodi ar ei thraed i ddychwelyd at y bar.

Arhosodd Sally yn yr ardd i orffen ei pheint. Yn ei phen, gwelodd dad a brawd Luned yn dod â'u gynnau i'r dafarn ar drywydd Lee Jones. Sdim rhyfedd bod y cwpwl ifanc wedi ffoi. *Ffarmwrs*! meddyliodd, wrth arllwys gwaddodion y stowt melys lawr ei chorn gwddf.

*

Aeth Sally adref at ei mam a threulio gweddill y dydd yn ei chwmni. Ar ôl swper hyfryd o eog, tatws, salad a saws lemwn, gwyliodd y fam a'r ferch ddwy bennod gyntaf ail gyfres *Bang!* ar y bocs, wrth yfed gwin coch a bwyta llawer gormod o siocledi. Y bore canlynol, cerddodd y ddwy i Borth Llechog ar hyd llwybr yr arfordir, mewn ymdrech annigonol i losgi caloriïau'r noson gynt. Ffarweliodd Sally â'i mam ar ôl cinio, gan addo dychwelyd yn y dyfodol agos. Ond, cyn cychwyn ar y daith i'r de, gyrrodd i gyfeiriad fferm Troed yr Aur yn y gobaith o gael gair gyda thad a brawd Luned. Wrth agosáu at y tyddyn, gwelodd ddau ddyn yn gyrru cwads ar lethrau Mynydd Parys, gan fugeilio'u praidd yn y modd modern.

Parciodd ei char ger y glwyd a gadael digon o le i gerbyd arall basio ar hyd y ffordd. Pwysodd ar yr iet a gwylio'r ffermwyr wrth eu gwaith. Gyda chymorth tri chi, gwthiwyd y defaid i gornel pella'r cae, lle gallai Luned weld clwyd yn arwain at gae arall. Diflannodd y defaid trwy'r bwlch yn y clawdd, ac ystyriodd Sally weiddi arnynt mewn ymdrech i fynnu sylw'r gweithwyr. Ond ni wnaeth, achos ni fyddent yn ei chlywed dros rymial parhaus y cwads. Yn hytrach, dechreuodd chwifio'i breichiau fel menyw wyllt yn y gobaith o ddal eu sylw. Gwelodd ben un o'r ffigurau'n troi i'w chyfeiriad, wrth i'r llall yrru trwy'r glwyd ar drywydd y defaid. Yn hytrach na'u dilyn, caeodd yr ail ffigur y glwyd, neidio'n ôl ar ei feic a sgramblo i gyfeiriad Sally. Estynnodd ei llyfr nodiadau o'i phoced er mwyn gwirio enwau'r dynion. Wrth i'r beic agosáu, daeth yn amlwg mai Brychan, brawd Luned, oedd yn gyrru tuag ati.

"Can I help you with anything?" gofynnodd Brychan mewn Saesneg pwyllog, dros sŵn dwfn yr injan.

"Sally Morris ydw i," gwaeddodd y blismones. "Ges i gyfarfod gyda dy fam ddoe."

Diffoddodd Brychan yr injan. Gwyddai y byddai angen tawelwch ar gyfer y sgwrs yma. Camodd oddi ar ei farch, pwyso ar y glwyd a mynd ati i rolio mwgyn. Nododd Sally'r reiffl hela a'r ddwy gwningen farw ar gefn y cwad. Nid estynnodd Brychan law at Sally i'w hysgwyd, ond o weld y baw oedd yn gorchuddio'i rofiau nid oedd hi'n poeni rhyw lawer am y diffyg ffurfioldeb.

"Soniodd hi," meddai Brychan, gan danio'i rôl a sugno'r mwg yn ddwfn i'w sgyfaint.

"Beth wyt ti'n feddwl o'r sefyllfa?" Trodd Sally i edrych ar wyneb y ffarmwr. Roedd ei groen brown tywyll yn gwrthgyferbynnu'n llwyr â'i lygaid llwydlas, a'r gwallt cyrliog tonnog yn annhebyg i unrhyw beth roedd Sally wedi'i weld ar ben ffarmwr o'r blaen. Am hanner eiliad, cafodd ysfa i gyffwrdd â'r cyhyrau oedd yn llechu o dan ei grys-t tyn. "Wyt ti'n poeni am dy chwaer o gwbl?"

"Ti'n blismonas, yn dwyt?"

Atebodd Sally, er ei bod yn amau mai datganiad oedd hynny, nid cwestiwn. "Ydw. Yng Ngerddi Hwyan. Ger Maesteg. Ddim yn bell o Ben-y-bont."

Nodiodd Brychan a chwythu mwg i'r awyr. Newidiodd cyfeiriad y gwynt a gwthio'r llygredd i gyfeiriad wyneb Sally. Chwifiodd ei llaw er mwyn ei waredu.

"Felly dwi'n siŵr dy fod ti wedi siarad efo Karen Jones hefyd."

"Do. Ges i sgwrs gyda hi ddoe."

Nodiodd Brychan eto, cyn troi ac edrych ar Sally am y tro cyntaf, ei lygaid yn ei hudo, fel y neidr o'r *Jungle Book*. "Felly ti'n gwbod am y ddrama?"

"Yndw."

Plygodd Brychan ei ben, gan orffwys ei ên ar ei frest. Taflodd ei rôl i'r llaca a dechrau siarad yn dawel. "Dwi'm yn prowd o'r ffor 'nes i drin Lee, sti. Doedd o ddim yn haeddu'r holl shit roddodd Tada a fi iddo fo. Mae o'n fecanig gwych. Y gorau dw i 'rioed 'di'i weld. Tynnu coes oeddan ni, deud gwir, 'de. Er, o sbio 'nôl, ella nad oedd Lee yn gweld petha yn yr un ffordd."

"Dwedodd Karen eich bod chi am ei ladd e."

Ysgydwodd Brychan ei ben ar hynny. "Na, na, na. Dangos ein hunain, 'de. Y niwl coch a ballu. Do'n i ddim yn meddwl dim…"

"Ond aethoch chi i'r Angor ar ei ôl e."

"Gwir." Ysgydwodd Brychan ei ben unwaith eto. Roedd yr atgof yn amlwg yn pwyso ar ei feddwl. "Oedd Dad yn gandryll pan glywodd o am y babi…"

"A beth amdanat ti?"

Ochneidiodd Brychan. "Dwi'n foi penboeth. Mab 'y nhad, os ti'n dallt. Pan ffrwydrodd Tada wrth glywad mai Lee oedd tad y babi – ei ddarpar ŵyr, cofia – mi oedd o'n teimlo fel tasa Lee a Luned wedi ei dwyllo. Yn cnychu tu ôl i'w gefn, neu ryw shit. Es i efo fo, do, ond cododd y niwl coch cyn i mi gyrraedd pen y lôn."

"Ond beth am yr hyn ddigwyddodd yn yr Angor?"

Cododd Brychan ei 'sgwyddau unwaith yn rhagor. "O'n i ddim yn mynd i'w ladd o. Wedi colli'n penna, dyna i gyd. O'dd Mam ar chwâl pan gyrhaeddon ni adra. Luned 'di mynd. Lee wedi diflannu. A'r babi. Persbectif, 'de. Mi galliodd Tada a minna'n reit gyflym."

"A beth am nawr?"

"Fel ddudodd Mam, 'dan ni isho gwbod 'i bod hi'n iawn.

Hi 'di'n chwaer fach i wedi'r cwbwl. Baswn i'n gneud unrhyw beth i'w helpu hi, sti. Dim ond gofyn fysa angan iddi, 'de."

"A dy dad?"

"Ma Luned yn oedolyn, tydi? Felly geiff hi neud be bynnag, a byw ble bynnag. Basa Tada'n ei chofleidio'n dynn a dechrau crio tasa hi'n dod adra rŵan. Fel Mam a fi, mae o isho gwbod ei bod hi'n fyw ac yn iach. Dyna'r cam cynta, 'de."

"Cam cynta?"

"Ia siŵr. Ma'n nhw 'di colli eu merch, ac yn ofn colli pob cysylltiad efo Luned a'r babi. S'nam byd arall o bwys, deud gwir. Ma'n nhw isho adfar y berthynas, os 'di hynna'n bosib. A finna 'fyd. Dim ond un teulu gei di, 'de."

"Ie wir," atebodd Sally. "Diolch. Gei di fynd 'nôl at dy waith nawr."

"Pob lwc, 'de."

Ond cyn i Brychan gamu ar y cwad, syllodd yn syth at Sally gyda golwg ddifrifol ar ei wyneb.

"Beth?" gofynnodd hithau, gan ddisgwyl rhyw ddatgeliad mawr.

"Ti'n dŵad i weld dy fam yn amal?" gofynnodd y ffermwr, ei fochau'n gwrido ychydig.

"Ddim mor aml ag y dylen i," atebodd Sally. "Pam?"

"Rho showt tro nesa ti fyny. Ewn ni am beint bach. Os t'isho, 'de."

Gwyliodd Sally fe'n mynd, y cwad yn sgrialu trwy'r cae gan dasgu baw y tu ôl iddo. Ystyriodd ei gynnig yn gyntaf. Byddai'n sicr yn 'rhoi showt' iddo'r tro nesaf y byddai'n dod i Amlwch. *Heb os!* Gwenodd a theimlo'r gwefrau'n tanio. Yna, ystyriodd ei atebion. Gwyddai fod pawb yn gallu gor-ymateb o bryd i'w gilydd. Ond roedd brawd Luned yn ymddangos fel tasai'n edifar go iawn am yr holl helbul. Y ffordd roedd e wedi trin Lee, a'r ffordd y gwnaeth ef a'i dad ymateb ar y noson dyngedfennol. Byddai wedi hoffi cael gair â'i dad hefyd, ond roedd ganddi ddigon i ddechrau ar ei gwaith ar ôl dychwelyd i'r de.

Cyn camu i'w char a dechrau ar ei siwrne, syllodd ar y mynydd copr am sbel. Roedd rhywbeth mor rhyfedd yn ei gylch. Ni ddylai fod yma rywffordd. Fel ploryn euraid yn ymwthio o'r glasdir, nid oedd yn perthyn i'r tirlun hwn. Gwibiodd y cymylau heibio uwchben, fel defaid anferth yn cael eu corlannu gan rymoedd arallfydol, a distawodd grymial injan cwad Brychan wrth iddo bellhau oddi wrthi ar drywydd ei dad, ar drywydd ei braidd.

Croesffordd

DYDD GWENER ARALL. Wythnos o waith wedi mynd rhagddi, mewn corwynt o garbiwretors a chapuccinos. Mewn amrantiad, roedd y penwythnos wedi cyrraedd. Deuddydd o ryddid. O ddiogi. O garu. O rannu. Roedd bywyd yn dda, a Luned a Lee yn dal yn methu credu eu lwc. Am hanner awr wedi saith y bore ar gornel Stryd Bute, cofleidiodd y cariadon, cusanu, a gwahanu. Ar droed, anelodd Lee i gyfeiriad Grangetown a'r garej ger Heol Penarth; tra aeth Luned am y Bae, y morglawdd a'i gweithle ym Mhenarth. Roedd yr hydref yn ei anterth bellach; y dail yn cwympo'n garped llithrig a lliwgar ar lawr, y gwynt yn fain wrth chwipio dros y môr o gyfeiriad ynysoedd Echni a Ronech, a chefn pob cerddwr fel petai wedi'i grymu mewn ymdrech i osgoi bysedd oer yr awel. Roedd tonnau llwydfrown Môr Hafren yn adlewyrchu lliw'r cymylau fry a gallai Luned synhwyro'r glaw anochel yn yr atmosffer, er nad oedd wedi dechrau pigo bwrw eto. Chweched synnwyr pob ffarmwr – a hyd yn oed rhywun fel Luned, oedd wedi cael ei magu ar aelwyd amaethyddol, heb erioed fwriadu aros yna trwy gydol ei hoes – oedd y gallu i ragweld glaw. I ragweld unrhyw newid yn y tywydd, a dweud y gwir.

Ym mwrllwch ei hatgofion, fel plentyn, gallai gofio rhyfeddu wrth wylio pen ei thad yn plycio, ac yna ei lygaid yn syllu tua'r gorwel i gyfeiriad y mynydd copr, cyn datgan,

"Glaw" fel rhyw Americanwr brodorol ar y paith. Nid oedd hi wedi meddwl am adre ers peth amser. Ers cael swydd. Ers i'w dyddiau gael eu llenwi ag ager y peiriant coffi ac archebion dieithriaid di-rif y deli. Roedd hi wrth ei bodd gyda gwaith sylfaenol y deli ac ochr gymdeithasol y caffi. Wrth gwrs, roedd ganddi ddyheadau ac uchelgeisiau mwy mawreddog ar gyfer ei dyfodol gyrfaol, ond am nawr roedd ei swydd yn ticio pob blwch gofynnol. Teimlodd blwc o euogrwydd. Dylai adael i'w mam wybod ei bod hi'n iawn. *Shit!* Dylai ddweud wrth ei mam am y babi. Roedd yr holl helbul yn teimlo fel hen hanes, er mai tair wythnos yn unig oedd wedi mynd heibio ers iddi ei golli. Ystyriodd ffonio'i mam ar unwaith, ond rywffordd ni allai ddod o hyd i'r egni, i'r dewrder angenrheidiol, cyn wyth y bore. Wrth ddringo'r allt serth oedd yn cysylltu Marina Penarth â'r dref ei hun ar gopa'r clogwyn, gwnaeth nodyn meddyliol i wneud yn iawn am hynny dros y penwythnos. Wedi'r cyfan, roedd hi a Lee yn llwyddo, yn ffynnu hyd yn oed. Roedd ganddynt gartref clyd a swyddi, bwyd yn eu boliau a phetrol yn y fan. Roedd y posibiliadau'n ddi-ben-draw a'r pryderon cychwynnol a fu ganddi wedi tawelu, wedi diflannu. Wel, wedi'u claddu a'u hanghofio am y tro, ta beth.

*

Gyda'i ben yn y cymylau a'r breuddwydion yn ymestyn tua'r gorwel, roedd Lee yn agosáu at yr ystad ddiwydiannol lle'r oedd garej BR Edwards & Son, oddi ar Heol Penarth, pan sgrialodd car rownd y cornel; padiau'r brêc yn sgrechen a'r teiars yn llosgi ar y llawr. Bu bron iddo gael harten, gan nad oedd eto'n ddigon effro i ddelio â'r fath gyffro. O ganlyniad, ni welodd Lee y rhif cofrestru ond, yn reddfol, nododd y mêc. VW Golf. TDI, yn hytrach na GTI, o ystyried traw isel yr injan. Lliw llwyd. Ffenestri tywyll. Nid oedd modd gweld pwy oedd yn gyrru, hyd yn oed petai wedi ymateb yn gyflymach, mewn pryd i gael pip ar Gwyndaf Evans Grangetown. Gwyliodd Lee y Golf yn gwau trwy'r traffig boreol ar Heol Penarth, gan ddiflannu i ganol y cerbydau. Cododd ei 'sgwyddau a'i throi hi am y gwaith. Roedd gyrwyr gwyllt ym mhobman. Gwyddai hynny, gan ei fod ef yn arfer bod yn un ohonyn nhw. Nes iddo yrru car bach ei fam i mewn i wal ar gyrion Llangefni, rhyw ddeufis ar ôl pasio'i brawf. Y peth trist am y profiad oedd nad oedd Lee yn dangos ei hun i neb, jyst yn gor-yrru er difyrrwch. Er diflastod. Calliodd ar ôl y ddamwain. Ac o fewn dim, roedd rhywbeth llawer gwell yn mynnu ei sylw. Luned.

Trodd y cornel. Teimlodd ryw ias ryfedd yn corddi yn ei fogel. Gwyddai o bell bod rhywbeth o'i le. Craffodd i gyfeiriad y garej, ar ben draw'r pengaead diwydiannol. Arafodd ei gamau. Cyflymodd curiad ei galon. Ers tridiau, Lee fyddai'n agor y garej ben bore. Am wyth. Oherwydd bod Luned yn gadael am ei gwaith am hanner awr wedi saith, byddai Lee'n gwneud yr un peth, gan gyrraedd y garej yn gynnar. Pierre oedd y porthor, tan iddo ef wneud cais i gyrraedd erbyn hanner awr wedi, dechrau swyddogol y diwrnod gwaith. Cytunodd Lee i dderbyn y cyfrifoldeb. Gallai adael hanner awr cyn ei gydweithwyr ar ddiwedd y dydd hefyd, oedd yn rhoi mwy o amser i Luned ac yntau dreulio yng nghwmni'i gilydd. Win-win. Ond heddiw, o ryw ganllath a hanner i ffwrdd, yn sefyll ar y pafin tu fas i'r micro-fragdy oedd byth ar agor, gallai Lee weld bod y drws bach oedd yn rhan o'r caead diogelwch dur ar flaen y garej yn siglo yn y gwynt. Nid dyma'r drefn. Petai un o'i gydweithwyr wedi cyrraedd o'i flaen, y peth cyntaf y byddai hwnnw wedi'i wneud fyddai agor ceg y garej, neu o leiaf gau'r drws bach ar ei ôl wrth gamu i'r gweithle.

Â'r adrenalin yn rhuthro trwy ei gorff, aeth Lee yn ei flaen gan wrando'n astud, rhag ofn i ryw sŵn ei rybuddio i gadw draw. Gallai glywed y traffig ar Heol Penarth a'r gwylanod fry yn gwichian yn flin ar ei gilydd, ond nid oedd unrhyw sŵn yn dod o'r garej. Gafaelodd yn dynn yn strap y gwarfag ar ei ysgwydd, a chogyrnau ei law dde yn troi'n wyn dan y straen. Cyrhaeddodd ffin yr eiddo. Roedd y glwyd ar agor, a'r clo clap heb ei ddifrodi. Roedd hynny'n awgrymu mai un o'i gydweithwyr oedd yma. Fflachiodd y Golf yn ei ben. Clywodd yr olwynion yn sgrechen a'r rhwber yn llosgi. Diawliodd ei hun am beidio â nodi'r rhif cofrestru.

Oedodd.

Meddyliodd.

Anadlodd.

Gwrandawodd.

Edrychodd i lawr a gweld y gwaed yn disgleirio. Yn ddigamsyniol yn y dwst. Gwelodd yr olion yn ymestyn trwy'r ceir ar y buarth at ddrws y garej. Ambell ôl troed yn mynnu ei sylw yng nghanol y diferion cochfrown. Daeth y llwybr sgarlad i ben yn ddisymwth, reit ar y pafin lle'r oedd Lee yn sefyll. Gwyddai fod y Golf wedi parcio fan hyn, a hynny lai na phum munud yn ôl. Sadiodd ei hun er mwyn cario 'mlaen. Dilynodd y trywydd gwaedlyd at y drws, ei lygaid yn saethu i bob cyfeiriad, rhag ofn. Gwnaeth bob ymdrech i osgoi sefyll yn y gwaed. Byddai angen diogelu unrhyw dystiolaeth – roedd wedi gwylio digon o CSI i wybod hynny.

Cyn camu i mewn, oedodd. Anadlodd yn ddwfn unwaith eto. Dyfalodd fod y dynion drwg wedi ffoi, ond nid oedd hynny'n ddigon i atal ei galon rhag ceisio dianc o'i chawell.

Edrychodd i fyny a gweld bod y camera cylch cyfyng ger y fynedfa wedi'i rwygo o'r wal. Gorweddai ar lawr, wedi'i falu'n yfflon. Roedd dau gamera arall ym mhrif ystafell y garej, ac un yn swyddfa Max. Gwiriodd a gweld bod y ddau gamera gerllaw wedi'u malurio hefyd. Roedd hynny i'w ddisgwyl, wrth gwrs, ond yn ddim cysur chwaith. Dilynodd y gwaed i gyfeiriad y swyddfa. Roedd crombil y garej mor dawel ac iasol, gallai Lee glywed y cloc ESSO mawr ar y wal yn tic-tocian. Ers iddo ddechrau gweithio yma, nid oedd wedi sylwi ar hynny unwaith. Wrth basio, cododd sbaner mawr oddi ar fainc a gafael yn dynn ynddo. Gwyddai na fyddai'r cyfarpar yn lawer o her i fwled, ond roedd rhyw gysur i'w gael o deimlo'r dur yn ei ddwrn. Roedd drws y swyddfa'n gilagored a gwaed ffres wedi tasgu dros y pren a'r ffrâm. Tynnodd Lee lawes ei siwmper dros ei law ac agor y drws.

Gwelodd gorff Pierre yn hanner gorwedd ar y ddesg. Roedd gwn yn ei law a gwaed yn llifo o'i gorff. Ergyd i'r fron, mwya tebyg. Cronnai pwll bach ar y llawr o flaen y ddesg; y gwaed ffres yn llachar yng ngolau llychlyd y swyddfa. Rhwng y drws a'r ddesg, gorweddai corff arall. Nid oedd Lee yn ei adnabod, ond nid oedd angen bod yn dditectif i wybod mai un o'r Bandidos oedd wedi'i ddifa yn y dwst. Roedd ei ddillad gwaedlyd yn ddamniol a doedd dim gwadu ei gysylltiadau. Roedd yntau hefyd yn gafael mewn gwn. Yn seiliedig ar y llwybr gwaedlyd oedd yn arwain o'r garej, dyfalodd Lee fod o leiaf un person arall wedi dod yn gwmni iddo, a hwnnw hefyd wedi cael ei anafu gan fwled o wn Pierre. Showdown go iawn, a hynny cyn brecwast. Nid oedd Lee wedi gweld corff marw o'r blaen, a nawr roedd e'n edrych ar ddau. Ni allai beidio â syllu arnynt. Yn enwedig yr un ar y llawr, gan fod hwnnw'n edrych arno, ei lygaid gwydrog fel petaent yn pledio â Lee i'w dywys i'r ochr arall. Fel roedd wedi gweld pobl yn ei wneud mewn ffilmiau ac ar y teledu, cyrcydodd Lee a chau amrannau'r dyn marw. Cododd groen gŵydd dros ei gorff wrth gyffwrdd y meinwe cwyraidd. Camodd at Pierre, er nad oedd yn bwriadu ei symud na'i gyffwrdd na dim. Roedd ei gydweithiwr wedi ffarwelio â'r byd hwn a'i lygaid yn wynebu'r ddesg. Diolch byth. Anadlodd Lee. Tawelodd. Stopiodd y byd droelli ar ei echel. Rhoddodd drefn ar ei feddyliau. Aeth i estyn ei ffôn o'i boced, cyn cofio nad oedd yno. Trodd at y ffôn ar y ddesg. Ystyriodd alw'r heddlu, ond gwyddai nad dyna oedd y penderfyniad cywir. Ddim o dan y fath amgylchiadau. Yn hytrach, chwiliodd am rif ffôn Max, gan ddod o hyd iddo ar garden fusnes oedd wedi'i lynu at ffrâm sgrin y cyfrifiadur.

Wrth i'w lygaid grwydro'r stafell, sylwodd Lee ar y sêff yng nghornel y swyddfa. Nid oedd wedi ei gweld o'r blaen, yn bennaf am ei bod mor ddinod. Nid sêff anferth, fel roeddech chi'n ei gweld mewn ffilmiau heist, oedd hon – ond un debycach i'r rhai mewn ystafelloedd gwesty, i gadw pasport ac ati'n ddiogel. Roedd drws y sêff ar agor led y pen a gallai Lee weld pentwr o arian papur yn ei bol. Heb feddwl, trodd ei ben i weld pa siâp oedd ar y camera cylch cyfyng yn y cornel. Cyffrôdd ei galon wrth weld bod y camera wedi'i chwalu'n deilchion. Trodd yn ôl i edrych ar gynnwys y sêff. Saethodd ei lygaid o'r sêff at gorff Pierre, ac yna at y beiciwr ar y llawr. Rhuthrai ei feddyliau i bob cyfeiriad, gan ddychwelyd bob tro at yr un man. Mewn amrant, gwelodd ddyfodol gwell yn ymestyn o'i flaen. Busnes llewyrchus, teulu hapus a Luned wrth galon pob dim. Tynnodd y gwarfag oddi ar ei gefn. Agorodd y sip. A heb oedi, rhag ofn y byddai ei reddf yn ei atal rhag gwneud, gwagiodd y sêff a stwffio'r arian papur i'r bag.

Cyrhaeddodd Max a Billy Ray yn yr un car. Rhuthrodd Max i mewn i'r garej, ond arhosodd ei dad ar yr iard i gael gair gyda Lee, oedd bellach yn pwyso ar gefn Ford Mondeo, yn ceisio'i orau glas i reoli'r holl bilipalod oedd yn chwyrlïo yn ei fol.

"You ok?" gofynnodd y bòs, gan graffu ar y gweithiwr.

Teimlodd Lee ei lygaid yn sganio'i wyneb, yn chwilio am unrhyw arwydd, unrhyw rybudd, o dwyll.

"Aye. Well. Not really. I mean, I've never seen a dead body before. Not even at a funeral, you know. Open casket or whatever..." Cododd ei law a cheisio'i hatal rhag crynu. "Look at me! I can't stop shaking."

Nodiodd Bill ar hynny, wrth i lais Max udo a diawlio yn y cefndir. Dyfalodd Lee mai'r sêff wag oedd y rheswm dros y rhegi, yn hytrach na'r cyrff marw.

"You didn't call anyone else, did you?"

Ysgydwodd Lee ei ben. "No way. I knew you'd want to deal with this yourself."

"Good lad."

Camodd Max o'r garej, ei wyneb cyn goched â'r gwaed ar lawr ei swyddfa, a gwythiennau ei wddf bron â thorri trwy'r croen. "All gone," meddai wrth ei dad, cyn troi at Lee. "Did you see anythin'?" Syllodd yn gyhuddgar. "Anyone?"

Ysgydwodd Lee ei ben, cyn cofio'r Golf. "I saw a car. A grey VW Golf. TDI."

"Where?"

"It roared past me onto Penarth Road around five to eight."

"Did you get the reg?"

"No. I didn't think anything of it, until I got here."

"Fair enough," meddai Max, gan dawelu ychydig. "I've got a pretty good idea who it was anyway."

"How?" gofynnodd ei dad.

"Cos Big Earl's lying in a pool of blood in the office."

"Where's Pierre then?" gofynnodd Bill.

Roedd Lee wedi dweud wrth Max ar y ffôn am anffawd y mecanig, a rhaid ei fod wedi rhannu'r wybodaeth gyda'i dad ar y ffordd draw.

"Slumped on the desk. They must've shot each other."

"He must've hit the other one too," meddai Bill, gan ystumio at y llwybr gwaedlyd.

Nodiodd Max wrth syllu ar y llawr. "I've got a few phonecalls to make," meddai, a throi a chamu'n ôl tuag at y drws. Cyn diflannu, edrychodd ar Lee. "Not a word. Not a fuckin' word. I mean it," rhybuddiodd.

Nodiodd Lee, ac edrych ar Bill. Er bod yr ofn yn corddi ynddo, nid oedd dewis ganddo ond ceisio bod yn cŵl. "D'you want me clean up the blood or something?"

Ysgydwodd Billy Ray ei ben. "You're alright, son. We'll call in the specialists for this one. It'll probably take a few days to sort out, though. Head home. Take it easy. Enjoy the weekend. We'll buzz you when you can come back to work. Might even be Monday."

"You sure?"

"Aye. But as Max said, not a word. To anyone. Ok?"

Gwnaeth Lee ystum cau sip ar draws ei geg, cyn teimlo fel ffŵl ar unwaith. Cododd ei warfag o'r llawr ger ei draed, gan geisio symud mor naturiol ag y gallai, er iddo deimlo fel petai'n cerdded trwy driog. Ond ni sylwodd Bill am ei fod wrthi'n tynnu papur hanner can punt o'i waled.

"Have a few beers on me, son. We'll see you soon, ok."

*

Heddiw, roedd y daith yn ôl o Benarth ar ddiwedd dydd yn heriol tu hwnt, gan nad oedd Luned wedi cael cyfle i eistedd hyd yn oed am funud yn ystod ei sifft. Doedd dim stop ar y cwsmeriaid, ac felly dim egwyl i'r un o'r gweithwyr. Bwytaodd frechdan rywbryd tua chanol dydd, er nad oedd hi bellach yn gallu cofio beth oedd rhwng y tafelli bara. Pan fyddai'n cyrraedd adref, yr unig beth fyddai hi eisiau ei wneud oedd bwyta, gwylio 'bach o deledu a chwympo i gysgu. Ond nid o reidrwydd yn y drefn yna. Cafodd sioc hyfryd ar ôl dringo'r grisiau i'r fflat. Roedd Lee wedi paratoi bwyd. Wel, roedd Lee wedi prynu têc-awê o'r bwyty Indiaidd drws nesaf, oedd yn well fyth ym marn Luned. Ar ôl bochio mewn i'r tikka masala, yr aloo gobi a'r daal madarch blasusaf erioed, cwtsiodd y cariadon ar y soffa a dechreuodd Lee siarad am deithio. Trwy gydol eu perthynas, byddai'n gwneud hynny'n aml. Roedd rhyw ysfa ynddo i weld y byd, ac roedd Luned yn awyddus i fynd yn gwmni iddo. Clywodd e'n cyfeirio at Indonesia, Colombia, Barcelona a Brisbane, cyn i'r blinder ei threchu. Cwympodd i gysgu gyda thonnau'r môr yn goglais ei bodiau a gwên foddhaus ar ei gwefusau. Gwyliodd Lee hi'n hwylio i ffwrdd, gan wybod na fyddai modd iddynt aros yma lawer hirach.

Ar y Trywydd

Ar ôl gyrru adref o Amlwch, ni allai Sally ymlacio heb sôn am ystyried ceisio cwympo i gysgu. Diolch i'r pellter daearyddol rhwng cartref ei mam a Gerddi Hwyan, llwyddodd dros y dyddiau diwethaf i wthio Jac Edwards i gefn ei meddyliau a'i gladdu'n ddwfn ym mherfeddion ei chof. Ond nawr, a hithau'n ôl yn ei milltir sgwâr, roedd y diawl yn llechu rownd pob cornel; gwên wresog ar ei wep a diod llychwin yn ei afael. Rhodd fechan halogedig i'w ddarpar ddioddefwyr. Yn ofer, ceisiodd Sally gofio manylion y noson roedd hi'n amau iddo ei cham-drin. Ond dim oedd dim. Ac roedd hynny'n gwneud iddi ei amau fwy fyth, gan nad oedd hi wedi yfed digon o alcohol i gael yr un effaith. Twll du llethol, gydag islif o gywilydd. Ni wyddai pam y teimlai fel yna. Cyflyru cymdeithasol? Canrifoedd yn byw dan rym patriarchaeth? Beth bynnag oedd yr ateb, doedd dim rhyfedd nad oedd hanner yr achosion o drais yn y DU yn cael eu hadrodd i'r awdurdodau. Gorweddodd ar ei chefn yn ei gwely, a golau oren y lamp ar y stryd tu fas yn ymestyn i'r ystafell trwy'r hollt yng nghanol y llenni, gan daflu cysgodion i'r corneli. Clywodd gi yn cyfarth gerllaw, a seiren car heddlu yn y pellter. Crwydrodd ei meddyliau a dychmygodd Dona'n dileu'r fideo o'i ffôn yn Kos. Trodd ar ei hochr a gwthio clustog rhwng ei phengliniau. Er nad oedd yn noson gynnes, gallai deimlo'r chwys ar y gobennydd wrth droi. Yna cofiodd bod bron holl aelodau staff bwyty Parentis wedi gweld y fideo hefyd. Dylai hynny fod yn hen ddigon i glirio'i henw. Neu o leiaf i gyfiawnhau ei gweithred. Tawelodd cyfarth y ci. Cwympodd Sally i gysgu.

Roedd hi'n barod i fynd am wyth y bore wedyn. Ond, cyn neidio i'r car ac anelu am y brifddinas, cododd y ffôn a deialu rhif Daf. Atebodd bron ar unwaith.

"Hei, Sal."

Ar ôl rhyw fân siarad am funud fach, aeth Sally ati i ddweud wrth ei phartner am ei hachos cyntaf fel ditectif preifat.

"Ffycin' hel, Miss Marple!" ebychodd Daf ar ôl iddi orffen. "Mae'n swno fel achos peryglus iawn."

"Ti'n fodlon helpu fi neu be?" gofynnodd Sally, gan anwybyddu'r coegni.

Roedd Daf yn dal i chwerthin.

"Wrth gwrs. Rho'r rhif i fi eto i fi gael checo'r ANPR."

Rhannodd Sally rif cofrestru fan Lee Jones – a gawsai gan ei fam – gyda Daf, er mwyn iddo ddefnyddio technoleg adnabod rhifau awtomatig yr heddlu i ddod o hyd i'r cerbyd a rhoi gwell syniad i Sally o leoliad y cwpwl ifanc. Yn anffodus, ni allai'r system ddweud wrthi'n *union* ble roedd y fan ar unrhyw adeg benodol, ond byddai'n ffordd o'i harwain i'r cyfeiriad cywir, diolch i'r miloedd o gamerâu oedd yn rhan o'r rhwydwaith a'r degau o filiynau o gofnodion dyddiol. Trwy drawsgyfeirio fan Lee yn erbyn y gronfa ddata, byddai gan Sally ryw syniad o'u symudiadau, yn ogystal â'r lle diwethaf i'r fan gael ei gweld a'i chofnodi. O ganlyniad, byddai'n bosib iddi gau'r rhwyd am y cwpwl ifanc a dod â'i hachos cyntaf i ben mewn modd boddhaol. Dyna'r gobaith, ta beth, er nad oedd y system yn gwbl ddibynadwy chwaith.

"'Na'i ffonio ti prynhawn 'ma, olreit?"

"Diolch, Daf," meddai Sally, gan orffen yr alwad.

Cyrhaeddodd Sally Gaerdydd toc cyn deg y bore. Roedd y traffig yn rhyfeddol o dawel, o ystyried mai dydd Llun oedd hi. Gadawodd yr M4 yng Nghyffordd 32, gan ddilyn cyfeiriadau GPS ei ffôn i ardal Birchgrove y ddinas. Parciodd ger llain bowlio Gerddi Llwynfedw, oedd yn dawel a digyffro yr amser hwn o'r dydd. Roedd y gwlith yn disgleirio ar y glaswellt a llond llaw o bensiynwyr yn sefyll gerllaw, eu hanadliadau'n codi fel mwg o'u cegau wrth i'w tafodau drafod tictacs y frwydr fawr. Cyn camu o'r car, gwiriodd Sally gyfeiriad mam Mo ar ei ffôn.

Agorwyd y drws gan fenyw ganol oed gyda gwallt blond potel a rhychau chwerthin dwfn o amgylch ei llygaid. Gwisgai ŵn nos fflwfflyd a sliperi pinc. Syllodd ar Sally trwy lygaid blinedig ac aros iddi ddatgelu pam roedd hi'n sefyll ar stepen ei drws.

"Bore da, Mrs Price," gwenodd Sally, gan adael i'r Gymraeg wneud y gwaith caled ar ei rhan. Yn ôl y disgwyl, newidiodd osgo gwraig y tŷ ar unwaith. "Sori i'ch styrbio chi fel hyn, ond ges i'ch cyfeiriad gan Karen Jones. Dwi'n chwilio am ferch o'r enw Luned Evans, a dwi'n credu ei bod hi a'i chariad, Lee, yn aros gyda'ch mab chi, Aled."

"Ti moyn coffi?" gofynnodd Mrs Price, gan wahodd Sally i'r tŷ.

Yr unig beth oedd Sally ei eisiau gan Mrs Price oedd atebion, ond gwyddai o brofiad bod yn rhaid chwarae'r gêm. Gwyddai fod yn rhaid siarad yn fân a mynd trwy'r mosiwns cyn cael y wybodaeth roedd hi eisiau. Eisteddodd wrth fwrdd y gegin, ac wrth aros i'r tecell ferwi, esboniodd ddiben ei hymweliad, a'i nod o ddod o hyd i Luned er mwyn tawelu meddyliau ei theulu ar Ynys Môn.

"Weles i nhw bythefnos, dair wythnos yn ôl nawr. Cnoc ar y drws rhyw brynhawn Sul. Ond so nhw'n aros gydag Aled, neu fydden i wedi clywed. Sdim lot o le 'da fe, t'wel. Fflat un stafell wely, ti'n gwbod. Ro'dd Aled a Lee yn 'rysgol gynradd 'da'i gilydd. Ffrindie mowr. Ffrindie o's. O'dd Luned yn lyfli 'fyd. Cwrtais. Hoffus. Pert iawn. Gwell na'r hen Stacey 'na…"

Tawelodd Mrs Price, heb esbonio ymhellach, cyn rhannu cyfeiriad a rhif ffôn ei mab gyda Sally.

Yn ôl yn y car, gwyliodd Sally'r pensiynwyr yn rhowlio'u peli ar y borfa, eu capiau fflat a'u cotiau llaes, gwyn yn ei hatgoffa o fart Aberteifi am ryw reswm. Aethai yno unwaith gyda'i thad yn blentyn, pan oedd y teulu ar wyliau yn Nhrefdraeth. Cofiai eiriau chwim yr arwerthwr a'r da byw yn cael eu tywys o amgylch y cylch. Bron y gallai deimlo cynhesrwydd cledr llaw ei thad, hyd yn oed heddiw, flynyddoedd ar ôl iddo farw.

Penderfynodd ffonio Mo. Wedi'r cyfan, petai'n gallu dweud wrthi ble roedd Lee a Luned yn aros, gallai Sally fynd yn syth yno a datrys yr achos heb orfod trafferthu ymhellach. Un achos, un canlyniad. Graddfa llwyddiant cant y cant. Byddai Stephanie Plum yn browd ohoni. A Miss Marple hefyd. Ond nid oedd pethau'n mynd i fod mor hawdd â hynny heddiw. Nid atebodd Mo yr alwad, felly mewnbynnodd Sally ei gyfeiriad i'w ffôn a gadael i'r teclyn ei harwain at ei ddrws ffrynt ar Stryd Mark.

Canodd y gloch ac aros am ateb.

"What?!" Llais merch, ei diffyg amynedd yn diferu.

"I'm looking for Mr Aled Price. Is he there please?" gofynnodd Sally yn gwrtais.

"He's at work," atebodd y llais.

Syllodd Sally ar yr intercom. Ystyriodd wasgu'r botwm a

gofyn i'r ferch am fwy o fanylion. Ble roedd Mo yn gweithio, er enghraifft. Diawliodd ei hun am beidio â gofyn hynny wrth ei fam. Camgymeriad sylfaenol. Gwelodd Miss Plum a Miss Marple yn gwgu arni o'i hisymwybod. Gwasgodd y botwm unwaith eto.

"What?!"

Oedodd Sally cyn cychwyn siarad. "Uh… um… can you tell me where he works please?"

"No," oedd yr ateb swta, a dyna ddiwedd ar hynny.

Cerddodd Sally i lawr at afon Taf. Roedd yr haul yn ceisio torri trwy'r cymylau llwyd, ond roedd hi'n oer yng nghanol y ddinas. Pwysodd ar y wal a gwylio'r dŵr brown yn llifo heibio gyda'r stadiwm genedlaethol yn gefnlen i'r cyfan. Llong ofod anferth oedd yn gwneud braidd dim synnwyr i Sally yng nghanol yr holl adeiladau dinesig disgwyliedig. Unwaith yn unig roedd hi wedi bod y tu fewn iddo; cyngerdd Beyoncé rai blynyddoedd ynghynt. Gwyliodd y cyfan ar sgrin fawr, gan fod Mrs Carter a gweddill y perfformwyr fel morgrug ar y llwyfan. Penderfynodd yn ystod y perfformiad na fyddai'n gwario can punt i fynychu sioe o'r fath byth eto.

Ystyriodd ei cham nesaf. Roedd Mo yn allweddol i'w hymchwiliad, a'r ffaith nad oedd yn gallu cael gafael arno yn ei gwneud yn rhwystredig tu hwnt. Dechreuodd fodio neges iddo, yn esbonio pwy oedd hi, yn y gobaith y byddai'n ateb ei galwad nesaf, ond cyn iddi orffen, gwelodd rif ffôn Daf yn fflachio ar y sgrin.

"Hei," atebodd, a rhyw obaith newydd yn ei llenwi.

"Iawn, Sal. Fi 'di checo'r ANPR a ma'r fan ym Mae Caerdydd. Dim hit ar gamera ers chwe diwrnod, sy'n awgrymu ei bod hi wedi cael ei pharcio rywle yn yr ardal."

"Ti'n gallu bod yn fwy specific?"

"Na. Sori. Ti'n gwbod y dril. Accurate within a two mile radius."

Anfonodd y neges at Mo, cyn ystyried geiriau Daf. Yn benodol y ffaith i'r system dracio awgrymu bod y fan wedi'i pharcio rywle ym Mae Caerdydd. Ychydig yn amhenodol, efallai, ond roedd yn rhaid iddi ddechrau yn rhywle. Gwiriodd fap o'r ardal ar ei ffôn. Ni wyddai'n iawn ble i gychwyn, ond roedd digon o amser ganddi i yrru ar hyd pob stryd yn yr ardal, yn y gobaith o ddod o hyd i'r fan. Trodd ar ei sawdl a dechrau cerdded yn ôl i gyfeiriad ei char ond, cyn cyrraedd, canodd ei ffôn.

"Sally Morris," atebodd yn awdurdodol.

"Aled Price. Mo. Ges i eich neges."

"Diolch am ffonio'n ôl. Fi wir yn gwerthfawrogi."

"Chi'n edrych am Lee a Luned?"

"Ydw. Fi'n gweithio i fam Luned. Wyt ti wedi gweld neu glywed ganddyn nhw?"

"Ges i ginio gyda Lee rai wythnosau yn ôl nawr. A weles i Luned cyn hynny. Yn Nos Da."

Edrychodd Sally ar yr adeilad o'i blaen, gan wenu wrth weld y geiriau 'Nos Da' ar y wal. Am lwc! Efallai fod y rhod yn dechrau troi. "Wyt ti wedi siarad gyda Lee ers hynny?"

"Naddo. Fi 'di treial ffono fe cwpwl o weithie, ond so fe byth yn ateb."

"Ydy hynny'n rhyfedd? Y ffaith nad yw e'n ateb."

"I suppose. I mean, so ni'n siarad gyda'n gilydd mor aml â hynny, ond so ni'n anwybyddu galwadau chwaith."

"Wyt ti'n gwbod ble ma'n nhw'n aros? O's fflat 'da nhw?"

"Wedodd Lee bo nhw'n aros yn Nos Da, ond fi'n amau mai celwydd o'dd hynny."

"Pam?"

"Hunch. 'Na i gyd. I mean, o'dd e'n drewi. Fel tase fe'n ddigartre. Fi'n meddwl bo nhw'n cysgu yn y fan."

Diolchodd Sally iddo, a gofyn iddo gysylltu petai'n clywed oddi wrth Lee.

Camodd at y bar yn Nos Da, gan nad oedd derbynfa draddodiadol yno. Gofynnodd am gael siarad â'r rheolwr ac, ar ôl cyflwyno'i hun a'r rheswm pam ei bod yno, dangosodd y ffotos o Lee a Luned iddi. Nodiodd y rheolwraig ei phen.

"Yeah. They stayed here a few weeks ago. One night. I can give you the date if you want."

Gwyliodd Sally'r rheolwraig yn gwirio'r system gyfrifiadurol. Doedd dim angen y dyddiad arni mewn gwirionedd, dim ond cadarnhad ei bod ar y trywydd cywir. Ac roedd hynny ganddi'n barod.

"Here they are. Mr and Mrs Jones. Actually, it was a bit weird when they left. He was in a right state. Looked like he'd been beaten up or something. They said they were going to stay with friends, but then I saw them sleeping in their van, on the road by there."

Roedd hynny'n cadarnhau amheuon Mo, o leiaf.

"When was the last time you saw them?" gofynnodd Sally, yn y gobaith y byddai'r rheolwraig yn pwyntio trwy'r ffenest a dweud, "There they are, look".

"That's the weird part. The bloke, Mr Jones or whatever his name is, came in a few days after they left, asking to see the CCTV footage of the night they stayed here. I couldn't help him, 'cause the system resets after forty-eight hours, and he left."

Cyn gadael, rhoddodd Sally ei rhif ffôn i'r rheolwraig a gofyn iddi gysylltu â hi petai'n gweld Lee neu Luned yn y cyffiniau.

"You might want to ask the homeless people down the bottom of the street if they know anything," awgrymodd y rheolwraig. "I saw them talking a few times."

Daeth Sally o hyd i grŵp o bum person digartref yn eistedd ar fainc yn yfed seidr rhad ac yn rhynnu yn yr oerfel. Braidd yn gynnar, ond beth wyddai hi? Dangosodd y ffotos iddynt a gwelodd gydnabyddiaeth yn llenwi wyneb un ohonynt ar unwaith.

"That's Lee and his missus. I can't remember her name. Something Welsh like."

"Luned," meddai Sally.

"That's it!"

"Do you know where they are? Where they're staying? Sleeping?"

"I haven't seen them for a few weeks now. Not since the bloodbath."

Rhewodd gwaed Sally yn ei gwythiennau.

"What?!"

"They were staying down the Bay. I took them down there myself. Felt sorry for them. Sort of. Under the dual carriageway. There's a kind of tent city down there. Out of sight, out of mind sort of thing. Not sure if they even stayed the night, 'cause there was an incident and all I can remember is the blood. It was everywhere."

"And screaming," ychwanegodd un arall o'r grŵp, oedd yn edrych i Sally fel petai'n cysgu neu wedi marw tan hynny.

"Aye. Shitloads of screaming. I can't remember anything after that. Sorry."

"They left," meddai aelod arall.

"Did they?" gofynnodd y cyntaf i siarad.

"Yeah. Well, I think so. I can't really remember."

"Did someone attack them?" Ceisiodd Sally lywio'r sgwrs yn ôl at ddyfroedd tawelach, mwy synhwyrol.

"Nah. Nuffin like that. But it was well weird."

"And scary."

"Aye. They must 'ave gone to the hospital, I reckon. There was loads of blood."

Diolchodd Sally iddynt, gan roi papur decpunt i'r aelod oedd wedi rhoi'r mwyaf o help iddi hi. Dros y blynyddoedd, clywsai ei mam yn rhefru a dweud na ddylech chi roi arian i bobl ddigartref, oherwydd byddent "yn siŵr o'i wario ar ddiod neu gyffuriau", ond byddai Sally'n gwneud ar bob cyfle posib. Pa fath o berson na fyddai eisiau helpu rhywun mewn sefyllfa mor druenus? Yn achos ei mam, capelwraig selog a Christion pybyr.

Dychwelodd at ei char ac ystyried yr hyn roedd hi newydd ei glywed. Dyfalai fod Luned wedi camesgori, ond dim ond un ffordd oedd yna i ffeindio mas. Cododd y ffôn a dod o hyd i rif Uned Famolaeth Ysbyty Athrofaol Caerdydd. Gwyddai Sally na fyddai'r ysbyty'n rhannu'r wybodaeth berthnasol gyda hi petai'n galw heibio'n gwisgo'i dillad ei hun, yn syth oddi ar y stryd. Ond, gyda llais awdurdodol a'i rhif heddlu swyddogol wedi'i ysgythru ar ei chof, byddai modd iddi gaffael yr wybodaeth dros y ffôn, dim problem. Ar ôl aros am sbel, cafodd gadarnhad bod Luned wedi colli'r babi, ond dim help o ran dod o hyd i'r cwpwl. Rhoddodd Luned gyfeiriad fferm ei rhieni i'r ysbyty, gan honni ei bod hi'n ymweld â'i chariad yng Nghaerdydd pan gollodd y babi.

Eisteddodd Sally yn ei char, y gwresogydd yn chwythu a'r glaw yn dechrau pigo. Teimlai'n rhwystredig, ond dyma oedd realiti bod yn dditectif. Pengaead ar ôl pengaead ar ôl pengaead. Tro anghywir ar ôl tro anghywir ar ôl tro anghywir. Troi mewn cylchoedd, tan BOOM! 'Bach o lwc a'r achos yn ôl ar y trywydd cywir. Yn ôl y sôn, ta beth, gan mai hanner diwrnod o brofiad yn unig oedd ganddi hyd yn hyn. Ond cyn digalonni'n ormodol, cofiodd nad oedd y fan wedi gadael Bae Caerdydd yn ystod y chwe diwrnod diwethaf. Dechreuodd ei bola rymial. Gwiriodd y cloc. Hanner awr wedi un. Amser cinio. Byddai'n rhaid i'r helfa aros am hanner awr. Gadawodd y car a cherdded i ffwrdd oddi wrth yr afon, gan ddod o hyd i Spar gerllaw. Yno, prynodd frechdan caws a salad a chan o Diet Coke. Bwytaodd ei bwyd ac edrych ar fap o Fae Caerdydd, gan ddechrau llunio cynllun yn ei phen. Roedd hi ar fin tanio'r injan pan ganodd ei ffôn. Nid oedd y rhif yn gyfarwydd.

"Sally Morris."

"Sally? Carol Price sy 'ma. Mam Aled. Ffrind Lee. Galwoch chi draw ben bore."

"Helô, Mrs Price, shwt alla i'ch helpu chi?"

"Wel..." oedodd cyn ymhelaethu. Gwyddai Sally pan welodd hi am y tro cyntaf fod Mrs Price yn llawn drama. A dyma'r cadarnhad. "Gesa pwy dwi newydd weld?"

Nid oedd Sally yn yr hwyl i chwarae gemau. "Pwy?"

"Luned. Cariad Lee. Yn gweithio mewn deli bach ym Mhenarth. Es i yna am ginio, i gwrdd â chwpwl o hen ffrindie, a dyna lle'r oedd hi, tu ôl y cownter yn wên o glust i glust pan welodd hi fi."

Diolch i draffig trwm y ddinas, cymerodd hanner awr i Sally deithio pum milltir, gan barcio'i char yn y maes parcio ger Gorsaf Drenau Penarth, gyferbyn â Deli'r Arth. Pendronodd beth i'w wneud nesaf ac, yn y diwedd, camodd i'r deli ac archebu coffi du a darn o gacen siocled. Luned ei hun a weinodd ei harcheb, ond ni wnaeth Sally ymgysylltu â hi mewn unrhyw ffordd, heblaw am ddweud diolch yn y man cywir. Er nad oedd hi'n feichiog, doedd dim amheuaeth bod y ferch ifanc yn ffynnu. Gwenai ar bawb gan gynnal sgyrsiau hoffus gydag unrhyw un oedd yn digwydd cael eu bachu. Yn amlwg, roedd hi'n mwynhau ei gwaith. Dychwelodd Sally at ei char ac eistedd yn sedd y gyrrwr yn teimlo'n ddigon balch ohoni'i hun. Er bod elfen amlwg o lwc yn perthyn i'r canlyniad, roedd hi wedi datrys ei hachos cyntaf. Roedd Sally ar fin ffonio Glenda ar fferm Troed yr Aur i rannu'r newyddion da â hi, pan welodd Luned yn gadael y gweithle. Gwiriodd y cloc. Hanner awr wedi tri. Amser rhyfedd i orffen y gwaith, ond pwy a ŵyr pryd y dechreuodd ei sifft. Heb reswm go iawn, penderfynodd Sally ei dilyn. Efallai y byddai'n gallu rhannu ei chyfeiriad cartref gyda Glenda, rhag ofn y byddai eisiau anfon llythyr at ei hunig ferch.

Gan adael ei char yn y maes parcio, dilynodd Sally Luned ar droed yn ôl i'r fflat, yn cynnal rhyw hanner can llath o fwlch rhyngddynt ar bob adeg. Ar draws y morglawdd a heibio i holl atyniadau'r bae – yr Eglwys Norwyaidd, y Senedd, adeilad y Pierhead a'r armadilo anferth a'i farddoniaeth ddryslyd. Wrth groesi Roald Dahl Plas, ffrwydrodd tân gwyllt uwch ei phen, gan synnu Sally braidd am fod noson Guto Ffowc wythnosau i ffwrdd. Cyn cyrraedd ei chyrchfan, daeth yn amlwg i Sally bod Luned yn gwybod bod rhywun yn ei dilyn, pan redodd i lawr West Bute Street a cheisio'i cholli i lawr ali gefn. Ond rhuthrodd Sally ar ei hôl a chyrraedd Stryd Bute mewn pryd i weld ei phrae yn camu trwy ddrws un o'r adeiladau. Gwyliodd wrth i Luned ddiflannu i mewn i'r fflat. Nododd y cyfeiriad. Gwelodd fan Lee wedi'i pharcio ar y stryd y tu allan i'r eiddo. Gwenodd Sally'n falch. Eisteddodd ar fainc ar ochr arall y ffordd, ac estyn ei ffôn er mwyn galw Glenda. Ond cyn gwneud, oedodd, gan fod ei bola'n cwyno unwaith eto. Roedd hi mor wancus â'r wenci; doedd dim gwadu nad oedd llech-hela'n codi chwant bwyd arni. Croesodd y ffordd a phrynu cwpwl o samosas a sudd oren o'r siop, yna dychwelyd at y fainc i fwyta. Ag un llygad ar ddrws y fflat a'r llall yn sganio'r cyffiniau, roedd hi'n sicr iddi weld ffigur yn ei gwylio o lawr cyntaf yr adeilad, ond pan graffodd yn agosach darbwyllodd ei hun nad oedd neb yno. Yna, ar ôl gorffen ei bwyd a'i olchi i lawr gyda'r sudd oer, tynnwyd ei sylw gan ddyn cyhyrog wedi'i orchuddio mewn tatŵs yn cerdded i lawr y stryd, yn edrych dros ei ysgwydd ac yn ymddwyn braidd yn amheus. Er gwaethaf naws hydrefol y prynhawn, nid oedd hwn yn gwisgo cot. Yn wir, nid oedd yn gwisgo siwmper hyd yn oed. Yn hytrach, gwisgai drowsus du tyn, oedd yn pwysleisio cyhyrau boliog ei goesau, a fest ddu oedd yn debycach i arfwisg. Ar wahân i'w wyneb, roedd pob darn o groen y gallai Sally ei weld wedi'i orchuddio gan inc. Ond nid hynny a wnaeth i Sally ei ddrwgdybio. Yn hytrach, mynnodd ei osgo sylw Sally'n llwyr. Greddf heddlu, heb os. Roedd rhywbeth gor-hyderus amdano. Fel petai ar gyrch cyfiawn, gyda Duw yn gwylio'i gefn. Oedodd y dyn y tu allan i ddrws y fflat. Edrychodd o'i gwmpas, ei lygaid yn cwrdd â rhai Sally am hanner eiliad. Â'i chalon yn taranu, edrychodd Sally i lawr ar ei ffôn. Cyfrodd i dri deg cyn edrych i fyny unwaith eto, ond pan wnaeth, roedd y dyn wedi diflannu.

Diolch IKEA

Yn ddigon naturiol, o ystyried popeth, roedd Lee ar bigau'r drain trwy'r penwythnos. Yn fyr ei amynedd ac yn barod i danseilio Luned ar bob cyfle posib. Â'i gariad mewn dagrau ar y prynhawn dydd Sul, gadawodd Lee'r fflat i grwydro'r ardal. Cerddodd yn ddiamcan am oriau, ei ben yn gybolfa o emosiynau. Yn y cornel glas: gobaith, breuddwydion, dyheadau ac uchelgeisiau. Yn y cornel coch: paranoia, euogrwydd, cywilydd ac ofn pur. Cadwodd un llygad dros ei ysgwydd, gan daeru bod rhywun yn ei ddilyn. Disgwyliai deimlo llaw gadarn Max yn gafael ynddo a'i lusgo i lawr ali gefn i roi cweir iddo. Er, gwyddai nad crasfa a gawsai petai Max a'i dad yn canfod y gwir. Ystyriodd a fyddai modd dychwelyd yr arian, ymddiheuro am wneud y fath beth hurt a cherdded i ffwrdd yn dal i anadlu. Na, oedd ei gasgliad. Roedd hi'n rhy hwyr i hynny. Cerddodd ar hyd y drosffordd sy'n cysylltu Bae Caerdydd â Phenarth, Croes Cyrlwys a'r M4 tu hwnt. Stopiodd ryw hanner ffordd. O'i flaen, safai'r Clwb Hwylio a'r fflyd o gychod drud yn suo ar y tonnau. Y tu ôl iddo, parc manwerthu digymeriad ac IKEA yn y pellter. Ac o dan ei draed, tref sianti pobl ddigartref y brifddinas. Pwysodd dros y wal ar ochr y draffordd. Syllodd i lawr, ei ben yn troelli a realiti'n tonni o flaen ei lygaid. Gwelodd yr union sbot lle parciodd y fan rai wythnosau ynghynt. Gwelodd y marciau coch ar lawr, lle llifodd y gwaed o groth ei gariad. Dyna'r unig beth oedd ar ôl o'i faban bellach. Sythodd ei gefn ac estyn deg papur decpunt o'i boced. Pwysodd ar y wal unwaith eto a gollwng yr arian dros yr ochr. Glaw gwerthfawr gan Dduw anweledig. Gobeithiai y byddai'r weithred yn gwneud iddo deimlo'n well. Clywodd leisiau'n codi, yn gorfoleddu. Cerddodd i ffwrdd yn teimlo'n eithaf plês â'i hun, gan ddychwelyd i'r fflat yn llawn ymddiheuriadau. Maddeuodd Luned iddo. Ac ar ôl popeth, ni ddaeth galwad ffôn gan Billy Ray na Max yn dweud wrtho am ddychwelyd i'r gwaith ar y bore Llun.

*

Edrychodd Luned dros ei hysgwydd ger y parc sglefrio ar ochr Caerdydd o'r morglawdd a gweld bod y fenyw o'r deli yn dal i'w dilyn. Teimlodd ei phresenoldeb bron ar unwaith ar ôl gadael y gwaith, ac roedd hi'n sicr bellach ei bod hi ar ei thrywydd. Ni allai ddychmygu pam, er y gobeithiai nad oedd ganddi unrhyw beth i'w wneud ag ymddygiad rhyfedd Lee dros y dyddiau diwethaf. Roedd ei chariad wedi bod yn actio'n weird tu hwnt dros y penwythnos. Yn yfed mwy nag arfer ac yn manteisio ar bob cyfle i fychanu a dadlau gyda hi. Roedd e'n gyndyn iawn o drafod unrhyw beth yn gall, yn enwedig y rheswm pam nad oedd angen iddo fynd i'r gwaith heddiw. Ddwedodd e rywbeth am 'inventory' a 'stock take', ond nid oedd hynny'n gwneud unrhyw synnwyr yng nghyd-destun garej. Am y tro cyntaf ers iddynt ddod o hyd i swydd a lle i fyw, roedd Luned yn pryderu. A nawr roedd rhywun yn ei dilyn. Ceisiodd gael gwared arni gan gerdded heibio i'w chyrchfan, troi i'r dde ymhen hanner can llath a rhedeg i lawr West Bute Street, yna i fyny'r ali fach ac yn ôl i Stryd Bute, lleoliad y fflat. Caeodd y drws y tu ôl iddi a rhedeg i fyny i'r llawr cyntaf, lle gwelodd y fenyw yn eistedd ar fainc gyferbyn ac yn estyn ei ffôn o'i phoced. Gwyliodd Luned hi'n gwneud, gan gadw'n ôl o'r ffenest. Yn wir, syllodd arni am beth amser. Roedd rhywbeth mesmerig yn ei chylch. Sylwodd arni ar unwaith pan ddaeth i mewn i'r deli rai oriau ynghynt, oherwydd ei bod hi mor drawiadol. Croen porslen dilychwin. Gwallt mor ddu roedd e'n ffinio ar fod yn borffor. Minlliw cynnil coch a llygaid marmoraidd. Fel croes rhwng Dita Von Teese a Noomi Rapace yn chwarae Lisbeth Salander, neu femme fatale o ryw hen ffilm noir. Nid y cuddliw gorau i stelcian rhywun, efallai, ond effeithiol iawn o ran codi braw ar Luned.

Aeth i fyny i'r llawr uchaf, ei meddyliau ar ras a'r pryder yn corddi. Agorodd y drws a dod o hyd i Lee yn penlinio ar lawr wrth y gwely, ei gefn ati, fel petai'n gweddïo. Neidiodd o'i groen pan glywodd y drws yn agor a throi tuag at Luned. Roedd yr euogrwydd wedi'i ysgythru ar ei wyneb, mor amlwg â gwano gwylan ar gar oedd newydd gael golchad. Trodd Lee yn ôl at y gwely a gwyliodd Luned wrth iddo geisio casglu pentwr o arian parod ynghyd. Roedd ei warfag gerllaw, yn wag ond yn barod i gael ei lenwi. Camodd Luned draw at y gwely a stopiodd Lee geisio cuddio'r arian. Gwyddai ei fod wedi cael copsan. Gwyddai fod yn rhaid datgelu'r gwir wrth ei gariad.

"Iawn?" medd Luned, gan godi ei haeliau'n awgrymog.

Edrychodd Lee i fyny arni. Gwenodd, er nad oedd unrhyw hyder yn perthyn i'r ystum.

"Beth yw hwnna?" Daeth y geiriau o'i cheg yn gwbl ddidaro, er bod y llais bach a lechai yn ei hisymwybod yn sgrechian arni.

"Arian," sibrydodd Lee, ei lygaid yn saethu o ochr i ochr wrth geisio osgoi cwrdd â rhai Luned.

"Galla i weld hynny!" Eisteddodd Luned ar erchwyn y gwely. Cododd lond dwrn o arian. Syllodd arno. Mwythodd y papurach. Cymysgedd o bapurau deg ac ugain punt. Carlamodd ei chalon. Sychodd ei cheg. Roedd yr arian yn ateb nifer o gwestiynau. Dirgelwch hwyliau tywyll Lee dros y penwythnos. Y rheswm nad oedd e eisiau mynd i'r gwaith heddiw. A phresenoldeb Dita yn y deli ac ar ei chwt. "Faint?" gofynnodd, yn gwbl gall a digynnwrf.

"Pum deg mil," medd Lee, ei lais ychydig yn uwch y tro hwn. "Give or take."

Ni ddwedodd Luned unrhyw beth am funud. Ystyriodd y cam nesaf. Yn reddfol, roedd hi eisiau gweiddi a diawlio a sgrechen ar Lee. Beth yn y byd oedd e'n ei wneud? Ac o ble yn y byd y cafodd yr arian? Ond gwyddai na fyddai hynny'n helpu neb.

"Dwi'n mynd i gael cawod," meddai, gan ailosod yr arian ar y gwely. "Dwi'n drewi o saim. Gei di esbonio dy hun ar ôl i fi orffan."

Nodiodd Lee a dechrau sdwffio'r arian i'r gwarfag.

"Un peth…" Oedodd Luned cyn gadael. "Ti'n meddwl bod gan y pres yma unrhyw beth i'w neud â'r ddynes ar y fainc tu allan sy wedi fy nilyn i adra o'r gwaith?"

Pefriodd llygaid Lee. Gwelwodd ei wyneb. Cododd ar ei draed a gadael y fflat. Aeth Luned i'r gawod, er na fyddai'r holl sebon yn y byd yn gallu gwaredu'r pryder roedd hi'n ei deimlo.

*

Eistedd ar y gwely oedd Luned wrth ochr y gwarfag llawn arian budron, ei gwallt yn wlyb domen dail a'r tywel meddal newydd sbon o IKEA yn teimlo'n hyfryd ar ei chroen noeth, pan glywodd yr allwedd yn troi yng nghlo y drws. Gwyliodd y dieithryn yn camu i'r fflat, cyhyrau ei freichiau yn gartwnaidd o anferth a'r tân yn ei lygaid yn anifeilaidd. Wrthi'n ystyried sut i ddechrau'r sgwrs gyda Lee am yr arian oedd hi, er i lif ei meddyliau gael ei chwalu'n yfflon wrth weld y gwn yn llaw y tramgwyddwr tatŵog. Agorodd ei cheg i sgrechian, ond ni ddaeth unrhyw sŵn allan. Edrychodd y dyn ar Luned, cyn i'w sylw gael ei gipio gan Lee yn fflysio'r tŷ bach.

Rhewodd Lee yn nrws y toiled wrth weld Max yn sefyll o'i flaen. Stopiodd ei galon guro am eiliad, cyn aildanio a dechrau morthwylio'n wyllt. Cododd Max ei law a phwyntio'r gwn at Lee.

"Where is it?" sgyrnygodd.

"Where's what?" gofynnodd Lee, gan godi'i ddwylo o'i flaen, fel gweinidog yn adrodd gweddi.

Heb air pellach, tynnodd Max y taniwr.

Taranodd y gwn gan fyddaru Luned, er bod yr effaith a gafodd yr ergyd ar Lee yn llawer gwaeth.

Cwympodd Lee i'r llawr, y gwaed yn tasgu dros ddrws y toiled.

Sgrechiodd.

Stopiodd.

Gorweddodd yn gwbl lonydd.

Yn ddifywyd.

Syllodd Luned arno. Agorodd ei cheg i sgrechian, ond roedd ei llais mor farw â'i holl obeithion.

Trwy ddagrau hallt ei hofnau, gwyliodd yr ymosodwr yn camu ato. Â'i droed, gwthiodd Lee ar ei gefn. Roedd ei gorff mor llipa â doli glwt. Gwelodd Luned y gwaed yn cronni ger ei galon. Roedd ei chalon hithau'n torri. Tynnodd y tywel yn dynn amdani.

"Fuck!" Clywodd y taniwr yn rhegi dan ei anadl, fel petai'n difaru gwneud yr hyn a wnaeth. Penliniodd ar y llawr wrth ochr Lee, gafael yn ei ysgwyddau a'i ysgwyd. "C'mon! C'mon!" plediodd. Yna slapiodd ei fochau rhyw hanner dwsin o weithiau, cyn rhoi'r gorau iddi gan nad oedd Lee yn ymateb mewn unrhyw ffordd. "Fuck!" ailadroddodd, yn anadlu'n ddwfn, ei frest clogwynog yn ehangu a chyfangu fel bagbib dan gesail gwron Albanaidd. Edrychodd ar y gwaed, oedd bellach yn gorchuddio brest, bol a braich chwith Lee. Ystyriodd edrych i weld lle balodd y fwled i fewn iddo, ond beth oedd y pwynt? Doedd e ddim yn bwriadu ceisio achub ei fywyd.

Trodd ei olygon at Luned a gwelodd hithau'r tatŵ ar ei foch. Dyma'r diwedd, meddyliodd. Fflachiodd wyneb ei mam yn ei phen. Ac yna'i thad a'i brawd. Troed yr Aur a Mynydd Parys. Yr ogof. Lee. Lee a hi a'u baban coll. Ni wyddai pwy oedd y dyn hwn oedd yn sefyll o'i blaen, ond gwyddai'n iawn pam ei fod e yma. Ystyriodd bwyntio at y gwarfag yn y gobaith y byddai hynny'n ddigon iddo adael iddi fyw. Nid oedd yn barod i farw. Ond roedd yr un peth yn wir am Lee hefyd. Torrodd ei chalon a llifodd y dagrau. Camodd y cawr at y gwely. Gafaelodd yn ei gwallt, gan ei gorfodi i edrych i fyny arno.

"Where is it?" gofynnodd, ei eiriau'n oeraidd. Ei amcan yn ddigamsyniol.

"W-w-what?" holodd Luned trwy'r niwl.

Anadlodd yr ymosodwr yn ddwfn, gan ei chodi oddi ar ei heistedd gerfydd ei gwallt. Gwingodd Luned mewn poen a chwympodd y tywel oddi arni gan ei gadael yn gwbl noeth yng ngafael y rheibiwr.

Cododd y gwn a'i osod ger ei thalcen. Roedd y dur yn dwym

ar ôl iddo gael ei danio. "Where's the money?" gofynnodd, ei lais yn feddal ond y bygythiad yn ddigamsyniol.

"W-w-what?" Wylodd Luned wrth ateb.

"Say that again?" brathodd y bwystfil.

"W-w-what?"

Gerfydd ei gwallt, taflwyd Luned ar draws yr ystafell. Glaniodd ar ei chefn, gan daro'n galed i mewn i un o gypyrddau'r gegin fach. Gwingodd mewn poen a chlywodd ei hasgwrn cefn yn clicio. Sgrechiodd. Ond ni chafodd gyfle i ddod ati'i hun am fod y cawr ar ei phen, yn gafael yn ei gwallt unwaith eto ac yn ei thynnu ar ei thraed. Teimlai Luned mor fregus yn sefyll o'i flaen fel hyn. Ond er yr ofn, er yr anobaith, saethodd ei llygaid o amgylch yr ystafell yn chwilio am arf i'w ddefnyddio yn ei erbyn. Taniwyd rhyw reddf i oroesi ynddi, a gwelodd gyllell fara finiog yn gorwedd yn y sinc. *Diolch IKEA*, meddyliodd. Ag anadl yr arteithiwr yn llosgi ei llygaid, estynnodd Luned ei llaw i gyfeiriad y gyllell, ond chwarddodd y dyn ar ei hymdrech. Chwalodd ei boch gyda chledr y gwn, gan wneud i'r gwaed raeadru. Rholiodd llygaid Luned yn ôl i'w phen, ond ysgydwodd yr ymosodwr ei hysgwyddau i'w hatal rhag llewygu.

"Where's the money?" Poerodd y geiriau i'w hwyneb.

"What money?!" atebodd Luned, gan ddisgwyl ergyd arall. Yr ergyd olaf efallai.

Edrychodd y dyn i fyw ei llygaid. Fel tarw, anadlodd yn ddwfn i mewn ac allan trwy ei drwyn.

"I don't know anything about any money! Please. I'm telling the…"

Ni roddodd y bwystfil gyfle i Luned orffen y frawddeg. Gan afael yn dynn yn ei gwallt, tynnodd hi ar draws yr ystafell a'i gwthio ar y gwely. Roedd y gwarfag damniol o fewn ei gyrraedd, er nad oedd yn gwybod hynny. Ymgododd uwch ei phen, y gwn yn ei law a'r gwythiennau'n dirgrynu ar ei dalcen a'i wddf. Syllodd arni trwy lygaid gwag; llygaid gwyllt. Pyllau ynfyd; cydymaith poen. Rhoddodd y gwn yn ei boced, a chyda'i ddwylo garw, gafaelodd yn ei phigyrnau a lledu ei choesau. Gallai Luned ddyfalu beth oedd ar fin digwydd. Yn reddfol, ciciodd ei choesau a brwydro am ei bywyd, ond roedd gafael y gŵr drwg mor gadarn â gwasg. Ceisiodd godi'i phen i edrych ar Lee am y tro olaf, ond gwthiodd ei hymosodwr hi'n ôl ar y gwely, a gwelodd Luned ei lygaid yn gwyro tua'r gwarfag. Collodd ffocws am hanner eiliad, a manteisiodd Luned i'r eithaf ar hynny. Rhyddhaodd ei throed o'i grafanc a thynnu'i choes yn ôl dros ei phen, cyn sodli'r cawr â'i holl nerth. Teimlodd ei drwyn yn chwalu. Tasgodd y gwaed a chamodd yr ymosodwr am 'nôl, mewn ymdrech i adennill ei gydbwysedd. Ysgydwodd ei ben. Cododd ei law at ganol ei wyneb. Edrychodd i lawr ar Luned, gan wenu arni trwy ddannedd gwaedlyd. Gwelodd awgrym o edmygedd yn ei lygaid. Yna gafaelodd yn ei phigyrnau unwaith eto. Caeodd Luned ei llygaid a gweddïo am ddiwedd y byd.

*

Daeth Lee ato'i hun ar lawr y bathrwm, a bu bron iddo ddechrau udo mewn ymateb i'r boen oedd yn llosgi yn ei benelin. Yn ffodus, stopiodd ei hun wrth glywed y cythrwfwl yn yr ystafell fyw. Cofiodd fod Max wedi dod i'r fflat a'i saethu, a gwyddai fod yr amser yn brin os oedd unrhyw gyfle ganddo ef a Luned i oroesi. Clywodd ei anwylyd yn cael cweir drws nesaf, ond ni feiddiai symud rhag ofn y byddai'n denu sylw Max. Yn hytrach, symudodd ei lygaid yn unig er mwyn chwilio am arf. Roedd

Luned wedi ymweld ag IKEA dros y penwythnos, a diolch i'w hoffter am ganhwyllau persawrus safai un swmpus ar ochr y bath. Ond nid y gannwyll oedd wedi denu sylw Lee, ond yn hytrach y plât gwydr trwchus oddi tani.

Clywodd Luned yn sgrechian ac yna'i chorff yn glanio ar y gwely ym mhen draw'r stafell, gan wneud i'r sbrings wichian. Yn araf, ac mor dawel ag y medrai, cododd Lee ar ei eistedd a chiledrych trwy'r drws ar yr olygfa. Gwelodd Max yn sefyll wrth y gwely, ei gefn ato, a hanner ei din yn y golwg. Dyma'i gyfle.

Gafaelodd yn y gannwyll a'i gosod o'r neilltu'n ofalus, yna cododd y plât a gwerthfawrogi ei bwysau. Ar fodiau ei draed, cripiodd i'r ystafell fyw a cheisio peidio â ffocysu'n ormodol ar artaith amlwg ei gariad.

Gwelodd un o goesau Luned yn gweud olwyn-gart yn yr awyr, ac yna'r gwaed yn tasgu o drwyn teilchion Max. Gwyliodd y cyfan yn gegagored, cyn i Max adennill ei gydbwysedd a mynd ati i reslo â phigyrnau Luned.

Cododd Lee y plât â'i law dde, gan na allai symud ei fraich chwith o gwbl. Chwalodd y gwydr dros cefn penglog ei fòs, yr ergyd yn atseinio oddi ar y waliau. Cwympodd Max. Agorodd Luned ei llygaid a gweld Lee yn sefyll o'i blaen. Cododd, y dagrau'n llifo o'i llygaid, a chofleidiodd y cwpwl ifanc ei gilydd yn dynn.

*

O'r fainc lle'r eisteddai, gwyliodd Sally'n syn wrth i Luned a Lee adael y fflat yn cario bag bob un a fawr ddim byd arall. Roedd braich chwith Lee yn gorwedd yn llipa mewn sling cyntefig ac wyneb Luned yn goch gan waed. Cyn iddi gael cyfle i symud neu ymateb mewn unrhyw ffordd, neidiodd y cariadon i'r fan a gwyliodd wrth i Luned eu gyrru nhw i ffwrdd, eu llygaid yn cwrdd am eiliad wrth i'r cerbyd hwylio heibio. Gwyliodd nhw'n mynd, gan ddiflannu rownd y cornel. Diawliodd Sally ei hanlwc o ran gadael ei char ym Mhenarth, ond diolchodd nad oedd hi wedi ffonio Glenda i ddweud wrthi bod ei merch yn ddiogel ac yn hapus.

Wyneb yn Wyneb

NI WYDDAI SALLY beth i'w wneud nawr. Roedd hi'n gwbl amlwg bod rhywbeth mawr wedi digwydd i Luned a Lee; digon i wneud iddynt ffoi, a hynny ar frys hefyd. Atseiniodd y glec a glywodd rhyw chwarter awr ynghynt yn ei hatgofion. Car yn ôl-danio, dyfalodd ar y pryd. Neu dân gwyllt yn ffrwydro gerllaw. Neu hyd yn oed rabsgaliwns ifanc yr ardal yn tanio cracyrs ar lannau afon Taf nad oedd yn bell o'r fan hon. Roedd y ddinas yn llawn synau anhysbys. Ond nawr, dechreuodd feddwl a oedd cysylltiad rhwng y sŵn aflafar ac anafiadau'r cwpwl ifanc? A beth am y dyn cyhyrog a welodd yn ymddwyn yn amheus y tu allan i'r fflat? Er na wnaeth ei weld yn mynd mewn i'r adeilad, roedd hi'n reit siŵr mai dyna lle yr aeth.

Roedd wedi'i hoelio i'r fainc mewn anobaith, naws hydrefol y noson yn dechrau gafael, ond rhyw reddf yn dweud wrthi am beidio â gadael. Diolch byth nad oedd hi'n bwrw glaw. Fflachiai llygaid Luned yn ei phen wrth iddi yrru'r fan o 'na, ar ei ffordd i pwy a ŵyr ble. Gwawriodd ar Sally ei bod yn ôl yn y man cychwyn. Roedd briff yr achos yn syml iawn: dod o hyd i Luned a gwneud yn siŵr ei bod yn iawn. Ond, gyda'i diflaniad diweddaraf, nid oedd Sally wedi diwallu hyd yn oed un elfen o'r archwiliad. Roedd Luned wedi diflannu unwaith eto, a doedd gan Sally ddim modd o'i dilyn; roedd hi'n go sicr nad oedd popeth yn hynci-dori gyda hi a Lee, ddim o ystyried eu cyflwr yn gadael y fflat ta beth.

Eisteddodd yno'n gwylio drws ffrynt yr adeilad am yn agos at hanner awr. Caeodd y nos amdani a thynnodd sip ei chot i fyny at ei gên. Gyda'r oerfel yn treiddio'i chorff trwy bren llaith y fainc, roedd Sally ar fin ei throi hi am Benarth, i nôl ei char a mynd adref i Gerddi Hwyan. Noson o gwsg a dechrau o'r newydd ben bore. Nid oedd *rhwystredigaeth* yn dod yn agos at ddisgrifio'r ffordd roedd hi'n teimlo. Roedd ei diwrnod cyntaf fel ditectif preifat wedi mynd yn well na'r disgwyl... tan yr eiliad olaf un. Roedd wedi digalonni'n llwyr. Cododd ar ei thraed yn barod i fynd, ond cafodd sioc ar yr ochr orau pan welodd ddrws ffrynt y fflat yn agor a'r dyn cyhyrog a welsai gynne fach yn camu i'r nos a dechrau cerdded i gyfeiriad y Bae. Roedd ei goesau braidd yn simsan, ei drwyn yn gwaedu a'i law dde'n mwytho cefn ei ben.

Heb feddwl ddwywaith, aeth Sally ar ei ôl.

Diolch i fantell y nos a thraffig troed yr ardal, ni chafodd drafferth i fod yn anhysbys. Herciodd yr horwth yr holl ffordd i lawr James Street ac i Clarence Road. Heibio i'r orsaf heddlu a thros afon Taf, cyn troi i'r chwith i Avondale, ac igam-ogamu ar hyd strydoedd preswyl unffurf; heibio i dai teras di-rif a cherbydau di-ben-draw, cyn cyrraedd Heol Penarth a throi i'r chwith ger y Black & White Cafe. Roedd hi'n disgwyl iddo naill ai ddiflannu i mewn i dŷ, gyrru i ffwrdd mewn car, neu fflagio tacsi a diflannu i'r nos, ond nid dyna beth ddigwyddodd. Ymlaen â fe, heibio i'r garejys gwerthu ceir – Fordthorne, Poenton, Wessex, Sytner a Ron Skinner – cyn troi i'r chwith i lawr lôn ddi-enw, lle nad oedd y golau stryd yn gweithio. Er nad edrychodd dros ei ysgwydd unwaith, ceisiodd Sally gadw at y cysgodion, yn union fel y byddai Stephanie Plum yn ei wneud. Clywodd drên ar y cledrau gerllaw, y corn yn canu yn y fagddu. Nid oedd syniad ganddi ble'r oedd hi na lle'r oedd hi'n mynd, a llenwodd hynny hi â chyffro yn hytrach na'r pryder disgwyliadwy. Trodd y mynydd dynol i'r dde ac oedodd Sally ar y cornel i'w wylio'n mynd. Edrychodd o'i chwmpas ar yr ystad ddiwydiannol ddi-nod. Gwelodd micro-fragdy, cwmni fframio lluniau a chrochendy gerllaw, ynghyd â nifer o unedau gwag. Ac ar ben y pengaead tywyll, garej BR Edwards & Son; fflyd o geir ail-law yn sefyll yn segur ar y buarth o flaen yr adeilad. O'i safle ar gornel y stryd, rhyw ganllath a hanner i ffwrdd o'r garej, gallai Sally weld golau'n treiddio trwy ffenest ar ochr yr adeilad. Agorodd y drws ar flaen yr eiddo, y golau'n llifo i'r nos, a diflannodd y targed trwyddo.

Oedodd Sally a phwyso yn erbyn wal. Yn ofer, edrychodd tua'r ffurfafen am arweiniad. Dim sêr. Dim ond cymylau orenddu canol y ddinas. Anadlodd yn ddwfn. Yn araf. Ond parhaodd ei chalon i guro'n wyllt wrth i'r adrenalin wibio drwyddi. Er iddi gwrso dynion drwg droeon yn ystod ei gyrfa, nid oedd erioed wedi teimlo fel hyn o'r blaen. Mor agored a diamddiffyn, hynny yw. A gwyddai mai absenoldeb partner oedd wrth wraidd y teimlad. Roedd erlid drwgweithredwyr heb gymorth yn erbyn protocol yr heddlu. A diogelwch y swyddogion oedd wrth wraidd y weithdrefn. Ond dyma hi, yn cwrso dieithryn ar ei phen ei hun, heb wybod pam yn union. Greddf. Dim mwy na hynny. Na, doedd hynny ddim yn wir ychwaith. Gwyddai fod y corff-feithrinwr hwn yn allweddol o ran diflaniad Luned a Lee. Gwelodd e'n gadael eu fflat, wedi'r cyfan. Cododd ei ffôn a dod o hyd i rif Daf. Bodiodd neges gyflym yn dweud wrtho ble'r oedd hi ac yn gofyn iddo gynnal gwiriad cefndir ar BR Edwards a'i fab. Byddai'n cysylltu â fe ben bore. Dyna oedd ei bwriad, ta beth.

Sleifiodd Sally i gyfeiriad y modurdy masnachol, gan gyrcydu'n isel wrth symud rhwng y ceir segur; eu cregyn dur yn disgleirio yn y golau a gâi ei chwydu trwy ddrws cilagored y garej. Ar flaenau ei thraed aeth o amgylch yr adeilad, yn y gobaith y gallai glustfeinio neu weld rhywbeth trwy ffenest neu fwlch o ryw fath. Daeth at y ffenest ochr a welodd o waelod y stryd. Roedd y golau o'r tu fewn yn tywynnu i'r tywyllwch. Daeth Sally i stop wrth ochr y ffenest, anadlu'n ddwfn a sbecian trwy'r gwydr budr. Swyddfa'r garej, heb os. Desg, gwaith papur, cyfrifiadur, argraffydd, sêff. A silffoedd llawn ffeiliau a llawlyfrau gwahanol geir. Dibwrpas braidd yn yr oes ddigidol. Dau ddyn. Y cawr cyhyrog ac unigolyn hŷn. Llond pen o gwrls gwyn, siwt lwyd-ddu ddrud yr olwg, croen brown a breichled aur yn diferu ar ei arddwrn. Golygus, heb os. Peryglus, pwy a ŵyr. Roedd e'n edrych yn ddigon parchus, ym marn Sally, er y gwyddai o brofiad nad oedd hynny'n faen prawf i ymddiried ynddo. Eisteddai'r cawr ar gadair droelli, ei gefn at y ffenest, wrth i'r dyn arall drin y clwyfau ar ei wyneb. Roedd blwch cymorth cyntaf ar agor ar y ddesg a'r sgwrs yn llifo rhyngddynt, er na allai Sally glywed gair trwy'r gwydr dwbl. Caeodd ei llygaid er mwyn gwrando, ond oherwydd curiadau gwyllt ei chalon, traffig parhaus y ddinas a'r ffenest gaeedig, ni allai glywed gair. Aeth yn ôl at flaen yr adeilad. Oedodd. Roedd hi ar fin gadael, gan obeithio y byddai Daf yn gallu ei helpu o bell yfory, ond daeth i'r casgliad bod cyfle i gael ambell ateb fan hyn. Gwthiodd trwy'r bwlch yn y drws, heb gyffwrdd y porth rhag ofn iddo wichian, a throedio'n ddistaw ar draws y concrid oeliog i gyfeiriad drws agored y swyddfa. Gallai glywed y lleisiau'n glir, er gwaethaf y llais yn ei phen oedd yn sgrechian arni i redeg i ffwrdd.

"Before going to the flat, I wasn't even one hundred percent sure he took it." Dyfalodd Sally'n gywir mai'r cawr oedd yn siarad. "But I am now."

Roedd llais y dyn â'r gwallt gwyn yn adlewyrchu deunydd ei siwt. Sidanaidd. "Hang on, son. Let me get this straight. You shot the kid, but you weren't one hundred percent he took the money?"

Roedd hynny'n esbonio'r olwg fferllyd ar y cwpwl ifanc, pan welodd Sally nhw'n ffoi. Heb sôn am y sling a'r gwaed ar ddillad Lee.

"Yeah, well, that was a mistake. I didn't mean to pull the trigger, did I? It just happened. I mean, it didn't help me in any way. At least if he was conscious, I could have beaten the truth out of him."

"You always were a shit shot, Max ma boy!" Chwarddodd y ddau ar hynny, fel petaent yn trafod rhyw ddigwyddiad dibwys, yn hytrach nag ymosodiad ag arf angheuol. Lledodd croen gŵydd dros gorff Sally. Gwyddai ar unwaith ei bod hi'n clustfeinio ar ddynion drwg. Drwg iawn.

"There aren't enough shooting ranges around here, that's the problem, innit?"

"Plenty of driving ranges, mind."

"Tell me about it, Dad. Fuckin' golf wankers."

Chwarddodd y ddau unwaith eto, wrth i Sally wneud nodyn meddyliol o enw'r mab. Dyfalai mai'r hen ddyn oedd y BR yn enw'r garej tra mai Max oedd yr '& Son'.

"Ooof!" ebychodd y claf. "Careful, Dad. I think it's broken."

"And it wasn't even Lee who did this to you?"

"Nah. He was out cold, wasn't he. His little bitch girlfriend fuckin' heeled me right on the nose. Hurt like hell, I'm tellin' you."

"Hold still for a sec. I'm almost done now."

Safodd Sally tu allan i'r swyddfa yn gwrando ar anadlu dwfn y dynion. Roedd hi'n barod i adael pan gododd y lleisiau unwaith yn rhagor.

"We *have* to get that money back, son. No ifs. No buts. No fuckin' messing."

"I know, I know. No fuckin' mercy either. Not now. Not after what they just did to me. I'm gonna make them pay for this."

"We could lose the garage if we don't recover the cash."

"Not being funny, Dad, but we'll lose much more that that if we don't repay the fuckin' Bandidos."

Roedd Sally'n gyfarwydd ag enw'r gang. Roedd eu pencadlys ar gyrion Caerdydd, nid nepell o Gaerffili, a'u dylanwad yn bellgyrhaeddol, ar draws de Cymru a thu hwnt. Cyffuriau, gynnau, puteindai, gorelwa, twyll ar raddfa fawr, masnachu pobl, caethwasiaeth fodern – ochr dywyll bywyd, ac unrhyw beth am elw.

Dyna ddigon am heddiw, meddyliodd Sally, gan droi i sleifio o 'na. Yn araf ac yn osgeiddig, camodd am 'nôl ac ni welodd y tyndro dur oedd yn gorwedd ar lawr y garej. Ciciodd y cyfarpar ac atseiniodd y sain yn aflafar oddi ar waliau moel y modurdy; clywodd Sally leisiau syn y dihirod yn rhegi a diawlio dros bob man. Rhewodd Sally am eiliad pan welodd y ddau yn ymddangos yn nrws y swyddfa. Syllodd arnynt am amrant, cyn troi a ffoi trwy ddrws ffrynt yr eiddo, ac allan i'r nos, gan orfoleddu iddi wisgo'i sbardiau Air Max heddiw, yn hytrach na bŵts lledr neu beth bynnag. Gwibiodd i ffwrdd wrth y garej, yn hyderus na fyddai'r dihirod yn ei dal. Dim ar droed, ta beth. Roedd un yn rhy hen, a'r llall yn rhy drwsgl o lawer, diolch i'w gyhyrau aruthrol. Cyrhaeddodd Heol

Penarth mewn record byd, rhedeg i gyfeiriad afon Elái a fflagio tacsi ar y cyfle cyntaf. Trwy gydol y daith, edrychodd Sally trwy'r ffenest gefn gan gadw llygad ar agor am unrhyw gynffon amlwg. Arhosodd y tacsi ar Stryd Westbourne, rownd y cornel o'r lle gadawodd ei char. Talodd y gyrrwr a dechrau cerdded yn betrus i lawr y stryd, yn cuddio tu ôl i gar segur pan ddaeth cerbyd i'w chyfeiriad. Gwyliodd hwnnw'n gyrru heibio, ei chalon yn ei gwddf, ond dim ond un person oedd yn y cerbyd, felly cododd a brasgamu'n ôl at gysegr ei char.

Gyrrodd adref yn llawn emosiynau croes. Ofn pur, o ran ei diogelwch ei hun a diogelwch y cwpwl ifanc; a rhyddhad llwyr eu bod nhw i gyd wedi dianc o grafangau'r dynion drwg. Roedd y ffaith eu bod nhw wedi gweld ei hwyneb yn destun peth pryder, heb os, ond ddim hanner cymaint â'r hyn roedd hi'n ei deimlo dros Luned a Lee. Er yn gwbl anghredadwy, os oedd yr hyn a glywodd yn y garej yn wir roedd Lee a Luned wedi dwyn arian gan BR Edwards a'i fab, Max. Ac yn awr byddent yn cael eu hela ganddynt, gan fod dyfodol y dihirod yn y fantol. Roedd achos cyntaf Sally wedi ffrwydro mwyaf sydyn. Er nad oedd yn teimlo'n rhy blês am hynny ar hyn o bryd.

Ar ôl noson ddi-gwsg, roedd Sally ar ei ffordd yn ôl i Benarth ben bore pan gafodd alwad ffôn gan Dafydd Benson. Wedi dwy funud o falu cachu, gyda Sally'n gyndyn iawn i rannu gormod o fanylion gyda'i phartner gwaith, rhag ofn, trodd y sgwrs o'r diwedd at BR Edwards & Son.

"Billy Ray yw'r tad, Max yw enw'r mab. Yn ôl y system, digon o gyhuddiadau, ond dim lot yn sdicio. Persons of interest mewn nifer o achosion. Lot ohonyn nhw dal yn agored. Amheuaeth bod y garej yn ffrynt i weithredoedd anghyfreithlon. Golchi arian yn bennaf. Ond hefyd sïon am gyffuriau a thrin cerbydau wedi'u dwyn. Math yna o beth. Low level organised crime. 'Na beth ma rhywun wedi nodi fan hyn. Ac ma Max wedi treulio amser er pleser ei mawrhydi..."

"Be nath e?"

"Uhm... aros funud... co fe... Manslaughter. Laddodd e foi o'r enw Ryan McKay pan yn gweithio fel bownser yn y dref. One punch, apparently. Pum mlynedd o ddedfryd, mas ar ôl dwy a hanner. Good behaviour. Ti'n gwbod y dril."

"Ma hynny'n esbonio'r deigryn ar ei foch, o leia," myfyriodd Sally. "A beth am y tad?"

"Dim yw dim. So fe byth wedi bod o flaen ei well. Dim unwaith. Ma fe'n hollol lân. Ar yr arwyneb, anyway."

"Ond ddim rili, reit?"

"Reit."

"Unrhyw beth arall ddylwn i wybod?"

Anwybyddodd Daf y cwestiwn. "Beth sy'n mynd mlân, Sal? Swnio 'bach mwy difrifol na dod o hyd i'r ferch 'na."

"Background check, 'na i gyd. Dim byd i boeni amdano." Teimlai Sally braidd yn euog am beidio â dweud y gwir wrtho. Wedi'r cyfan, roeddent yn hen ffrindiau, ac wedi rhannu nifer fawr o brofiadau yn sgil eu gwaith a fyddai'n cynnal y berthynas am weddill eu bywydau. Ond roedd dau reswm am beidio â bod yn gwbl agored gyda fe'r bore hwn. Yn gyntaf, gwyddai Sally fod y cwpwl ifanc wedi dwyn arian gan y tad a'r mab, ac felly eu bod nhw wedi torri'r gyfraith eu hunain. O ganlyniad, nid oedd Sally eisiau galw am gymorth yr awdurdodau. Ddim eto, ta beth. Yn ddelfrydol, byddai'n dod o hyd iddynt ac yn datrys y sefyllfa heb orfod denu sylw neb. Gwyddai hefyd fod hynny'n reit afrealistig, ond dyna ei nod, am nawr. Yn ail, roedd Sally'n flin iawn am benderfyniad ei huwch-swyddogion, DCI Colwyn yn benodol, i'w gwahardd o'r gwaith am yr hyn a wnaeth i Jac Edwards ym mwyty Parentis. O ganlyniad, nid oedd yn sicr o'i sefyllfa broffesiynol bellach ac roedd hi'n benderfynol o brofi rhywbeth iddyn nhw, a hefyd iddi hi ei hun. Byddai'n galw am gymorth pan fyddai angen. A dim eiliad ynghynt.

"Bydd yn ofalus, olreit."

"Diolch, Daf," atebodd Sally, gan orffen yr alwad wrth droi'r car oddi ar yr A4232 a dod i stop bron ar unwaith yn y traffig oedd yn ymlwybro heibio i'r stadiwm hoci iâ salw a'r pwll nofio anferth tu hwnt i hen uned Toys "R" Us. Roedd wedi dechrau bwrw glaw, y dafnau'n dyrnu to y car, a gwyliodd Sally'r dŵr yn sboncio oddi ar y car o'i blaen a'r tarmac o dan y teiars. Wrth basio Canolfan Hamdden Cogan, ystyriodd eiriau Daf. Doedd dim amheuaeth bellach bod Luned a Lee mewn trwbwl mawr. Er y diffyg erlyniad cyfreithiol, roedd hi'n amlwg bod Billy Ray a Max Edwards yn aelodau o isfyd oedd yn anweledig i'r rhan fwyaf o bobl. Rywffordd neu'i gilydd, roedd Luned a Lee wedi cael eu tynnu i mewn i'r trobwll tywyll, ac roedd Sally'n gwybod bod raid iddi eu helpu nhw i gyrraedd y lan, neu o leiaf i droedio'r dŵr tan i'r storom ostegu.

Parciodd ei char yn union yr un fan ag y gwnaeth y diwrnod blaenorol a rhedodd draw at Deli'r Arth. Roedd y lle o dan ei sang ac arogleuon brecwast yn crogi yn yr aer. Bacwn, wy a choffi ffres. A bara cynnes yn plethu â lleithder y bore, oedd yn codi o bob cot ac ymbarél yn y caffi. Sganiodd y cownter ond, yn ôl y disgwyl, nid oedd Luned ar gyfyl y lle. Arhosodd Sally nes bod y rhuthr boreol wedi tawelu, cyn gofyn i gael siarad â'r rheolwr. Sioned oedd ei henw, a datgelodd wrth Sally fod Luned wedi ffonio ben bore o'i gwely i ddweud na fyddai'n dod i mewn.

"Ffliw," oedd ei hateb amwys.

Gofynnodd Sally a fyddai modd cael ei rhif ffôn symudol, am ei bod yn amau bod un Luned yn wahanol i'r un rannodd Glenda gyda hi. Nid oedd Sioned yn siŵr i gychwyn, ond ar ôl i Sally esbonio ei bod yn gweithio i'w mam, oedd yn poeni am ei merch ar ôl iddi golli ei babi, cytunodd.

Yn y car, ceisiodd Sally gysylltu â Luned, ond nid atebwyd yr alwad. Dyrnodd y llyw'n galed mewn rhwystredigaeth. Roedd y trywydd yn oer unwaith eto. Yn rhewllyd, mewn gwirionedd.

Cwato

"O'N I'N GWBOD fyddech chi 'nôl," meddai Efan, â gwên flinedig, wrth sefyll o flaen ei garafán foethus yn ei ddresin gown; gwynt main yr hydref yn dawnsio o gwmpas ei bigyrnau a'r Crocs tyllog am ei draed yn gwneud dim i wrthsefyll oerfel y nos.

Ond wrth i Lee a Luned gamu o'r fan ac agosáu at reolwr parc carafannau Maes yr Wylan, diflannodd y wên pan welodd Efan eu hanafiadau. Hyd yn oed yng ngolau gwan yr unig lamp yn y cyffiniau, roedd y difrod yn amlwg ddifrifol. Rhyw fis ynghynt, ffarweliodd â chwpwl ifanc llawn breuddwydion, dyheadau a gobaith; ond heno, yn sefyll o'i flaen, gwelodd ddwy gragen ddynol oedd ag angen sylw meddygol, a hynny ar frys.

"Beth yn y byd ddigwyddodd i chi?" Saethai llygaid Efan yn ôl ac ymlaen rhwng boch waedlyd Luned a'r sling am fraich Lee.

"Stori hir…" Gwenodd Lee arno'n gam, gan wingo mewn poen.

"Sgen ti git cymorth cyntaf?" gofynnodd Luned.

"Wes, wes, dewch 'da fi."

Arweiniodd Efan y cwpwl at y dderbynfa a gorfoleddodd Luned wrth weld bod llawer mwy na chit cymorth cyntaf ganddo. Yn hytrach, roedd gan y maes carafannau ystafell feddygol fechan, drws nesaf i swyddfa'r rheolwr.

Gorweddodd Lee ar wely tebyg i'r rheiny sydd i'w gweld ym mhob meddygfa ar hyd a lled y wlad. Safodd Luned wrth ei ochr, gan edrych ar ei phartner yn llawn emosiynau croes. Ar un llaw, roedd hi'n gandryll iddo wneud yr hyn a wnaeth, sef dwyn swm sylweddol o arian oddi ar ei gyflogwyr, a llusgo'r ddau ohonyn nhw i fyd o boen lle nad oedd modd gweld ffordd allan; ond ar y llaw arall, ni allai ddychmygu bywyd hebddo, felly nid oedd am ei golli i'w glwyfau heno. Petai'n marw fan hyn nawr, ni châi gyfle i'w geryddu maes o law, ac roedd yn edrych ymlaen at hynny. Wylodd Lee yn ffwndrus yr holl ffordd o Gaerdydd i Geredigion, gan bledio am faddeuant ei gariad am fod mor hurt. Byddai'n rhaid trafod y mater yng ngolau dydd, pan fyddai Lee wedi dod ato'i hun, ond meddalodd cynddaredd Luned tuag ato pan esboniodd mai eu dyfodol nhw oedd ganddo mewn golwg pan stwffiodd yr arian i'w warfag. Dim mwy, dim llai. Rhewodd Luned wrth gofio nad oedd syniad ganddi beth i'w wneud nesaf, o ran trin anafiadau Lee. Difarodd beidio â mynychu cwrs cymorth cyntaf yn yr ysgol, er nad oedd yn credu am eiliad bod cyrsiau o'r fath yn cynnwys modiwl ar drin briw wedi'i achosi gan fwled.

Trodd at Efan, a gwelodd yntau'r anobaith yn ei llygaid. Camodd ati a rhoi cwtsh dynn iddi. Er nad oedd yn ei hadnabod yn dda, roedd e'n gwybod pryd roedd angen cysur ar rywun. Brwydrodd yn erbyn yr ysfa i ofyn beth ddigwyddodd i Lee. Gallai hynny aros. Roedd angen sylw ar ei hen ffrind, a hynny ar frys. Gwyddai Efan fod Lee wedi colli lot o waed gan fod ei groen yn welw tu hwnt, felly gollyngodd Luned a mynd ati i gasglu'r cyfarpar angenrheidiol. Wedi gwneud, camodd at y claf a mynd ati i ddatod y sling ac archwilio'i anaf. Er nad oedd Efan wedi gweld unrhyw beth tebyg o'r blaen, gwyddai mai bwled oedd wedi achosi'r difrod. Edrychodd ar Luned, oedd yn sefyll ar ochr arall y gwely yn dal llaw dde ei chariad, ond ni allai edrych arno. Dyfalodd Efan ei bod hithau wrthi'n prosesu'r manylion, a gwyddai'n iawn nad dyma'r amser i bwyso arni am atebion.

Dros yr hanner awr nesaf, aeth Efan ati i helpu ei ffrind, a llongyfarchodd Luned ei hun ar ei phenderfyniad i ddychwelyd i Aberaeron. Yn ffodus, cyn gadael y fflat, roedd Luned wedi clymu llindag cyntefig o amgylch beisep ei chariad a gosod pecyn o bys wedi'u rhewi yn y sling. O ganlyniad, ataliwyd llif y gwaed yn ystod y siwrne, ac aeth Efan ati'n syth i olchi'r clwyf gydag alcohol meddygol a chlwtyn diheintiedig. Yna, defnyddiodd fflachlamp bwerus i archwilio'r clwyf, gan edrych am ddarnau bach o ddur yn y cnawd, malurion y fwled; ni allai weld unrhyw beth i godi ofn, nac unrhyw reswm i fynd â Lee i'r ysbyty, lle byddai clwyf o'r fath yn denu sylw'r awdurdodau.

"'Drych," medd Efan, yn mynnu bod Luned yn edrych ar y twll. "A'th e'n syth trwy'r cyhyr 'ma, sa i'n gwbod ei enw." Pwyntiodd at y brachioradialis, sef y cyhyr islaw'r penelin.

"Fydd o'n iawn?" gofynnodd Luned.

"Bydd, glei," gwenodd Efan arni. "Sa i'n meddwl bod unrhyw asgwrn wedi cael damej. Syth trwy'r mysl a mas yr ochr draw. Blydi lwcus."

Cododd Lee ei ben ac edrych ar Efan, ei lygaid yn goch a'i dalcen wedi crychu dan bwysau'r poen. "O's ffycin' paracetamol 'da ti?"

"Gwell na 'nny, gwboi," atebodd Efan, gan estyn potel o tramadol toddadwy oddi ar y silff, ynghyd â phecyn ffres o dabledi ibuprofen 400mg ac un dabled 2mg o diazepam. Wrth i Luned helpu Lee i gymryd y moddion, aeth Efan ati i chwilota yn y cit cymorth cyntaf am nodwydd ac edau feddygol. Ac erbyn i Lee orffen llyncu'r poenladdwyr, roedd Efan yn syllu ar ei ffôn symudol, gan ganolbwyntio'n llwyr ar y sgrin.

"Be ti'n neud?!" ebychodd Luned, wedi'i synnu braidd, gan obeithio nad oedd e'n llwytho lluniau i Insta neu rywbeth.

Trodd Efan y sgrin i ddangos iddi. "Tiwtorial bach clou," atebodd, gan wenu arni. "Sa i erio'd wedi neud stitches o'r blaen. Wel, dim ar gnawd dynol ta beth. Ond paid poeni, fi'n dab hand ar fficso sanau, felly dylen i fod yn iawn."

Chwarddodd Luned ar hynny; beth arall allai hi wneud? Yna, dan gyfarwyddyd Efan daliodd y clwyf ar gau â'i bys a'i bawd er mwyn iddo allu pwytho dau ben y twll bwled at ei gilydd. Gwyliodd ei ddwylo wrth eu gwaith, yn gwnïo'r cnawd, gan ryfeddu at ei fedrusrwydd a diolch i holl dduwiau'r byd iddi ddod â Lee i'r fan hyn. Ymhen ugain munud, roedd y pwythau yn eu lle, pedwar bob pen, eli gwrth-fiotig wedi'i daenu ar y briwiau, dresin gwrthfeicrobaidd yn haenen adferol dros hynny a bandej trwchus yn gorchuddio'r cyfan.

Yn olaf, estynnodd Efan chwistrell a photel o hylif lleidiog o ddrôr cloëdig yn y ddesg. "Tetanus," oedd ei esboniad un gair, wrth iddo fynd ati i fesur y dos a phigo braich ei ffrind, oedd bellach yn cysgu'n braf dan effaith y diazepam.

Roedd Luned mewn llesmair yn syllu ar ei chariad yn chwyrnu; roedd yr adrenalin wedi gadael ei chorff, a blinder llethol yn ei meddiannu.

"Diolch, Efan," sibrydodd, wrth i'w choesau blygu oddi tani.

Gwelodd Efan hi'n mynd a llwyddodd i'w dal cyn iddi gwympo. Yna, gosododd hi'n ofalus ar y gwely arall, codi allweddi'r fan a mynd i'w pharcio yn y sied storio peiriannau, rhag ofn bod pwy bynnag a ymosododd arnynt ar ei hôl ac yn y cyffiniau.

★

"Caerfyrddin?" gofynnodd Sally, yn ceisio cuddio'i rhwystredigaeth. "Alli di fod yn fwy manwl na hynny?" Roedd hi'n ôl yn ei thŷ teras yng Ngerddi Hwyan bellach, ar ôl ymweld â Deli'r Arth ben bore, ac yn ceisio ailadeiladu'r achos o gols oerllyd y diwrnod cynt.

"Sori, Sal," medd Daf, gan deimlo fel petai wedi siomi ei bartner rywffordd, er ei fod yn gwneud yr holl waith yma fel ffafr iddi. "Cofnododd y system ANPR rif cofrestredig y fan yng Nghaerfyrddin neithiwr am naw un deg tri pî-em."

"Dim byd ar ôl hynny?"

"Na. Ond y broblem sydd gyda ti yw sdim garantî bod y fan yn dal yn yr ardal achos bod y rhwydwaith o gamerâu sy'n rhan o'r system yn teneuo i ddim y pella i'r gorllewin ti'n mynd. Os ti moyn diflannu, cer i Ben Llŷn. Neu Solfach. Sarnau. Tegryn. Plwmp..."

"Ok, ok, I get the picture!" brathodd Sally, cyn ymddiheuro. "Sori. Fi'n blydi nacyrd. Heb gysgu'n iawn ers sbel nawr."

"Dim chwys," oedd ateb tosturiol Daf. "Ti 'di clywed am Jac?"

Dihunodd Sally yn sydyn wrth glywed yr enw. "Na! Beth?"

"Gafodd e 'i resto neithiwr ar ôl i ddwy fenyw arall ei gyhuddo o'r un peth ddigwyddodd i ti. Date rape. Rhoi cyffur yn eu diodydd, ti'n gwbod."

Eisteddodd Sally wrth y bwrdd bach yn ei chegin â gwên fawr ar ei hwyneb. Byddai Jac Edwards yn cael ei haeddiant, ac roedd hynny'n destun dathlu. Ond dim eto. Roedd ganddi achos i'w ddatrys. Ystyriodd beth i'w wneud nesaf. Doedd dim syniad ganddi, a dweud y gwir. Roedd ganddi lond llaw o ffeithiau. Gwyddai fod Luned a Lee mewn trafferth mawr, ar ôl dwyn arian oddi ar Billy Ray a Max Edwards. Gwyddai fod y tad a'r mab mewn dyled i'r gang beicwyr, y Bandidos, a bod siawns gref y byddent yn colli eu busnes o ganlyniad i'r hyn roedd Lee wedi'i wneud. Gwyddai fod y dihirod yn mynd i'w herlid, gan wneud pob dim i ddod o hyd iddynt er mwyn adfer eu harian ac achub eu crwyn a'u bywoliaeth. Gwyddai fod y cwpwl ifanc wedi diflannu gan deithio i'r gorllewin, o leiaf cyn belled â Chaerfyrddin. Gwyddai fod Max wedi saethu Lee…

Bingo! Chwiliodd am rif ffôn Ysbyty Glangwili a defnyddio'i llais proffesiynol a'i rhif heddlu personol i ganfod nad oedd unrhyw un wedi dod i'r ysbyty y noson cynt i gael trin clwyf bwled. Trawodd y ffôn ar y bwrdd a mynd i ferwi'r tegell. Wrth falu ffa coffi yn y teclyn bach trydanol, trodd ei meddyliau at Karen Jones. Efallai y gallai hi helpu.

"Hia. Karen sy 'ma. Gadewch negas!"

"Helô Karen. Sally Morris yn siarad. Dim byd i boeni amdano. Cwestiwn sydd gyda fi. Oes gan Lee unrhyw ffrindiau neu gysylltiad ag ardal Caerfyrddin, neu hyd yn oed Sir Benfro neu Geredigion? Rho showt os ti'n gallu helpu. Diolch."

Ailadroddodd y neges, y tro hwn i beiriant ateb Mo, rhag ofn ei fod e'n gwybod mwy na mam Lee. Yna, aeth Sally i orwedd lawr. Roedd hi *yn* nacyrd, doedd dim amheuaeth o hynny. Dihunwyd hi ryw hanner awr yn hwyrach gan gloch aflafar ei ffôn, yn trydar a dirgrynu ar y bwrdd bach wrth ochr ei gwely.

"Helô," atebodd Sally, ei llais yn gryg gan gwsg.

"Karen sy 'ma. Ti'n swnio'n rhyfadd."

"Llwnc tost," meddai Sally, am nad oedd eisiau cyfaddef ei bod yn cysgu yng nghanol dydd, gyda Karen yn gweithio dwy swydd er mwyn cadw dau ben llinyn ynghyd.

Llamodd Karen heibio i'r dymuniadau a'r mân siarad arferol, gan fynd yn syth ati i ateb cwestiynau Sally.

"Roedd ei dad yn arfar mynd â fo i Aberaeron, sti. Gwyliau haf a ballu. Do'n i ddim yn mynd. Dwi'n casáu campio. Amser i'r tad a'r mab. Bondio. Barbiciws. Sgota. Nofio yn y môr. Math yna o beth."

"Oedden nhw'n aros yn yr un lle? Neu oes ffrindiau neu deulu yn yr ardal?"

"Oeddan. Yr un gwersyll bob tro, ond dwi'm yn cofio'r enw na dim. Sori."

"Paid ymddiheuro!" ebychodd Sally. Efallai fod y manylion yn amwys, ond o leiaf roedd rhywbeth ganddi i'w gwrso nawr.

"Dwi'n cofio fo'n sôn am hogyn yr un oed. Elis. Emlyn. Elian. Efan, neu Eban hyd yn oed. Cychwyn efo 'E', dwi'n sicr o hynny."

Wedi diolch iddi am ei chymorth, ochrgamu cwpwl o gwestiynau lletchwith, a dweud celwyddau lu am les Lee a Luned, cododd Sally o'r gwely wedi cael ail wynt.

Cyrhaeddodd Aberaeron yn hwyr y prynhawn a dod o hyd i westy gwely a brecwast digon pleserus, dau ddrws i lawr o westy'r Harbourmaster, ond am hanner y pris.

Treuliodd y diwrnod canlynol yn crwydro'r strydoedd, ar drywydd fan Lee, neu hyd yn oed y cwpwl ifanc eu hunain – ond yn ofer. Dilynodd fap y dref ar ei ffôn symudol, gan archwilio pob stryd ac ali gefn y daeth ar eu traws. Digalonodd â phob cam, ond er na ddaeth o hyd i'r cerbyd nid oedd angen colli pob gobaith eto.

Ar y dydd Iau, ymwelodd â phob gwersyll a maes carafannau yn y cyffiniau, gan grwydro'n rhydd o amgylch y safleoedd. Daeth i ddeall bod gwyliau hanner tymor ysgolion Cymru yr wythnos wedyn, gan nodi diwedd answyddogol y tymor gwyliau. O ganlyniad, roedd nifer o Saeson yn crwydro'r dref ac yn aros yn y meysydd gwyliau, am fod ysgolion Lloegr yn cau wythnos yn gynt nag yng Nghymru, ac felly gallai Sally grwydro'n gwbl agored, heb ddenu sylw neb. Fodd bynnag, yr un oedd y canlyniad. Dim fan. Dim Lee. Dim Luned.

Ar ddiwedd y dydd, roedd ei choesau a'i thraed yn gwegian wrth iddi ymlwybro'n ôl at y gwesty, ond er gwaethaf ei syrthni anelodd at ben draw'r cei, er mwyn gwylio'r tonnau'n torri am funud neu ddwy. Syllodd i'r dyfroedd wrth i'r anobaith donni drosti. Roedd y trywydd yn oer unwaith eto, a dim arwydd o Luned a Lee yn unman. Trodd ei chefn ar Fae Ceredigion a hercian heibio i westy'r Harbourmaster, lle stopiodd yn ei hunfan am hanner eiliad pan welodd, trwy un o ffenestri'r bwyty, ddau wyneb cyfarwydd yn gloddesta.

Doedd dim gwadu'r gwallt gwyn cyrliog a'r siwt Eidalaidd ddrud, nac ychwaith y cyhyrau boliog a'r tatŵs oedd yn eu gorchuddio. Efallai ei bod hi ar y trywydd cywir wedi'r cyfan, meddyliodd, heb sylweddoli mai hi oedd wedi arwain Billy Ray a Max i'r fan hyn.

*

Dri diwrnod ar ôl i Efan drin ei glwyfau, roedd Lee yn ôl ar ei draed ac yn teimlo'n well na'r disgwyl. Wrth reswm, roedd ei fraich chwith yn dal yn boenus, ond roedd y clwyfau'n gwella fel y dylent a dim arwydd o haint yn agos atynt. Gwyddai Lee iddo gael eilliad agos. A doedd e ddim eisiau hyd yn oed meddwl am yr hyn a ddioddefodd Luned wrth law Max. Dim ond i un lle'r oedd yr ymosodiad yn arwain, ac nid at baned o de a sgwrs fach gyfeillgar oedd hynny. Gyda'r fan o dan glo ac allan o'r golwg, ac Efan wedi rhoi carafán wag i Luned ac yntau aros ynddi, yn barhaol os mai dyna oedd eu dymuniad, roedd Lee yn teimlo'n ddiogel yma. Roedd e'n hyderus na fyddai Billy Ray a Max byth yn dod o hyd iddynt fan hyn. Eisteddodd ar y soffa, syllu trwy'r ffenest a gadael i'w feddyliau grwydro. Gallai weld y môr yn y pellter, tu hwnt i'r garafán olaf ar y maes, ac yn ôl â fe i draethau ei blentyndod. Gwelai ei dad yn pysgota ar y creigiau, dau facrell yn coginio ar y tân agored y tu allan i'w babell simsan, oedd ddim yn dal dŵr. Llyfodd ei wefusau a blasu'r heli. Clywodd gecran y gwylanod ar y gwynt...

"Croeso 'nôl," meddai Luned, wrth gamu i'r garafán yn cario dillad gwely glân, a gwenu wrth weld bod Lee wedi codi. "Sut wyt ti'n teimlo?"

Ond nid atebodd Lee ei chwestiwn. Trodd ei ben a syllu arni. "O'n i'n meddwl mai fever dream o'dd e."

"Be?"

"Dy wallt di."

Cododd Luned law at ei phen yn wylaidd. Roedd y cudynnau hir brown wedi diflannu, ac yn eu lle roedd gwallt picsïaidd byr, lliw blond perocsid.

"Ti'n licio fo?"

Nodiodd Lee a gwenu arni. Eithafol, ond effeithiol, meddyliodd. "Ti'n edrych yn amazing."

"Diolch," meddai hithau, gan ysgwyd ei phen yn chwareus.

Eisteddodd wrth ochr ei chariad, a gwyliodd Lee ei hwyneb yn caledu. Trodd ato a gafael yn ei law dde. Mwythodd y gwythiennau ar ei chefn, a chododd croen gŵydd ar hyd a lled corff Lee. "Paid â meddwl am eiliad mod i ddim yn pissed off efo chdi," dechreuodd Luned, gan geisio rhoi trefn ar ei meddyliau wrth fynd ymlaen. "Dwi'n methu coelio i ti ddwyn hannar can mil wrth y giangstars 'na, ond ar ôl yr ymosodiad dwi sort of yn falch bo ti 'di gneud."

Iawndal oedd y gair. Iawndal am y poen meddyliol, seicolegol, emosiynol a chorfforol y dioddefodd y ddau ohonynt wrth law Max Edwards. Wrth gwrs, gwyddai na fydden nhw'n cytuno â hynny, ond dyna fel y gwelai Luned bethau. Yn ei barn hi, doedd y tad a'r mab ddim yn haeddu'r un geiniog o'r cyfanswm ar ôl i Max wneud yr hyn a wnaeth.

"Sori," sibrydodd Lee.

"Mae'n rhy hwyr i hynny, tydi? Does dim troi'n ôl rŵan. Hence yr extreme makeover."

"Bydd angen i fi neud yr un peth. Number one. Barf."

"Bydd. Ond efo dy fraich di mewn sling, gwell i ti gadw allan o'r golwg. Rhag ofn."

"Rhag ofn beth?"

"Rhag ofn bydd rhywun yn dod ar ein holau ni."

Wfftiodd Lee ei phryderon. "Ni'n iawn fan hyn, Lun. Hollol saff. Wedes i ddim byd wrthyn nhw am fy nghefndir. Dim byd am Ynys Môn, ac yn sicr ddim gair am Aberaeron. Cyn belled ag ma'n nhw'n gwbod, Lee Jones o Birchgrove ydw i, a sa i erioed wedi gadel Caerdydd. A sa i'n meddwl 'nes i weud dy enw di wrthyn nhw chwaith."

"Ella fod hynna'n wir, ond rhaid i ni bwyllo. Rhaid i ni fod yn ofalus, Lee. Yn wyliadwrus. Ma pum deg mil yn andros o lot o arian."

"So beth yw'r plan?"

"Dwi 'di bod yn helpu Efan rownd y lle. Jyst dros wsos sy'n

weddill o'r tymor gwylia. Hannar tymor ysgolion Cymru wsos nesa, ac wedyn ma'r lle'n cau am y gaea. Dwi 'di deud popeth wrth Efan…"

Pefriodd llygaid Lee ar glywed hynny. *"Popeth*?!" ebychodd.

"Wel, dim *popeth*, popeth. 'Nes i'm deud am y pres. Jyst bo ni 'di cael bach o draffarth yng Nghaerdydd ac wedi gorod gadael ar frys."

"O'dd e'n hapus gyda hynny ti'n meddwl?"

"Yn ddigon hapus i beidio â holi mwy o gwestiyna. Ddim i fi o leia. Dw i'n siŵr y bydd o'n codi'r pwnc efo chdi. Wedi'r cwbl, dim bob dydd ma hen ffrind yn landio ganol nos efo twll bwled yn 'i fraich. Rhaid 'i fod o'n ama bod mwy i'r stori, ond ti fydd yn gorod atab ei gwestiyna, dim fi."

"Digon teg," cytunodd Lee, gan wybod mai ei fai ef oedd hyn i gyd.

"Ma Efan yn fodlon i ni aros yma am byth os 'dan ni isho. Sdim llawar o waith yma dros y gaea, ond digon o jobsys cynnal a chadw i dy gadw di'n brysur."

"Beth amdanot ti?"

"Mi ddo i o hyd i waith arall, sti, paid poeni. Llnau neu weithio yn un o'r tafarndai."

"Beth am y coleg? Prifysgol?" gofynnodd Lee, gan wybod y byddai Luned yn gwastraffu ei doniau'n tynnu peints.

"Rhaid i hynny aros am rŵan. Cadw'n penna i lawr ac ennill digon o bres i roi bwyd ar y bwr'. Dyna'r unig beth pwysig. Iawn?"

"Good plan." Tynnodd Lee ei gariad ato a'i chusanu ar ei phen.

Tynnodd Luned i ffwrdd ac edrych arno'n ddifrifol. "Un cam ar y tro, mistar. Dwi dal yn pissed off efo chdi."

Gwenodd Lee arni, a gorwedd yn ôl ar y soffa i wylio'r

awyr las yn cael ei disodli gan gymylau llwyd-ddu. Ac ar ôl bwyta pasta pesto yng nghwmni'i gilydd, aeth Luned yn ôl i'r dderbynfa tra dychwelodd Lee at ei dad a thraethau euraid ei atgofion.

*

Dros y ddeuddydd nesaf, gydag un llygad yn edrych dros ei hysgwydd yr holl amser, crwydrodd Sally strydoedd Aberaeron yn chwilio am Luned a Lee. Nid oedd wedi gweld Billy Ray a Max Edwards yn unlle, a dyfalodd eu bod nhw wedi mynd adref i Gaerdydd. Roedd hithau'n teimlo fel gwneud yr un peth, ond bwriadai dreulio diwrnod arall yn ceisio dod o hyd i'r cwpwl ifanc cyn rhoi'r gorau iddi a ffonio Glenda gyda'r newyddion drwg.

Â'r glaw yn disgyn a'r cei dan glogwyn o niwl trwchus, aeth Sally i'r Llew Du am ginio. Byddai wedi hoffi blasu'r hyn oedd gan yr Harbourmaster i'w gynnig, ond ni allai fynd ar gyfyl y lle ar ôl gweld y tad a'r mab yn bwyta yno, rhag ofn eu bod nhw'n aros yna hefyd; rhag ofn y byddent yn ei hadnabod o'r garej y noson o'r blaen. Roedd hynny'n eithaf annhebygol, yn nhyb Sally, gan nad arhosodd yno'n ddigon hir iddynt gael golwg dda arni. Fodd bynnag, roedd hi'n bur debygol bod ei hwyneb wedi'i gipio ar deledu cylch cyfyng yr eiddo, felly pwyll piau hi.

Archebodd leim a soda i yfed a sgampi a sglods i fwyta. Eisteddodd mewn cornel tawel, tua chefn y dafarn, ac aros am ei bwyd. Canodd ei ffôn a gwelodd enw Mo yn fflachio ar y sgrin. Cadarnhaodd Mo mai Efan oedd enw ffrind plentyndod Lee yn Aberaeron. Roedd e'n cofio'n iawn gan iddo yntau dreulio haf hir yn ei gwmni, ar ôl sefyll ei arholiadau TGAU.

Mab i berchnogion un o feysydd carafannau'r ardal oedd Efan, er na allai gofio'i gyfenw. Ar ben hynny, fel Karen Jones gynt, ni allai ddwyn i gof enw'r gwersyll chwaith. Diolchodd Sally iddo, a dod â'r alwad i ben eiliadau'n unig cyn i'w bwyd gyrraedd.

Ailafaelodd yn ei thasg ar ôl cinio gydag eiddgarwch a brwdfrydedd digyffelyb. Y tro hwn, targedodd feysydd carafannau'r ardal yn unig, gan ofyn am gael siarad ag Efan wrth gyrraedd, yn y gobaith o ddod wyneb yn wyneb â'r dyn ei hun. Edrychodd y gweithwyr yn y ddau faes cyntaf arni'n syn, ac roedd hi bellach wedi parcio tu allan i Faes yr Wylan ar gyrion y dref. Edrychodd yn y drych, ond doedd dim sôn am Billy Ray a Max yn unman. Er hynny, roedd rhyw ofn di-sail yn procio'i hisymwybod. Camodd o'r car a thynnu'i hwd dros ei phen, gan fod y glaw yn pistyllio bellach. Teimlodd blwc arall yn ei bol, a heb feddwl, aeth i fŵt y car, agor y bag lledr oedd yn gorwedd yno, a gafael yn ei baton gwaith telesgopig. Cuddiodd y baton tu fewn i'w chot, ac wrth wneud cofiodd am y gwn taser, a rhoddodd hwnnw yn ei phoced hefyd.

Cyn gynted ag yr aeth hi heibio i'r glwyd ddiogelwch wrth fynedfa'r parc, gwelodd Luned yn gweithio tu ôl i'r dderbynddesg. Oedodd. Syllodd. Roedd hi wedi torri a lliwio'i gwallt, ond doedd dim amheuaeth mai hi oedd yno, yn bennaf achos y clais cas ar ei boch. Arhosodd Sally yn yr unfan, y glaw yn taranu ar ei hwd, ond y Gore-Tex yn gwneud ei waith gan gadw'i gwallt a'i chorff yn sych. Rhewodd am eiliad heb wybod yn iawn beth i'w wneud. Roedd Luned yn fyw, o leiaf, ond a allai Sally ddweud wrth Glenda bod ei merch yn ddiogel ac yn hapus? Penderfynodd mai'r unig ffordd o ganfod y gwir oedd trwy fynnu gair bach tawel gyda hi.

*

Cododd Luned ei phen o'r sgrin a gwylio'r cwsmer diweddaraf yn camu i'r dderbynfa i gysgodi rhag y glaw. Roedd Efan yn y swyddfa y tu ôl iddi, a Lee yn dal yn gorffwys yn y garafán. Roedd Luned wedi ymgolli yn y gwaith gweinyddol, ond adnabu hi ar unwaith pan dynnodd ei hwd.

Y fenyw oedd wedi ei dilyn hi adref o'r deli!

Y fenyw ar y fainc!

Camodd y fenyw at y ddesg a dechrau dweud rhywbeth am weithio i'w mam. Ond ni chlywodd Luned weddill yr esboniad, oherwydd ffrwydrodd y drws ar agor y tu ôl iddi, ac i mewn i'r dderbynfa daeth Max Edwards a'i dad, Billy Ray.

*

"Fy enw i yw Sally Morris a dwi'n gweithio i dy fam," dechreuodd Sally esbonio, gan wenu'n garedig ar Luned. Edrychodd Luned i fyny o'r cyfrifiadur, gan syllu dros ysgwydd Sally. Llenwodd ei llygaid ag ofn pur.

Y tu ôl i Sally, ffrwydrodd y drws ar agor, gan wneud i'r gloch ganu'n aflafar. Trodd Sally ar ei sawdl, yn gwybod pwy oedd yno cyn iddi hyd yn oed eu gweld. Safai rhwng Max a Luned, a doedd dim gobaith y byddai'n gadael i'r cawr gyffwrdd ynddi. Mewn amrant, roedd y baton yn ei llaw ac wedi'i ymestyn i'w lawn ogoniant. Gafaelodd yn y gwn taser hefyd, gan wasgu'r botwm i'w arfogi.

Trodd Sally i edrych dros ei hysgwydd ar Luned.

"Rhed!" gwaeddodd ar dop ei llais, er mwyn pwysleisio difrifoldeb y sefyllfa. Gwyliodd Luned yn ei heglu hi am ddrws cefn yr adeilad, a throdd Sally i wynebu ei thynged.

"What the fuck you gonna do with that?" Chwarddodd Max, ei eiriau a'i agwedd yn nawddoglyd a rhywiaethol, a'i lygaid du yn chwerthinllyd o gomig.

Felly leiniodd Sally ef gyda'r baton, yn gyntaf ar ochr ei ben-glin, yn unol â'i hyfforddiant, ac yna ar draws ei foch, er pleser. Cwympodd Max fel derwen aeddfed mewn coedwig gollddail, a gwelodd Sally ddant yn hedfan o'i geg, ynghyd â phistyll o hylif sgarlad. Safodd uwch ei ben, yn barod i'w drydanu, ond arhosodd y cawr ar lawr, yn gafael yn ochr ei wyneb, ei lygaid gwaetgoch yn ffromi ar Sally a'r bygythiad yn amlwg, er na ildiodd hi'r un fodfedd. Yna, clywodd gloch y drws yn canu a gwyliodd Billy Ray yn diflannu i'r glaw, ar drywydd ei drysor.

*

Trwy ddrws y bac â hi ac allan i'r glaw, ger y garej lle'r oedd fan Lee yn cuddio. Gwibiodd Luned i gyfeiriad y garafán. Dau beth oedd ar ei meddwl: achub bywyd ei chariad a dianc o grafangau'r giangsters. Tri, wedi meddwl, sef pwy yn y byd oedd y fenyw yn y dderbynfa?

Trwy'r dilyw, clywodd lais Efan dros ei hysgwydd. "Cer i nôl Lee a dewch 'nôl i gasglu'r fan. Bydd hi'n barod mewn dwy funud."

"Lle ti'n mynd?" gwaeddodd Luned, gan nad oedd yn anelu am guddfan y cerbyd.

"I ddelio â hwn," pwyntiodd Efan at Billy Ray Edwards, oedd yn symud yn go gyflym am ddyn yn ei chwedegau.

Cyn troi i'r dde a dilyn llwybr llygad at y garafán, gwyliodd Luned wrth i Efan daclo Billy Ray a'i hyrddio i'r baw. Wrth gefnu ar yr olygfa, clywodd yr holl anadl yn cael ei wthio o 'sgyfaint yr hen ddyn, gan obeithio y byddai hynny'n ddigon i glirio'r llwybr i roi cyfle iddi hi a Lee ei heglu hi.

*

Clywodd Lee ei gariad yn gweiddi ei enw yn bell cyn iddo'i gweld. Gwyddai o dôn ei llais fod rhywbeth mawr o'i le. Cododd o'r soffa, gafael yn yr hanfodion – gwarfag, waled, sling – a chamu o'r garafán wrth i Luned gyrraedd.

"Ma'n nhw 'ma."

Nid oedd angen gofyn pwy.

Nid oedd angen gofyn pam.

Yr unig beth i'w wneud nawr oedd ffoi. Ond, gyda'r tad a'r mab yn y cyffiniau, sleifiodd y cwpwl yn ofalus yn ôl i gyfeiriad y garejys, yn hytrach na rhedeg nerth eu traed, gan gymryd pob gofal rhag cael eu dal.

Fel yr addawodd Efan, roedd y fan yn aros amdanynt y tu allan i'r sied, a pherchennog mwdlyd y parc yn eu hannog i frysio.

"Ewch! Ewch! Ewch!" gwaeddodd arnynt, yn gwerthfawrogi difrifoldeb y sefyllfa, er na ddatgelwyd y gwir i gyd wrtho yn ystod arhosiad Lee a Luned.

"Diolch, Efs!" bloeddiodd Lee, wrth gau'r drws.

Roedd wedi tanio'r injan yn barod, felly'r unig beth oedd angen i Luned ei wneud oedd gwasgu'r clytsh, ffeindio gêr a gwasgu'n galed ar y sbardun.

Rhedodd Efan yn ôl i'r dderbynfa er mwyn agor y glwyd a hwyluso'u siwrne, a phasiodd y cwpwl ifanc y tad a'r mab yn helpu'i gilydd yn ôl at eu car, gan wybod mai megis dechrau oedd yr helfa hon.

*

Â'r injan yn rhedeg ac un llygad ar y drych-ôl, arhosodd Sally am Lee a Luned, gan deimlo fel swyddog diogelwch personol i'r cwpwl ifanc. Teimlodd ryw gysylltiad gyda nhw nawr, a byddai'n gwneud popeth yn ei gallu i'w diogelu rhag Billy Ray a Max Edwards.

Sgrialodd y fan heibio iddi, gyda Luned yn gyrru fel menyw wyllt, ac i ffwrdd â Sally ar eu holau, gan wybod ym mêr ei hesgyrn mai llethrau Mynydd Parys fyddai pen eu taith.

Rhedeg i Parys

"DOLE-GA-LOU?! DOLE-GA-FUCKIN'-LU!? How the fuck d'you pronounce that?!" Ebychodd Max mewn anghrediniaeth llwyr wrth i'r tad a'r mab yrru heibio'r dref farchnad gydag afon Wnion yn wthïen dywyll i'r chwith, a'r A470 yn eu harwain ar daith ddirgel i'r gwyll. "Sounds like some place in outback Australia. Fuckin' Welsh. Fuckin' bollocks."

Anwybyddodd Billy Ray ei fab er mwyn canolbwyntio ar y ffordd ddieithr o'i flaen. Roedd y baw ar ei ddillad, diolch i dacl gadarn Efan yn ôl yn y gwersyll – bellach wedi sychu, er bod y cleisiau – corfforol a meddyliol – yn dal i ddychlamu. Gallai weld car yr ast a ymosododd ar Max o'i flaen, yn diflannu dros fryn rhyw chwarter milltir i'r gogledd, rhywle rhwng Ganllwyd a Thrawsfynydd. Ysai am gyfle i wasgu ar sbardun y BMW X5 M er mwyn cau'r bwlch rhyngddynt, ond gyda'r cloc bach ar y dash yn nodi mai gwerth 46 milltir o betrol oedd ar ôl yn y tanc, ni feiddiai wneud y fath beth. Doedd dim syniad ganddo ble roedden nhw'n mynd ac felly doedd dim syniad ganddo faint o betrol oedd ei angen arnynt. Hunllef llwyr, o ystyried yr hyn oedd yn y fantol.

Roedd Max wedi bod yn parablu yr holl ffordd o Aberaeron a'i gasineb tuag at ei ymosodwr yn cynyddu gyda phob milltir, bob yn ail â'i hwyl yn ffyrnigo bob tro y gwelai enw lle arall na allai ei ynganu.

"Who the fuck is she? That's what I want to know. We should 'ave 'ad a word with her in Abbuh… Abba… Ab-whatever-the-fuck-that-place-was-called. Nipped it in the bud. Quiet word, know what I mean…"

Roedd Billy Ray yn gwybod yn iawn beth oedd ei fab yn ei feddwl, sef y gwrthwyneb llwyr i 'air bach tawel'.

"You should have let me when we had the chance."

Yn bwyllog, ymatebodd Billy Ray, "Do you see that car in front of us? About a quarter mile ahead?"

Nodiodd Max. Dim ond un car arall oedd yn y cyffinie.

"That's her car. She led us to them, Max. And she's still leading the way. Whether she knows it or not, she's the key. I told you that already."

Yn ddiarwybod i Sally, roedd Max a'i dad wedi bod ar ei chwt ers iddynt ei dal yn y garej yn clustfeinio ar eu sgwrs. O'r cychwyn, ysai Max i weithredu'n uniongyrchol, fel petai, tra mai greddf Billy Ray oedd ei dilyn o bell yn y gobaith y byddai'n eu harwain at Lee, Luned a'r arian.

"But…"

"No buts, son. If you'd have had a quiet word with her in Abba-fuckin'-ding-dong, or even before that, we might have lost the money for ever. The trail would have gone cold. Us too."

"What?" Trodd Max i edrych ar ei dad.

"Cold. Dead. Come on, Max. Focus. For fuck's sake, focus," meddai Billy Ray, a thôn ei lais yn bradychu dim o ran y gorbryder cynyddol oedd yn corddi ynddo.

"I *am* focused, Dad. Couldn't be more focused, in fact. First, I'm gonna kill the bitch what did this to me." Pwyntiodd at y gwaed ar ei foch, er nad oedd modd gweld llawer yn y lled-dywyllwch. "Then I'm gonna kill Lee and his bitch of a girlfriend…"

"Not before we get the money," meddai Billy Ray.

"I can't promise that, Pops," atebodd Max, gan wenu.

"Don't even joke about it, son," meddai Billy Ray yn bwyllog. "Money first. Then…"

★

Trodd Sally tua ffordd osgoi Porthmadog, gwasgu'r sbardun a gwibio o dan y bont a heibio i chwarel Minffordd, y Fiesta bach yn dirgrynu'n wyllt yn ei dwylo. Wrth hwylio dros afon Glaslyn a phasio cae pêl-droed y dref, gallai weld goleuadau cefn fan Lee'n disgleirio'n goch yn y tywyllwch wrth iddo arafu ger y twmpath troi. Gwiriodd ei drych-ôl ond ni allai weld golau car yn ei dilyn. Am y tro ta beth, achos gwyddai fod Billy Ray a Max Edwards yn dynn ar ei sodlau. Gwyddai fod y rhwyd yn cau. Gwyddai iddi godi gwarth ar y cawr yn nerbynfa Maes yr Wylan, a gwyddai na fyddai Max yn oedi rhag dial arni petai'r cyfle'n codi. Er gwaetha'r holl sicrwydd tynghedus, yn anffodus i Sally, ni wyddai sut yn y byd y gallai helpu'r cwpwl ifanc i oroesi.

Gwelodd arwydd. Caernarfon, 19 milltir.

Gareth! gwaeddodd llais arni o'i hisymwybod. *Gareth blydi Winters!*

Cododd ei ffôn oddi ar sedd y teithiwr a sgrolio trwy'r rhifau er mwyn dod o hyd i fanylion cyswllt Comisiynydd Heddlu Gogledd Cymru. Gwasgodd y botwm ac aros i'r ffôn ddechrau canu, ond distawrwydd yn unig oedd yn aros amdani. Gwiriodd y sgrin. Dim un bar. Dim derbyniad. Dim lwc.

"Shit!" ebychodd mewn rhwystredigaeth.

Ceisiodd eto, dro ar ôl tro, yn ystod y daith rhwng Port a

Chaernarfon, cyn gorfoleddu wrth glywed y ffôn yn dechrau canu ar gyrion tref y Cofis. Wrth ymbalfalu â'i ffôn, roedd Sally wedi arafu, heb sylwi bod y bwlch wedi cau'n sylweddol rhyngddi hi a'r BMW gyriant pedair olwyn yn y drych-ôl.

"Ateb, y twat!" poerodd. "Dere'r pwrsyn!"

Ond parhau i dincial wnaeth y ffôn.

Trodd meddyliau Sally'n ôl at y tro diwethaf iddynt siarad. Hi a Gareth, hynny yw. Yn araf bach, cofiodd ei bod wedi dod â'r alwad i ben yn ddisymwth a braidd yn ddiseremoni, a hynny achos ei bod hi'n paratoi ar gyfer dêt gyda Jac Edwards.

Rhegodd o dan ei hanadl. Am eiliad, ystyriodd ffonio Glenda. Ond dim ond am eiliad hefyd. Gwyddai na allai wneud hynny. Dim nawr. Taflodd y ffôn yn ôl ar sedd y teithiwr. Ni fyddai'r cafalri'n cyrraedd. Roedd hi ar ei phen ei hun.

Wrth agosáu at Morrisons ar lannau'r Fenai, gwiriodd y drych-ôl a bron â chael harten wrth weld wynebau Billy Ray a Max Edwards yn syllu arni trwy ffenest fawr y behemoth o BMW. Bron y gallai weld y briwiau ar wyneb Max. Ei greddf gyntaf oedd gyrru'n gyflymach er mwyn ceisio dianc, ond gwyddai na allai'r Fiesta adael y BMW yn y dwst. Dim gobaith. Anadlodd. Meddyliodd. Daeth i'r casgliad na fyddent yn gwneud unrhyw beth iddi fan hyn. Nid hi oedd eu targed wedi'r cyfan. Lee a Luned oedd yr ysglyfaeth. Sally oedd y byffer.

Arafodd ger twmpath troi yr archfarchnad, gan gadw un llygad ar y drych-ôl. Roedd cledrau ei dwylo'n chwysu a llithro dros yr olwyn lywio, a'r pryder yn ceulo yn ei bol. Wrth ymuno â Ffordd y Gogledd, gwiriodd y cloc petrol. Hanner tanc. Hen ddigon i gyrraedd Amlwch. Sythodd y car ac edrych yn y drych unwaith eto gan weld y BMW yn troi i gyfeiriad y garej. Craffodd ar yr adlewyrchiad am eiliad, a braidd y gallai gredu ei llygaid.

Pwniodd yr awyr.

Pwysodd ar y sbardun.

Gyrrodd am y gogledd, gyda gobaith yn ei llenwi o'r newydd.

*

Croesodd y fan Bont Britannia gyda'r amser yn agosáu at un ar ddeg. Ni allai Luned weld car y fenyw yn y drych-ôl ar hyn o bryd, ond gwyddai ei bod hi yno. Yn groes i'w greddf gychwynnol, gwyddai hefyd ei bod hi'n ceisio eu helpu, yn hytrach na'u herlid. Cyn stido Max Edwards yn nerbynfa Maes yr Wylan, dechreuodd esbonio ei bod yn gweithio i'w mam, ac er na chafodd gyfle i ymhelaethu, roedd hynny'n ddigon i ddarbwyllo Luned nad oedd hi'n fygythiad. Yn wir, yn seiliedig ar y dystiolaeth, roedd hi'n debycach i angel gwarcheidiol.

"Ma *rhaid* i ti ffono!" meddai Lee, am y canfed tro.

"Dwi'n gwbod," saethodd Luned yn ôl yn swta. Os nad oedd wedi gwerthfawrogi difrifoldeb y sefyllfa cyn nawr, doedd dim amheuaeth o ddyfnder y cachu bellach. Roedd rhan ohoni eisiau beio Lee am bopeth, ond roedd hi'n rhy hwyr i bwyntio bys. Ar ôl chwalu trwyn Max â'i sawdl, roedd hithau hefyd yn affeithiwr. Roedden nhw yn yr un cwch, yn rhwyfo'n wyllt am y lan, er nad oedd y tir yn agosáu waeth pa mor galed oedden nhw'n tynnu.

"Ffonia Brychan," cyfarthodd ar ei chymar, gan droi oddi ar yr A55 a dilyn slipffordd yr A5025 yn y gobaith na fyddai'r erlidwyr yn eu dilyn. Aeth Lee ati'n syth i ddod o hyd i'r rhif.

No wê oedd hi am alw ffôn y ffermdy. Byddai ei rhieni'n siŵr o ddihuno, ac nid oedd yn awyddus i'w tynnu nhw mewn i'r we gymhleth hon. Roedd ei bywyd hi a Lee mewn perygl, heb os, a Brychan, ei brawd, oedd eu hunig obaith heno.

"Mae'n canu," medd Lee, gan basio'r ffôn i'w gariad.

"Brychan!" gwaeddodd, wrth hamro heibio i garej Pentraeth, injan y fan yn grwnial a'r lleuad lawn yn goleuo llond cae o ddefaid ar y chwith i'r ffordd. "Ni mewn trwbwl."

Chwarae teg i Brychan, meddyliodd Luned, nid oedodd i'w barnu na'u holi.

"Lle 'dach chi?"

"Ar y ffor adra."

"I'r fferm?" gofynnodd.

"Naci," atebodd Luned, "i'r ogof."

*

"Fuck, fuck, fuck, fuck, fuck, fuck, fuck!" Dyrnodd Billy Ray olwyn lywio'r BMW wrth dynnu i mewn i fuarth tywyll gorsaf betrol Morrisons. "That's it. We've lost 'em."

Edrychodd Max yn syn ar ei dad. Beth oedd yn bod ar yr hen ddyn? Yna cofiodd nad oedd wedi datgelu popeth wrtho.

"Chill out, Dad," meddai, gan ymestyn ei gorff a'i gyhyrau'n flinedig.

Trodd Billy Ray ato, a'r dicter yn llifo. "Chill out!? What the fuck d'you mean, chill out!? If we don't retrieve the mon..."

Cododd Max ei raw o law ac atal ei dad yng nghanol y frawddeg.

"Dad. Chill. I took care of it." Gwenodd yn falch wrth ddweud hynny.

Tawelodd Billy Ray a dod â'r car i stop wrth ochr un o'r pympiau 24-awr. "What d'you mean, *I took care of it?*"

Cododd Max ei ffôn o'i gôl. Agorodd ap a'i ddangos i'w dad.

"What? Fuckin' tell me!"

"I popped a tracker on her car, didn't I. Look. I can follow her on this app. Piece of piss."

"What?! Where did you get a tracker?"

"Amazon," oedd yr ateb annisgwyl.

"Serious?" gofynnodd Billy Ray yn anghrediniol.

"Yeah."

"You could have told me." Ysgydwodd Billy Ray ei ben. "Since when has it been active?"

"Few days now. I thought summin like this might happen, so I attached it in Abba-fuckin'-ding-dong."

Gwenodd Billy Ray ar ei fab yn llawn edmygedd. "Good work, son."

"Cheers, Dad."

Camodd yr hen ddyn o'r car i lenwi'r tanc, y ddrama fyrhoedlog wedi mynd heibio. Trwy'r ffenest, dros ysgwydd Max, gwyliodd ei fab yn codi ei ffôn at ei glust. Curodd yn galed ar y ffenest. "Hang up! Hang up!" gwaeddodd.

Gwnaeth Max fel y gofynnodd, cyn agor y drws rhyw fymryn.

"Jesus, Dad, don't go full thrombo. I only want to call Lou. Touch base, innit. I haven't talked to her for a few days."

"Don't call her now, son. Tomorrow. After we finish this business. We don't want anyone to know where we are or where we're going – not when you consider what we're about to do…"

Nodiodd Max ar ei resymeg. "Fair enough."

"Good boy. As far as Lou's concerned, we're still in the Harbourmaster, enjoying some father son bonding."

"Father son murderin', more like," meddai Max, gan gau'r drws a gadael i'w dad barhau i bwmpio.

*

Erbyn i Luned a Lee gyrraedd maes parcio Mynydd Parys, dim ond un peth oedd ar eu meddyliau, sef cyrraedd yr ogof a chuddio'r arian. Byddai'n rhaid i bopeth arall aros tan ar ôl hynny.

Y dianc.

Y dadansoddi.

Y dyfodol.

Er i'w helwyr ddiflannu o'r drych-ôl rywle ar gyrion Bangor, nid oedodd y cwpwl rhag rhuthro o'r fan a'i heglu hi i gyfeiriad crachen agored yr hen chwarel gopr. Yng ngolau'r lloer, arweiniodd Luned y ffordd ar hyd y llwybrau cyfarwydd. Roedd Lee yn dynn ar ei sodlau, y gwarfag a'i gynnwys damniol yn drwm ar ei 'sgwyddau, a'i fraich chwith yn ddifywyd a di-werth yn y sling. Yn ofalus, dringodd y ddau i lawr i grombil y ddaear, y cerrig llac yn llithro o dan eu gwadnau, gan basio cragen losgedig hen gar oedd wedi cael ei wthio dros y dibyn.

O'r diwedd, daethant at geg yr ogof, lle oedd yn dal atgofion melys i'r cwpwl ifanc. Cuddfan lle blagurodd eu cariad. Fflachiodd delwedd ym meddwl Lee. Luned yn edrych arno dros ei hysgwydd; ei dwylo'n pwyso ar wal wlyb yr ogof, a'i thin noeth yn sboncio o'i flaen, wrth iddo wthio'i ddyndod yn ddwfn iddi.

"Ty'd!" mynnodd Luned, gan arwain y ffordd trwy geg yr

ogof, y tywyllwch yn eu llyncu a'r dŵr dan draed yn eithafol o asidig.

★

Gyferbyn ag Ysgol Syr Thomas Jones yn Amlwch, trodd Sally ei char i'r chwith a gweld golau brêcs coch yn gadael y lôn yn agos at gopa Mynydd Parys. Rhwng Aberaeron a'r fan hon, dyfalodd mai fferm Troed yr Aur fyddai pen y daith, ond gwyddai'n wahanol yn awr. Fel malwen, dringodd y Fiesta bach i fyny'r B5111 tra chwyrlïodd cwestiynau lu ym meddwl Sally. Beth oedd cynllun y cwpwl ifanc? Oedd cynllun ganddyn nhw o gwbl? Pa mor bell fyddai Billy Ray a Max Edwards yn mynd i adfer eu harian? Pa obaith oedd gan bawb o oroesi heno? Beth fyddai hi'n barod i'w wneud i'w hachub? A beth am ei gyrfa gyda'r heddlu – oedd hi'n peryglu ei dyfodol proffesiynol ar chwarae plant?

Tynnodd i mewn i'r maes parcio. Un cerbyd arall oedd yno – fan ddu Lee'n disgleirio o dan drem y lleuad lawn. Roedd glaw trwm Aberaeron yn atgof pell erbyn hyn. Parciodd y car ac agor y bŵt. Gwisgodd ei chot law ddu a gwthio'r baton a'r taser i'r pocedi. Clodd y car a'i heglu hi'n ôl at fynedfa'r maes parcio er mwyn gweld a oedd y tad a'r mab yn dal i'w dilyn. Gallai weld am filltiroedd. Roedd y ffordd yn glir. A diolch i osteg y nos, roedd yn eithaf hyderus nad oeddent ar ei thrywydd. Nid oedd wedi eu gweld ers Caernarfon, felly doedd dim llawer o obaith y byddent yn dod o hyd iddynt fan hyn. Efallai fod Cymru yn wlad fechan, ond roedd hi'n das wair reit fawr – yn enwedig os nad oedd syniad gyda chi ble i ddechrau chwilio am y nodwydd.

Trodd er mwyn dod o hyd i lwybr. Oedodd yng nghanol y

maes parcio wrth weld bod dewis o dri. Aeth y lleuad i guddio tu ôl i gwmwl, gan gymhlethu pethau ymhellach. I'r chwith, ar y gorwel, gallai Sally weld amlinell yr hen felin wynt. I'r dde, winsh ddiwydiannol; ei sgerbwd yn silwét rhwng y tir a'r awyr. O'i blaen, llwybr yn arwain i grombil y pwll. Arhosodd yn yr unfan a gwrando. Caeodd ei llygaid wrth wneud. Clywodd ddau sŵn digamsyniol. Traed yn llithro ar gerrig mân. A char. Rhedodd tuag at y llwybr canol, ei chalon yn codi gêr mewn cytgord â'r cerbyd oedd yn dringo'r hewl i fyny'r mynydd y tu ôl iddi. Er i Sally droedio llwybrau'r mynydd droeon ar hyd y blynyddoedd, nid oedd wedi bod yma yn ystod y nos. Diolch i'r holl lwybrau oedd yn brigo oddi ar y brif droedffordd, a'r cymylau oedd wedi cuddio'r lleuad am y tro, teimlai'n ddryslyd. Roedd y lle fel labyrinth. Pwysodd ar glogfaen cawraidd er mwyn gwrando. Y tro hwn, clywodd leisiau'n sibrwd yn nyfnderoedd y ddaear. Gwyddai ei bod ar y trywydd cywir nawr. Yn wahanol i'r rhan fwyaf o gopaon, nid oedd angen dringo Mynydd Parys. Roedd y maes parcio'n agos at y brig, a'r unig ddringo oedd i'w wneud oedd am i lawr, i grombil yr hen chwarel. O ganlyniad, nid oeddech byth yn bell oddi wrth ryw dibyn, clogwyn a chwymp serth i ebargofiant. Cododd er mwyn parhau â'i chyrch, ond o fewn chwe cham baglodd, ei throed wedi'i maglu mewn twll tywyll yn y llawr, a'i phigwrn wedi troi ac yn dechrau chwyddo. Cwympodd Sally i'r llawr, y boen yn bygwth ffrwydro i'r aer ar ffurf sgrech, ond llwyddodd i wthio'r gwewyr yn ôl i'w bol a rhyddhau ei throed o'r trap. Eisteddodd ar lawr, gan bwyso'n ôl ar garreg ddu, ei thraed yn hongian dros ochr y clogwyn. Roedd bochau ei thin yn wlyb bron ar unwaith, a'i phigwrn bellach yn bolio fel balŵn. Dyrnodd y ddaear mewn rhwystredigaeth lwyr. Clywodd gar yn dod i stop yn y maes parcio. Drysau'n cau'n glep. Lleisiau. Esgidiau'n sgrialu ar gerrig mân. Cododd ei ffôn i geisio cysylltu â Luned. Roedd yn *rhaid* ei rhybuddio. Daeth o hyd i'r rhif, cyn sylwi nad oedd signal. Ag ymdrech arwrol, cododd Sally ar ei thraed gan ddefnyddio'r maen mawr i'w chynnal. Ceisiodd roi pwysau ar ei phigwrn chwyddedig a gwingo mewn ymateb i'r boen. Yn ofer, cododd ei ffôn dros ei phen mewn ymdrech i gael signal. Edrychodd i fyny ar y sgrin. Lledodd y cymylau. Goleuodd y lleuad lawn y tirlun lloerig. Teimlodd y dwylo'n gafael ynddi, cyn hyd yn oed weld eu perchennog. Ac yna roedd hi'n hedfan dros y dibyn; yn cwympo i'r fagddu, y tir yn codi i gwrdd â'i chorff.

*

"What the fuck is this place?" gofynnodd Max wrth i'w dad barcio'r beamer ym maes parcio Mynydd Parys.

Anwybyddodd Billy Ray y cwestiwn, camu o'r car ac agor y gist. Wrth wneud, edrychodd o'i gwmpas ar domenni caregog y tirlun, gan geisio ymgyfarwyddo â'r lle dieithr. Roedd y balast ar lawr yn crensian o dan ei bwysau a'r twmpathau miniog yn ei atgoffa o chwareli glo cymoedd y de. Tynnodd got ysgafn am ei ysgwyddau. Cododd ddau bistol Sig Sauer 9mm o ffynnon yr olwyn sbâr a rhoi un ohonynt i Max, oedd wedi ymuno â fe erbyn hyn.

"Looks like an old quarry or summin," meddai Billy Ray, gan wthio'r gwn i wast ei drowsus a'r baril yn gorwedd rhwng bochau ei din.

"Spooky as fuck, innit," mwmiodd y mab gan dynnu top tracwisg Gorilla Wear dros ei gyhyrau a chodi'r hwd dros ei ben i gadw'n gynnes.

"Looks like we're late to the party," sylwodd Billy Ray gan bwyntio at y ddau gerbyd arall yn y maes parcio.

"Better late than never!" Gwenodd Max, gan wthio'r gwn i'w boced ac arwain y ffordd i grombil y mynydd.

Yn dawel, yn araf, ac o dan drem lachar y lleuad lawn, ymlwybrodd y tad a'r mab ar hyd llwybrau caregog y mynydd ar drywydd y lleisiau oedd i'w clywed yn y pellter, yng ngwaelodion y ceudwll copr. Heb yngan gair, i lawr â nhw fel milwyr ar gyrch cyfrin. Cuddiwyd y lleuad gan gymylau, ond roedd eu llygaid wedi hen gyfarwyddo â'r gwyll. Oedodd Max, yr arweinydd, wrth glywed llais yn diawlio gerllaw. Llais merch. Yn llawn rhwystredigaeth a phoen. Ar ochr draw'r garreg anferth. Cododd ei law a daeth ei dad i stop ar unwaith. Trodd, ei fynegfys dros ei wefusau a'i lygaid yn pefrio yn y fagddu. Sleifiodd y cawr o amgylch y garreg fawr, ei gefn at y maen, mor ysgafn droed â chorryn heglog. Gwyliodd Sally'n stryffaglan i godi. Roedd hi mewn poen aruthrol. Fel oen i'r lladdfa. Cododd ei ffôn dros ei phen, ei chydbwysedd ar chwâl diolch i'w phigwrn chwyddedig. Llamodd Max o gysgod dudew y garreg, gafael yn ei hysgwyddau, ei chodi fel awyren bapur a'i thaflu dros y dibyn.

Un lawr.

Dau i fynd.

*

"Be o'dd hynna?" gofynnodd Lee, gan rewi yn yr unfan yng ngheg yr ogof.

"Ty'd!" mynnodd Luned, a thynnu ar lawes ei siwmper. Roedd y chwarel yn llawn synau rhyfedd, yn enwedig yn y nos, a doedd dim amser ganddynt i bendroni ac oedi heno.

Arweiniodd y ffordd, gan gamu'n ofalus er mwyn osgoi trochi ei sgidiau yn yr hylif cyrydol dan draed. Roedd lefelau asid dŵr Mynydd Parys mor uchel, gallai Luned gofio croen pigwrn ei brawd yn plicio ar ôl trochfa yn ystod eu plentyndod. "Rho fo fanna," cyfarthodd ar ei chariad, gan bwyntio at silff naturiol tu ôl i biler boliog, nad oedd yn agos at y dŵr. "A chym bwyll – paid â gadael i'r dŵr gyffwrdd dy groen."

Gwnaeth Lee fel y gorchmynnodd a gosod y gwarfag yn ofalus ar y silff. "Beth nawr?" gofynnodd, ond dim ond syllu arno wnaeth Luned. Doedd dim syniad ganddi. Ni allai weld ffordd allan o'r sefyllfa, o'r hunllef. Dim hyd yn oed gyda chymorth ei brawd. A sôn am Brychan, ble yn y byd oedd e?

"Rhaid i ni *neud* rhwbeth, Lun," sibrydodd Lee, ei eiriau'n llawn taerineb ond yn rhydd o unrhyw bendantrwydd.

Oedodd Luned i feddwl am funud. Roedd Lee yn iawn. Rhaid oedd gweithredu, neu fan hyn fydden nhw, fel pry mewn gwe yn aros am y corynnod. Ond, o ystyried maint Max yn enwedig, beth allen nhw ei wneud er mwyn dianc? "Ma'r pres yn ddiogel am rŵan," meddai. "Felly rhaid i ni eu harwain i ffwr' o fan hyn." Nid oedd dychwelyd yr arian yn opsiwn. Gwyddai Luned hynny. Fodd bynnag, dyna beth y dymunai ei wneud. Rhoi'r gwarfag i'r helwyr a'i throi hi am adre. Hwyl fawr, tati-bái, ac ymlaen â nhw gyda'u bywydau. Ond roedd gormod wedi digwydd yn barod a Max a'i dad yma i ddial arnynt. Chwalwyd ei byd mewn llai na deufis. Gadawodd y graig yn llawn gobaith, ond bellach roedd Luned wedi fferru. Ni allai weld dyfodol mwyach. Dim nawr, gyda'r rhwyd yn cau a'r eiliadau'n tic-tocian tua'r terfyn. Er hynny, nid oedd yn barod i roi'r gorau iddi eto. Ni fyddai'n cael ei threchu heb frwydr. Er gwaetha'r ods, ac yn unol â geiriau ei chariad, roedd yn rhaid gwneud rhywbeth.

"'Dan ni angan cyrraedd y tir uchel," dechreuodd. "Hela'r helwyr," ychwanegodd. "Ma digon o gerrig yn y lle 'ma i neud damej."

Nodiodd Lee ei ben ar hynny. Nid oedd yn gynllun gwych o bell ffordd, ond roedd e *yn* gynllun. "A bydd Brychan 'ma mewn munud hefyd."

"Bydd," meddai Luned, gan obeithio'n arw nad oedd y dihirod eisoes wedi maglu ei brawd. Roedd hi'n sicr iddi bwysleisio difrifoldeb y sefyllfa iddo dros y ffôn, ond o gofio'n ôl, ni allai fod yn bendant. "Ty'd," poerodd ac arwain y ffordd allan o'r siafft danddaearol ac yn ôl i'r anialdir arallfydol.

"Lovely evening for it," meddai'r llais, gan rewi'r gwaed yng ngwythiennau'r cwpwl ifanc. Yn sefyll o'u blaenau, gyda gwn bob un yn eu dwylo, roedd Billy Ray a Max Edwards. Diflannodd y lleuad eto, ac fel cysgod camodd y cawr tuag atynt, ond arhosodd ei dad yn ei unfan, yn gwylio'r cyfan yn ddigyffro. Tynhaodd cyrff y cariadon, wrth i Max chwilio am arfau arnynt. Symudodd ei ddwylo'n gelfydd ac yn gyflym ac, ar ôl gorffen, dyrnodd Luned yn ei bola, yn gwbl ddirybudd, yn gwbl gïaidd, gan wagio'r holl aer o'i hysgyfaint, a gwneud iddi gwympo i'r llawr yn gafael mewn awyr iach. Gwelodd Lee ei llygaid yn rholio'n ôl yn ei phen a cheisiodd gamu ati i'w helpu, ond gafaelodd Max yn ei wddf a'i wthio yn erbyn y garreg. Gyda bodiau ei draed rhyw ddwy fodfedd oddi ar y ddaear, a'i bibell wynt yn cael ei gwasgu ar gau, brwydrodd Lee i anadlu. Gwyddai fod y diwedd yn dod, a hynny bron yn yr union fan lle dechreuodd yr antur olaf, sef yr ogof lle cenhedlwyd eu plentyn.

"Where's the money?!" Poerodd Max yn ei wyneb, y llysnafedd yn dwym ar ei groen.

Ceisiodd Lee ateb, ond ni allai siarad oherwydd pwysau Max ar ei wddf.

"Ease up, son," awgrymodd Billy Ray. "Let him speak."

Gadawodd Max i Lee gwympo i'r llawr, lle brwydrodd am anadl. Wrth wneud, gafaelodd mewn carreg maint dwrn, gyda'r diben o hollti pen y cawr. Ond gwelodd Billy Ray ei fwriad, a chamu ymlaen a'i gicio yn ei fol. Hyrddiwyd Lee ar ei gefn, ei fochau'n disgleirio gan ddagrau. Cyrcydodd Billy Ray wrth ei ochr ac edrych i fyw ei lygaid.

"We're not fuckin' about here, Lee. We want our money and we'll do anything to get it back."

Nodiodd ar ei fab a throdd Max ei sylw at Luned, a chwalu dwrn anferth i ganol ei hwyneb. Teimlodd hi'r esgyrn yn clecio a gwelodd y gwaed yn tasgu, cyn i'w cheg lenwi â hylif haearnaidd ei flas.

Cododd Billy Ray ei arf a'i osod dan ên Lee. "Where's the money?"

"W-we h-h-haven't g-g-g-ot it," atebodd Lee.

"Wrong answer." Nodiodd Billy Ray ar Max unwaith eto.

Palodd ddwrn i bwll ei chalon, gan wneud i Luned udo fel blaidd ar y lloer. Brwydrodd i anadlu unwaith eto. Tywyllodd y nos wrth i'r cymylau dewychu. Fel doli glwt, codwyd Luned ar ei thraed, a'i tharo yn erbyn yr ithfaen. Bu bron iddi lewygu, ond roedd hi'n ddigon effro i glywed geiriau nesaf Billy Ray, ac i deimlo dur oer gwn Max yn mwytho'i thalcen.

"Last chance. Tell us where the money is or Max shoots your girlfriend."

Pwyntiodd Lee i gyfeiriad yr ogof yn y gobaith y byddai hynny'n ddigon i achub bywyd Luned, er y gwyddai na fyddai'r un ohonynt yn gadael y lle 'ma'n fyw heno. A'i fai ef oedd popeth. Teithiodd yn ôl yn ei feddwl i swyddfa Max ar y bore tyngedfennol. Gallai fod wedi troi ei gefn, gadael yr arian lle'r oedd e, ac osgoi popeth a ddaeth ar ôl hynny. Cofiodd rywun yn dweud ei bod hi'n well difaru rhywbeth eich bod chi *wedi*'i wneud, yn hytrach na difaru rhywbeth *nad ydych* wedi'i wneud. Gwenodd ar hynny. Am nonsens!

"He's laughing at us, Dad!" ebychodd Max.

"Kill her," cyfarthodd Billy Ray, ar yr union eiliad yr ailymddangosodd y lleuad lawn o'r tu ôl i gwmwl.

Caeodd Luned ei llygaid yn dynn ac aros am yr ergyd olaf. Atseiniodd y cleciau oddi ar waliau'r chwarel. Byddarwyd y ddau oedd yn dal ar dir y byw. Cododd Lee a chripian at ei gymar, gan ddringo dros gyrff difywyd y tad a'r mab. Cofleidiodd y cariadon, gwaed yr helwyr wedi'i daenu dros eu dillad a'u croen, a'r dagrau'n diferu oddi ar eu bochau.

"S'nam amsar i swsian," meddai Brychan, wrth ymddangos o'r gwyll yn cario reiffl dros ei ysgwydd. Gwisgai oferôls du a balaclafa, ac ymwthiai'r gogls-gweld-yn-y-nos ar ei ben fel cyrn gafr. Cododd y cwpwl ifanc, heb wybod yn iawn beth i'w wneud nesaf. Yn ffodus i bawb, gwyddai Brychan yn *union* beth i'w wneud. "Ewch. O 'ma. Rŵan. Os oes unrhyw un yn gofyn, fuoch chi ddim ar gyfyl y lle heno. Dallt?"

Gwyliodd Luned a Lee wrth i Brychan chwilio am allweddi'r 4x4 ym mhocedi Billy Ray, cyn codi'r celain dros ei ysgwydd ac anelu am yr ogof.

"Ti moyn help?" gofynnodd Lee. "Ma'r llall yn massive."

Trodd Brychan i wynebu ei chwaer a'i chariad. Ysgydwodd ei ben. "Ffycin' ewch," cyfarthodd. "Rŵan!"

Ar ôl i Lee estyn y gwarfag o'r ogof, law yn llaw ac mewn tawelwch llwyr, dringodd y cariadon i fyny llethrau'r ceudwll, ill dau braidd yn gallu credu eu bod nhw'n dal ar dir y byw. Yn ddiarwybod iddynt, aethant heibio o fewn decllath i gorff llonydd Sally, yn gorwedd yn gam mewn hollt lydan; roedd ei llygaid ar agor, yn syllu ar y ffurfafen, ond dim llais ar ôl ganddi i alw am help.

Yn y maes parcio, camodd Luned a Lee i'r fan ac eistedd yno mewn mudandod am rai munudau. O'r diwedd, gyda diferion glaw yn dechrau britho'r ffenest flaen, taniodd Luned yr injan a gyrru i'r nos, heb gredu am eiliad y byddent yn cael getawê â hyn.

Dirgelwch yr Ogof

GANOL PRYNHAWN AR ddydd Sadwrn cyntaf y flwyddyn newydd, roedd Sally'n gorwedd mewn bath llawn swigod ym myngalo ei mam. Ar ochr draw gwydr barugog y ffenest, roedd y gwynt yn hyrddio a'r glaw mân yn disgyn yn dragwyddol. Cododd aroglau lafant o'r dŵr cynnes, gan leddfu lles corfforol a meddyliol y blismones. Roedd tri mis hir wedi mynd heibio ers 'y ddamwain' ar Fynydd Parys, ac roedd rhai rhannau o'i chorff yn dal yn dyner; ei choes dde a'i braich chwith yn benodol, er bod ei hasennau wedi gwella'n llwyr bellach, a'i hanadlu'n rhwyddach o lawer ers rhyw fis. Gyda'i mam yn y gegin yn paratoi swper iddynt, suddodd Sally o dan y swigod, cau ei llygaid a gadael i'r atgofion ei haflonyddu.

Gallai gofio popeth… tan i ddwylo Max afael ynddi.

Tan i'w gwaed rewi yn ei gwythiennau.

Ac wedyn, düwch llwyr.

Dihunodd yn yr ysbyty dri diwrnod yn ddiweddarach, ei choes dde a'i braich chwith mewn plaster, ei phen yn curo i'r fath raddau fel na lwyddodd i agor ei llygaid yn llawn am wythnos, a'r ddwy asen hollt yn gwneud anadlu'n anodd, heb gymorth peiriant. Eisteddodd ei mam wrth y gwely tan i Sally ddechrau dod ati'i hun. Wrth gwrs, roedd hi eisiau gwybod beth ddigwyddodd, ond ni allai Sally ei helpu, a gwnaeth benderfyniad greddfol i ddweud dim am yr hyn a'i harweiniodd hi at lethrau'r mynydd copr ar y noson dyngedfennol. A diolch i'r trawma a ddioddefodd o ganlyniad i gwympo dros ddibyn tri deg metr, cadarnhaodd y meddygon bod colli cof yn sgileffaith cyffredin iawn. Ac roedd hynny'n ddigon da i'r ddwy ohonynt.

Daeth cerddwr a'i gi o hyd i'w chorff yn gynnar yn y bore yn dilyn y gwymp, ac fe'i cludwyd mewn hofrennydd i Ysbyty Gwynedd. A dyna lle y bu am fis, yn gwella, ymadfer a chryfhau, ond yn bennaf jyst yn gorwedd mewn niwl opiad cynnes. Yn ystod yr wythnosau cynnar, roedd Sally'n disgwyl i'r heddlu ddod i'w gweld unrhyw ddydd, i'w holi gan ei bod hi'n amau ar y dechrau bod Billy Ray a Max Edwards yn siŵr o fod wedi lladd Luned a Lee ar lethrau'r mynydd. Ond nid dyna ddigwyddodd. Clywodd trwy ei mam, oedd mewn cysylltiad cyson â Glenda Troed yr Aur, bod y cwpwl ifanc yn byw ac yn gweithio yn Aberaeron, yn hapus eu byd ac yn ôl mewn cysylltiad â'r teulu. Ni allai ddeall y peth o gwbl i gychwyn, ond, ar ôl dychwelyd i fyngalo ei mam, ac yn seiliedig ar ddwy sgwrs ffôn gyda Daf, canfu bod Billy Ray a Max wedi diflannu oddi ar wyneb y ddaear. Yn wir, roedd y garej yn dal ar gau, a dim edefyn go iawn gan yr heddlu i'w ddilyn. Dim cyrff. Dim car. Dim achos. Yn ôl Daf, y Bandidos oedd yn cael y bai, oherwydd daeth yr heddlu o hyd i gorff un o weithwyr y garej, boi o'r enw Pierre, ac aelod o'r gang o feicwyr, mewn coedwig ar gyrion Tongwynlais; y ddau wedi'u saethu'n farw. Ceisiodd Daf holi Sally am y peth, gan ei fod wedi dod o hyd i wybodaeth amdanynt ar ei rhan, ond osgôdd Sally'r cwestiynau. Roedd amnesia yn alibi defnyddiol tu hwnt, fel oedd hi'n digwydd. Yr agwedd gyffredinol ymysg yr heddlu oedd 'gwynt teg ar eu holau', ac roedd hynny'n siwtio Sally, a Daf, i'r dim. O ganlyniad i'w mwrllwch meddyliol, ni allai

Sally ddychmygu beth ddigwyddodd iddynt na sut yn y byd y dihangodd y cwpwl ifanc o'u crafangau, ond daeth i'r casgliad mai'r peth gorau i'w wneud fyddai claddu'r holl helynt a symud ymlaen, yn enwedig o ystyried y datblygiadau ysgytwol yng Ngerddi Hwyan. Yn gyntaf, ac yn unol â'i disgwyliadau, ar ôl i Dona, gweinyddes bwyty Parentis, ddychwelyd o'i gwyliau yn Kos, cliriodd y fideo enw Sally cyn arwain at archwiliad i ymddygiad amheus Jac Edwards. O ganlyniad, daeth pedair menyw arall ymlaen i'w gyhuddo, ac aeth yr achos i'r llys yn absenoldeb Sally, yn ystod yr wythnos yn arwain at y Nadolig. Defnyddiwyd y fideo fel rhan o'r achos, ynghyd â thystiolaeth y menywod eraill, ac roedd Jac bellach yn treulio pum mlynedd o dan glo. Nadolig llawen, yn wir!

Yn ail, gyda Sally wedi diosg y plaster a'i ffyn baglau erbyn diwedd mis Tachwedd, ac ar ôl sgwrs hir am ei dyfodol gyda DCI Colwyn, safodd ei harholiad ditectif yn gynnar ym mis Rhagfyr, yng nghwmni dyfarnwr annibynnol yng nghegin ei mam. Pasiodd gydag anrhydedd a byddai'n dychwelyd i'r gwaith ddydd Llun, fel aelod mwyaf newydd yr adran dditectifs, ac ymuno â Daf, oedd wedi dechrau yno'n barod, jyst cyn Dolig.

Ar ôl sychu a gwisgo, aeth Sally ar drywydd y lleisiau y gallai eu clywed, a dod o hyd i'w mam a Glenda'n sgwrsio yn y lolfa. Trwy'r drysau patio, gallai weld golau ola'r diwrnod yn diflannu dros donnau'r môr. Cododd Glenda a gwenu arni, gan fynd ati i esbonio ei bod yn hynod ddiolchgar am holl ymdrechion Sally i ddod o hyd i Luned.

"Ffoniodd Luned ar y diwrnod y daeth y cerddwr 'na o hyd i ti," meddai Kitty.

"Do wir," ymhelaethodd Glenda. "Esboniodd dy fod wedi dod o hyd iddi yn Aberaeron a'i darbwyllo i gysylltu efo ni.

Dwi yn dy ddyled am byth, Sally fach. O ystyriad popeth, dwi'm yn teimlo bod y siec yma'n dod yn agos at dy ad-dalu."

"Dw i'n falch ei bod hi, a Lee, yn iawn, a'ch bod chi a hi'n ffrindiau eto," gwenodd Sally.

"A dw i'n falch dy fod ti wedi mendio. Ma dy fam yn deud y byddi di'n mynd yn ôl i'r gwaith ddydd Llun."

"Ti'n edrych ar Ditectif Constable Sally Morris fan hyn," meddai ei mam yn llawn balchder.

"Llongyfarchiadau," medd Glenda, gan dynnu anrheg wedi'i lapio'n ofalus o'r bag am oes ar y llawr. "Gofynnodd Luned a Lee i fi roi hwn i ti."

Y noson honno, cyn mynd i'r gwely, gyda drws ei stafell ar gau, agorodd Sally'r anrheg. Blwch pren tywyll, wedi'i gerfio'n gelfydd. Y math o beth rydych chi'n ei weld mewn siopau hipis ym mhob rhan o'r byd. Agorodd y blwch a darllen y neges syml.

Diolch x

Yna, syllodd ar y cynnwys am amser hir, heb wybod yn iawn beth i'w wneud gyda'r pentwr o arian parod. Yn y diwedd, penderfynodd ei gyfri. Pum mil ar hugain o bunnoedd. Felly dyna oedd cost cydwybod y cwpwl ifanc! Gwerthfawrogai Sally'r bwriad, ond ar ddechrau ei gyrfa fel ditectif y peth olaf oedd ei angen arni oedd llond cist o arian brwnt yn pwyso ar ei chydwybod. Pwy a ŵyr pryd y gallai godi'i ben a'i brathu ar ei phen-ôl?

Y diwrnod canlynol, ar ôl brecwast, ffarweliodd Sally â'i mam, y ddwy ohonynt yn brwydro'n ofer i gadw'i hemosiynau dan reolaeth. Ond cyn gadael Amlwch, parciodd Sally'r Fiesta bach ar y stryd fawr am funud, tu allan i siop elusen Annie's, a gwthio amlen frown foliog trwy ddrws fflat Karen Jones, gydag enw'r tenant mewn llythrennau bras ar ei blaen.

Yna, anelodd Sally am adref, gan basio Mynydd Parys ar gyrion y dref; roedd yn disgleirio'n allanol yn haul isel canol gaeaf, ond yn cuddio llu o gyfrinachau tywyll yn ei grombil...

DIOLCHIADAU

Lisa, Elian a Syfi.

Pops.

Russ, Liz, Alaw a DJ.

Al Te.

Siôn Ilar am glawr gogoneddus.

Ifan Morgan Jones am ei eiriau caredig.

Meleri Wyn James, fy ngolygydd gwych.

Eleri Huws, y golygydd copi.

Lefi a phawb arall yn y Lolfa.

Hoffwn hefyd gydnabod cymorth ariannol
Cyngor Llyfrau Cymru.

AM YR AWDUR

Brodor o Gaerdydd yw Llwyd Owen.
Mae'n dal i fyw yn y brifddinas, gyda'i wraig Lisa a'u
merched, Elian a Syfi. Pan nad yw'n ysgrifennu nofelau,
mae'n gweithio fel cyfieithydd.
Gwefan: www.llwydowen.blogspot.com
Twitter: @Llwyd_Owen

NOFELAU ERAILL GAN YR UN AWDUR

Ffawd, Cywilydd a Chelwyddau (2006)

Ffydd Gobaith Cariad (2006)

Yr Ergyd Olaf (2007)

Mr Blaidd (2009)

Faith Hope & Love (2010)

Un Ddinas, Dau Fyd (2011)

Heulfan (2012)

The Last Hit (2013)

Y Ddyled (2014)

Taffia (2016)

Pyrth Uffern (2018)

Iaith y Nefoedd (2019)

Holwch am bris argraffu!
www.ylolfa.com